Le choix de vivre

LYNN LESLIE

Le choix de vivre

Jade

Titre original :
COURAGE, MY LOVE

Photo de couverture
Petite fille : © JÉRÔME TISNE / GETTY IMAGES

83-85, boulevard Vincent-Auriol 75646 PARIS CEDEX 13.
ISBN 2-280-09391-X — ISSN 1773-7192

1

Quand la sirène retentit, faisant voler en éclats le paisible silence qui régnait dans le jardin public, Bradford Kingsley eut l'impression de recevoir un uppercut au plexus. Les battements de son cœur résonnèrent à ses oreilles, précipités, affolés. Haletant, il s'arrêta de courir.

Une autre sirène hurlait dans sa mémoire, son mugissement le fouaillait. Soudain, il n'était plus en train de faire son jogging quotidien dans une allée tranquille du parc, derrière Pamela qui pédalait allègrement, toute fière qu'on ait enfin enlevé les stabilisateurs de sa bicyclette rouge ; il se trouvait de nouveau sur cette route savonnée par la pluie, les sirènes l'assourdissaient et les gyrophares jetaient des taches rouges et bleues dans le brouillard tourbillonnant.

Il ferma les yeux. Une année s'était écoulée, pourtant les souvenirs qui l'avaient plongé dans un abîme de chagrin revenaient parfois, aussi atroces qu'au premier jour. Serrant les poings, il les repoussa de toutes ses forces.

Le sinistre bruit se perdit au loin. Offrant son visage à la caresse du soleil, Bradford inspira profondément. Peu à peu, ses muscles se dénouèrent.

Il regarda autour de lui. Tout allait bien... A sa gauche, les eaux dormantes du lac Michigan miroitaient à la lumière. Une brise légère se glissait dans les allées, apportant avec elle le parfum piquant de l'automne. Quelqu'un, non loin de là, brûlait des feuilles mortes, Bradford adorait cette odeur. On devinait déjà dans l'air l'haleine de l'hiver, bientôt le froid ne permettrait plus à Pam de sillonner le parc à vélo...

Pam... Où diable était-elle passée ?

Il se remit à courir, accélérant l'allure pour rattraper sa fille. Elle avait dû s'éloigner pendant qu'il ressassait le passé. Essoufflé, les muscles en feu, il coupa à travers un bosquet de bouleaux pour déboucher sur la plage déserte d'Evanston, au nord de Chicago.

Clignant des yeux, car la sueur qui ruisselait de son front l'aveuglait, il explora du regard le rivage sablonneux et la piste asphaltée réservée aux bicyclettes. Où était Pam ?

Même la jolie rousse qui, le vendredi après-midi, s'asseyait ordinairement sur le banc dominant la plage n'était pas là. Il se précipita le long de la promenade. Pam se cachait dans les parages, prête à bondir sur lui quand il passerait à sa portée.

L'image d'un rayon de soleil frappant du métal rouge s'imprima d'abord sur sa rétine ; puis il distingua une silhouette menue, des boucles couleur de cuivre qui masquaient un visage penché sur…

— Pam !

Il s'élança et tomba à genoux auprès de sa fille étendue dans l'herbe. Sa frimousse ronde était livide.

— Pam, ça va ? demanda-t-il d'une voix si rauque qu'elle lui écorcha la gorge.

D'une main tremblante, il écarta une mèche brune collée à la joue de sa fille.

— Papa, j'ai mal au cou…, gémit-elle, et les larmes jaillissaient de ses yeux clos comme autant de perles irisées.

— Là, laisse-moi regarder…

— Non ! Ne la touchez pas.

Des doigts fins s'étaient refermés sur son bras.

D'un geste brusque, il se dégagea et regarda celle qui lui avait donné cet ordre. C'était la femme qui était assise sur le banc lorsqu'il faisait son jogging.

— Il ne faut pas la bouger, ajouta-t-elle d'un ton doux mais pressant. Elle a peut-être un problème de colonne vertébrale et, dans ce cas, vous aggraveriez la situation. Je vais appeler une ambulance.

Avec précaution, elle se redressa et s'éloigna. Bon sang, elle ne pouvait pas se dépêcher un peu ? Elle avançait à la vitesse d'un escargot. Quand elle eut enfin atteint le banc, elle sortit un téléphone portable de son sac de toile bleue et composa un numéro sur le cadran.

— Elle est médecin, la dame ? balbutia Pam.

Il se retourna vers sa fille, âgée de huit ans, qui fixait sur lui de grands yeux pleins d'effroi.

Il se pencha pour lui poser un petit baiser sur le front où s'épanouissait déjà un affreux hématome.

— Non, mais elle va nous en trouver un..., répondit-il d'une voix que la peur métamorphosait. Ne bouge pas, mon chaton.

L'inconnue les rejoignit et s'agenouilla dans l'herbe à côté de la fillette.

— Ils arrivent, dit-elle. Pam, je m'appelle Diane Maxwell. Je connais beaucoup de médecins qui travaillent à l'hôpital du Parc, et je te promets qu'ils s'occuperont bien de toi. D'accord ?

Elle souriait si gentiment que Pam lui rendit son sourire, dévoilant ainsi ses incisives manquantes. L'espace d'un instant, Brad en fut apaisé et il éprouva une sorte de gratitude pour Diane.

Puis la sirène retentit.

Cette fois, c'était sa fille qui gisait là devant lui, si désarmée, si fragile. Cette fois, le soleil brillait dans le ciel. La nuit glauque et pluvieuse du cauchemar était loin, dans le passé.

Il prit la menotte de Pam dans sa main, paralysé par une peur inhumaine, hideuse ; il avait déjà vécu ça, un an plus tôt.

L'ambulance s'arrêta dans un hurlement de freins sur l'aire de stationnement à quelques mètres de là. Un infirmier en blouse blanche sortit une civière du véhicule tandis que son collègue accourait.

Penché sur sa fille, comme si son corps pouvait servir de rempart contre le malheur, Brad tourna son regard vers Diane. Une lueur de compassion brilla dans les yeux verts de la jeune femme. Elle se redressa lentement pour aller à la rencontre des infirmiers.

— Elle a peut-être un problème aux cervicales, dit-elle d'un ton posé. Elle a voulu éviter un chat et elle a percuté un arbre assez violemment.

L'homme s'accroupit près de Pam.

— Ça va aller, ma grande. Surtout, tu ne bouges pas. Vous êtes son père ? demanda-t-il à Brad.

Celui-ci hocha la tête d'un air égaré, regardant avec effarement l'infirmier placer adroitement une minerve autour du cou de la fillette.

— Il faut reculer, monsieur, pour que nous la mettions sur le brancard.

Brad était pétrifié, comme enraciné dans le sol, broyant sans y prêter attention les petits doigts de Pam.

— Papa, tu me fais mal..., dit-elle d'un ton plaintif.

Son visage auréolé de boucles brunes paraissait tellement minuscule avec cette minerve. C'en était déchirant...

— Excuse-moi, ma chérie, bredouilla-t-il en s'écartant.

— Ne crains rien, Pam, dit Diane, qui se tenait derrière lui. Ton papa reste avec toi... Il va même t'accompagner dans l'ambulance.

« Mon Dieu, je n'ai plus que cette enfant au monde. S'il lui arrivait quelque chose... »

Il secoua la tête, chassant avec l'énergie du désespoir l'horrible pensée.

— Oui, je suis là, Pam, dit-il avec difficulté.

Quelques instants plus tard, Pam était allongée sur la civière et les infirmiers la transportaient dans l'ambulance près de laquelle quelques badauds s'étaient groupés.

Brad et Diane les suivaient. Avant que la petite blessée disparaisse dans les profondeurs du véhicule, Diane lui posa doucement la main sur l'épaule.

— A bientôt, d'accord ?

— Oui, à bientôt ! répondit la fillette de sa voix flûtée.

Une nouvelle fois, le regard bleu de Brad plongea dans les yeux verts de Diane où brillait toujours la même lueur de profonde compréhension.

— Je sais que vous avez peur, murmura-t-elle. Mais tout ira bien, je vous l'assure.

— Je vous remercie, rétorqua-t-il en redressant les épaules. Sans vous, j'aurais commis une grave erreur, je l'aurais bougée.

Une légère rougeur colora les pommettes de la jeune femme.

— Je suis contente d'avoir pu vous aider. Y a-t-il… euh… quelqu'un à prévenir ? Votre femme ?

— Non, je suis divorcé et j'ignore où elle habite. Elle ne…

— Papa, ma bicyclette !

A ce cri, l'infirmier éclata de rire.

— Elle se sent déjà beaucoup mieux, je crois ! dit-il. Allons-y, monsieur. Montez, s'il vous plaît.

Brad jeta un regard de reproche au petit vélo rouge abandonné au pied de l'arbre. Il ne laisserait plus jamais Pam monter sur cet engin !

— Elle refera de la bicyclette, que ça vous plaise ou non…

Stupéfait, il dévisagea la jolie rousse. Comment avait-elle lu dans ses pensées ?

Un sourire rassurant aux lèvres, elle le poussa gentiment vers l'ambulance.

— Allez-y. Je mets le vélo dans le coffre de ma voiture et je vous suis jusqu'à l'hôpital.

Il n'avait pas le temps de protester, d'ailleurs, chose étrange, il n'en avait aucune envie. Il se contenta d'opiner, tandis que l'infirmier refermait les portes de l'ambulance.

Par la vitre, il vit Diane agiter la main. La brise soulevait ses mèches rousses, qui voletaient autour de son visage.

Diane repoussa les cheveux qui lui tombaient sur les yeux et considéra la bicyclette rouge d'un œil circonspect.

« C'est parfait de faire la fière et de tromper tout le monde, mais essayer de t'illusionner toi-même, voilà qui est dangereux… »

L'ambulance avait disparu et un policier que Diane n'avait pas encore remarqué dispersa les badauds. Puis il s'avança vers elle.

— Tout va bien, mademoiselle ?

Il était grand et solide, quoique moins athlétique que le père de Pam.

— Oui, merci. Simplement, si vous pouviez porter cette bicyclette jusqu'à ma voiture, je vous en serais très reconnaissante.

Il fit ce qu'elle demandait tandis qu'elle se dirigeait vers sa Pontiac verte, puis la suivit. Elle marchait très lentement, comme toujours, et s'il en éprouva quelque impatience, il eut la politesse de le cacher.

Elle, bien sûr, s'était depuis longtemps habituée à cette allure de vieillarde. Elle s'y était même résignée — du moins temporairement.

Comme elle s'était résignée à devoir se reposer après le moindre effort. Avant de démarrer pour faire le court trajet jusqu'à l'hôpital, elle renversa la tête en arrière et ferma les yeux. Quelques secondes de répit…

Un moment après, lorsqu'elle franchit les portes automatiques du service des urgences, elle avait recouvré une respiration calme et régulière.

Comme à l'ordinaire, il régnait dans les lieux une activité fébrile, cependant elle n'eut aucun mal à repérer le père de Pam. Alors que les personnes présentes dans la salle d'attente étaient occupées à feuilleter des magazines ou à regarder vaguement la télévision, il arpentait le sol carrelé tel un lion en cage.

Il tournait le dos à Diane, mais, soudain, il pivota, le visage crispé dans une expression de colère.

— Bon sang ! marmonna-t-il, écrasant dans sa grande main un gobelet de carton qu'il lança dans la poubelle.

Il avait mal visé. Le gobelet ricocha sur le rebord de la corbeille et heurta la cheville de Diane.

Il se pencha pour le ramasser. Une fois de plus, Diane lut de la peur dans ses yeux bleus. Elle reconnaissait ce sentiment pour l'avoir vu d'innombrables fois dans son propre miroir. Mais plus maintenant, se dit-elle ; elle avait résolu de s'en libérer à jamais en menant sa vie comme elle l'entendait.

La peur semblait incongrue chez cet homme qu'elle regardait courir dans le parc trois fois par semaine, et ce depuis deux mois. Il se mouvait avec une aisance, une grâce trahissant l'assurance et la force.

Cette brusque vulnérabilité, si inattendue, le rendait plus accessible et étrangement séduisant.

— Je suis désolé, ajouta-t-il du même ton sourd en jetant le gobelet dans la poubelle. Je crois que les hôpitaux ne me conviennent pas vraiment.

— C'est la même chose pour la plupart des gens.

Elle aurait donné n'importe quoi pour s'asseoir, mais combattit cette faiblesse. Elle s'était fixé une règle et la respecterait jusqu'au bout.

— Vous avez eu des nouvelles ?

Considérant qu'elle pouvait s'autoriser ce compromis, elle s'appuya contre le mur.

— Non, elle est encore dans la salle de radio.

Il esquissa ce petit sourire par lequel il la saluait quand il passait devant elle, dans le parc.

— Merci encore d'être là, reprit-il, radouci. Il n'y a pas très longtemps, j'ai vécu une expérience difficile dans un hôpital.

Ce n'était pas seulement la peur qui assombrissait son regard, mais une souffrance infinie, déchirante.

— Monsieur Kingsley ?

Un médecin s'était immobilisé devant eux.

— Votre fille va bien. Il n'y a aucune lésion à la colonne vertébrale. Elle a été un peu commotionnée, c'est tout… Comme le choc a porté sur la nuque, il lui faudra mettre une minerve pendant une semaine — surtout pour lui rappeler d'être plus prudente. J'ai laissé des instructions à l'infirmière et une ordonnance au cas où la petite aurait mal.

— Merci…, répondit Brad, les yeux brillants soudain, redressant les épaules sans en avoir conscience. Est-ce que je peux la voir ?

— Dans cinq minutes. L'infirmière l'aide à se rhabiller et elle va sans doute lui dessiner quelques dinosaures sur la minerve. Les gamins adorent ça.

Sur quoi, le médecin les salua d'un signe de tête et s'éloigna, son travail accompli. Diane était habituée à la brusquerie et à l'apparent détachement des membres du corps médical.

Mais cette fois, par chance, les nouvelles étaient bonnes.

Brad et elle se regardèrent et se sourirent. Il avait l'air soulagé, tandis qu'elle ressentait une bizarre nervosité. Il lui semblait que des picotements parcouraient tout son corps.

— C'est formidable ! dit-elle. Avant longtemps, votre fille fera de nouveau du vélo.

— Oh, j'avais presque oublié…

Tout à coup, il redevenait l'homme qu'elle avait remarqué dans le parc, calme et maître de lui. Toute trace de fragilité avait disparu. « Les dragons sont rentrés dans leur cage », songea-t-elle.

— Permettez-moi d'aller chercher cette bicyclette dans votre voiture, Diane. Nous n'avons que trop abusé de votre temps.

Le temps… la seule chose à laquelle elle refusait de penser.

— Tout est bien qui finit bien, je suis contente… Venez, ma voiture est là, presque devant la porte.

Elle le précéda, douloureusement consciente de sa présence, de l'énergie qui émanait de lui. Comme il se penchait pour saisir le petit vélo rouge, son sweat-shirt remonta sur ses reins, découvrant un dos musclé.

Diane eut l'impression que ses jambes se mettaient soudain à flageoler.

— Eh bien, dites à Pam que…

— Diane ! Qu'est-ce que tu fabriques ici ? Il est arrivé quelque chose ? cria une voix familière.

Le Dr Jason Daniels approchait à grands pas, l'air inquiet. Dans un instant, il la trahirait. Heureusement, elle avait derrière elle plusieurs années d'expérience comme responsable de relations publiques. Elle connaissait l'art de noyer le poisson.

— Jason… Je voudrais te présenter…

Elle s'interrompit, écarquillant les yeux. Comment s'appelait le père de Pam ?

Celui-ci souriait, et elle remarqua qu'une fossette se creusait dans ses joues.

— Brad Kingsley, dit-il en tendant la main.

Le chirurgien ne daigna pas la serrer.

— Jason Daniels, marmonna-t-il. Diane, que…

— Oh, mon Dieu, j'allais oublier ! Gwen m'a chargée de te dire, si je te rencontrais, que tu devais l'appeler. Si tu te dépêches, ajouta-t-elle en consultant sa montre-bracelet, tu la trouveras encore au bureau.

— Gwen ? répéta-t-il, plissant ses yeux sombres sous l'arc sardonique des épais sourcils, si révélateur de sa personnalité. Je reviens.

Il se rua vers l'entrée des urgences. Quand il se rendrait compte que Diane l'avait berné, Brad Kingsley serait déjà loin.

Elle noua les mains derrière son dos pour cacher leur tremblement. Etait-ce l'accident survenu à Pam qui l'avait à ce point perturbée ou bien l'émoi que déclenchait en elle le père de la fillette ? En tout cas, elle était dans un drôle d'état.

— Eh bien, apparemment Gwen est quelqu'un d'important..., dit Brad, amusé et surpris par l'attitude du médecin.

— C'est l'ex-femme de Jason, et ma patronne... A ce propos, il faut que je retourne au travail. Transmettez mes amitiés à Pam. Je suis heureuse qu'elle n'ait rien.

Elle se détournait, mais il la retint par le poignet. Une douce chaleur se répandit en elle et il lui sembla qu'une sorte de lien secret s'établissait entre eux. Pourvu qu'elle ne rougisse pas comme une pivoine, comme à son habitude !

— J'espère que vous serez sur votre banc, lundi ?

Naguère, elle aurait répondu avec enjouement à cette question murmurée d'une voix caressante. Il y avait longtemps qu'un homme ne l'avait pas regardée de cette manière, longtemps que personne ne s'était montré si naturel avec elle, si simple... Voilà sans doute pourquoi elle n'avait pas envie de rompre le charme en avouant la vérité.

Elle se libéra, ignorant le petit frisson de plaisir qui courait le long de son dos.

— Lundi, mercredi et vendredi, les jours où vous faites votre jogging. Allons, Pam est en train de vous attendre...

A ces mots, une expression coupable se peignit sur ses traits, comme si, l'espace d'un instant, il avait oublié où il était. Il se hâta vers les urgences.

Sur le seuil, il se retourna et lança :

— A lundi !

Elle s'apprêtait à monter dans sa voiture quand Jason réapparut, l'air furieux. Peu désireuse d'affronter sa mauvaise humeur, elle se glissa au volant, mais n'eut pas le temps de refermer la portière.

— Gwen m'a déclaré qu'elle avait prévu de rester au bureau encore pendant plusieurs heures et que son message n'avait rien d'urgent. Je crois, Diane, qu'une petite discussion s'impose. Y aurait-il un problème ?

Elle écarquilla les yeux d'un air innocent.

— Nous avions rendez-vous, docteur Daniels ? Est-ce une question d'ordre médical ? Sinon, il n'y a vraiment rien à dire.

— Diane, je sais que tu veux mener une vie normale, mais…

— Mais rien du tout ! Je mène une vie normale et j'ai l'intention de continuer. Tout va bien, conclut-elle en souriant.

Pour adoucir un peu la dureté de sa réponse, elle lui tapota la main.

— Je vais vraiment bien, Jason, comme d'habitude.

Il se détendit, esquissant ce petit sourire en coin qui avait charmé un nombre incalculable d'infirmières. Ce sourire avait pour but avoué de la culpabiliser, et c'était parfaitement réussi.

— Sois prudente, Diane. S'il te plaît. Pense à toi et à ceux qui t'aiment.

Sur quoi, il la planta là. Quelle redoutable efficacité ! songea-t-elle. Il avait accompli avec brio son travail : la ramener à la réalité.

Diane avait choisi sa façon de survivre : être satisfaite, heureuse, sûre de soi. En adoptant ce credo, elle l'imposait aussi à son entourage. Quand ça n'avait pas marché comme elle l'entendait — par exemple avec son père et ses collègues — elle s'était enfuie, refusant de laisser quiconque entamer sa vision résolument optimiste de l'avenir.

Ces derniers temps, elle fuyait beaucoup. C'était

peut-être pour cette raison qu'elle ne voulait pas que Brad Kingsley découvre la vérité sur son état de santé. Pourquoi, alors que depuis treize mois, elle n'éprouvait aucune difficulté à parler franchement de sa maladie ?

Elle démarra et, jetant un coup d'œil dans le rétroviseur, lut de la peur dans son regard. C'était ridicule ! Pourquoi aurait-elle peur d'un homme comme Brad Kingsley ?

L'espace d'un instant, le regret lui mordit le cœur. Elle aurait aimé voir l'intrépide petite fille rouler à bicyclette dans les allées du parc, suivie de son très séduisant papa.

Mais elle savait ce qu'elle devait faire. Lundi, elle ne serait pas sur le banc…

2

— Où elle est, papa ? demanda Pam d'un ton plaintif.

Elle était déçue. Et, par Dieu, lui aussi ! Le lundi et le mercredi vers 4 heures — l'heure habituelle — Pam avait patiemment attendu sur le banc l'arrivée de Diane Maxwell, tandis qu'il achevait sa séance de jogging, d'ailleurs écourtée. Mais Diane, contrairement à ce qu'elle avait promis, semblait avoir modifié ses habitudes.

Et maintenant, une semaine après l'accident, Brad était aussi triste que Pam. Il aurait vraiment aimé revoir la femme qui, bizarrement, habitait ses pensées depuis plusieurs jours.

S'asseyant à côté de sa fille, il regarda le pot de chrysanthèmes jaunes posé sur le banc. Quand Pam l'avait acheté pour l'offrir à Diane, les fleurs étaient encore en boutons ; à présent, elles étaient bien ouvertes.

— Papa, pourquoi elle n'est pas là ? insista Pam. Elle était tout le temps là, avant.

— Je ne sais pas…

Il enfouit ses poings dans ses poches et balaya le parc du regard, comme s'il espérait ainsi faire surgir Diane d'entre les arbres.

Jusqu'ici, il avait considéré comme allant de soi la présence de « la jolie dame rousse », ainsi que l'appelait Pam, sur ce banc. Chaque fois qu'il venait courir par ici, il était impatient de retrouver son sourire gai et chaleureux.

Il avait souvent songé à s'arrêter pour lier conversation, mais s'était toujours donné une bonne excuse pour s'abstenir — elle était concentrée sur son livre, il était pressé, ou bien alors Pam n'apprécierait peut-être pas qu'il s'intéresse à une femme. Il fallait ménager Pam, veiller à ne pas bousculer son univers ; à son âge, elle n'avait connu que trop de drames et de ruptures.

Et voilà que le destin avait pris la décision pour lui.

Il considéra sa petite fille, perchée au bord du banc, les jambes battant dans le vide. Les dinosaures verts, absurdement joyeux, qui ornaient sa minerve étaient, pour lui, liés de façon indissoluble avec

Diane. Elle l'avait tant aidé le jour de l'accident. Si Pam avait été grièvement blessée…

— Nous ne pouvons pas attendre plus longtemps, mon chaton. Nous avons rendez-vous à l'hôpital.

— Mais je veux voir Diane pour la remercier, répliqua la fillette, levant le menton de l'air têtu qui lui était familier. J'avais peur et elle a été gentille avec moi.

— Je sais, dit-il en se levant et en s'étirant pour tenter de dissiper la tension qui l'habitait. Ne t'inquiète pas, je te promets que nous la retrouverons. Maintenant, il faut y aller.

Avec un soupir à fendre l'âme, Pam descendit de son perchoir, saisit le pot de fleurs et le serra contre sa poitrine.

Brad jeta un dernier regard au banc déserté. Diane possédait une sorte de sérénité qui avait calmé la panique qui montait irrésistiblement en lui au moment de l'accident ; ce n'était pourtant pas une tâche facile, vu les souvenirs qui le hantaient. Et puis il y en avait en elle quelque chose d'éthéré, une pureté qu'il ne parvenait pas à oublier.

Pam plaça précautionneusement les chrysanthèmes dans le nid de journaux qu'elle avait confectionné à l'arrière de la voiture afin que les fleurs ne se renversent pas. Elle n'avait pas dit un mot au sujet de sa chute, n'avait pas émis une plainte durant toute la semaine.

Si elle tenait tellement à remercier Diane, il lui en donnerait la possibilité. C'était le moins qu'il pût faire pour sa courageuse petite fille.

Dès qu'ils pénétrèrent dans l'hôpital, Brad sentit son estomac se nouer. Il redoutait cet endroit — les infirmières pressées courant sur leurs semelles de crêpe, le chuintement des roues des chariots, des civières, des fauteuils, les appels incessants lancés par l'intercom ; il ne connaissait que trop ces appels, les sinistres « code bleu » et « code rouge », et les drames qu'ils symbolisaient.

Mais le pire, c'était cette odeur d'antiseptique qui flottait partout et lui donnait des haut-le-cœur. L'odeur de la mort…

— Papa, dit Pam en le tirant par la main, viens. C'est par là.

Il se secoua. Aujourd'hui, cette visite à l'hôpital n'avait rien de tragique, au contraire. Il s'agissait simplement de constater que Pam était tout à fait remise.

Dans la salle d'attente, la fillette s'immobilisa soudain et le dévisagea d'un air solennel.

— Papa, tu n'es pas obligé de m'accompagner. Je ne suis plus un bébé.

Une vague d'amour le submergea et il dut se contenir pour ne pas tomber à genoux devant elle et l'étouffer de baisers. Elle était trop jeune pour se rappeler la façon dont sa mère l'avait abandonnée.

Mais, malgré tous les efforts de Brad, cette mère lui avait-elle manqué ? Etait-ce de cette absence qu'elle tirait sa gravité et son courage ? Ou bien avait-elle acquis ces vertus plus récemment, lorsque Lisa, la jeune sœur de Brad, était morte ?

Pam suivit l'infirmière avec bonne humeur, tandis que Brad se retrouvait une fois de plus en train de faire les cent pas. Intellectuellement, il savait qu'il n'avait plus rien à redouter pour sa fille, pourtant il n'avait qu'une hâte : quitter cet hôpital et oublier l'accident de Pam.

Tout à coup, il s'arrêta, les yeux rivés sur un téléphone à carte installé dans un coin de la salle. Non, il ne voulait pas tout oublier de cet accident.

Mais pourquoi n'avait-il pas songé à appeler Diane plus tôt ?

Puisqu'elle se rendait régulièrement à la plage d'Evanston, cela signifiait sans doute qu'elle vivait dans la banlieue nord. Saisissant l'annuaire, il le feuilleta avec fébrilité et son doigt glissa sur les noms. Darren, David, Frank... Pas de Maxwell.

Pas de Diane.

— Zut ! marmonna-t-il en reposant le livre.

En se retournant, il aperçut soudain un homme dont l'allure ne lui était pas étrangère et qui se dirigeait vers les ascenseurs.

— Attendez !

Brad se précipita sur l'homme grand et mince en blouse blanche. Très vite, il déchiffra le nom inscrit sur la petite plaque épinglée sur sa poitrine. Oui, c'était bien lui.

— Docteur Daniels ? Nous nous sommes rencontrés la semaine dernière et...

Les yeux sombres du chirurgien se plissèrent, sa bouche mince esquissa une moue.

— Oui, bien sûr. Vous étiez avec Diane Maxwell.

— Exactement. Brad Kingsley...

Jason Daniels lui serra la main avec vigueur, mais ses sourcils arqués donnaient à ses traits une expression légèrement méprisante qui semblait ne jamais le quitter.

— Que puis-je pour vous, monsieur Kingsley ?

— J'ai besoin de joindre Diane. Pourriez-vous me communiquer son numéro de téléphone ?

Les bras derrière le dos, Jason Daniels se balançait sur ses talons, tout en observant son interlocuteur avec méfiance.

— Diane ne vous l'a pas donné ?

— Non…

Brad devinait ce qui allait suivre, cependant il devait courir sa chance.

— Nous nous sommes connus quand ma fille s'est blessée. Diane m'a beaucoup aidé et je veux simplement la remercier.

Comme le médecin ne cillait pas, Brad se décida à jouer son va-tout.

— En fait, c'est ma fille qui tient à la remercier.

Cet argument massue ne fonctionna pas. Daniels secoua la tête, lui opposant un masque impénétrable de courtoisie professionnelle.

— Je regrette, mais il m'est impossible de donner les coordonnées de Diane à quiconque les réclame. Quelle que soit la raison…

Pris de court, Brad ne répliqua pas. En lui l'étonnement le disputait à la colère. Soudain, Jason esquissa un petit sourire en coin qui l'humanisa quelque peu.

— En revanche, je serais heureux de lui transmettre un message…

Comprenant qu'il ne pouvait en espérer davantage, Brad fouilla dans la poche de sa veste et en sortit une carte de visite sur laquelle il griffonna le nom d'un restaurant.

— Voilà… Ma fille et moi serons à cet endroit vers 7 heures ce soir. Nous aimerions que Diane se joigne à nous. Si elle le souhaite, conclut-il en insistant sur ces derniers mots.

Jason saisit la carte, l'examina des deux côtés, puis regarda de nouveau Brad, qui ajouta :

— De cette façon, c'est Diane qui choisira, n'est-ce pas ?

Il fut assez satisfait que le chirurgien détourne les yeux le premier, bien que ce fût une piètre consolation.

— Voilà qui paraît judicieux, marmonna-t-il en tournant les talons pour pénétrer dans la cabine de l'ascenseur.

Nerveux, Brad s'approcha du distributeur de boissons et s'octroya un café noir. Il était fort et un peu amer. A croire qu'on buvait le même dans tous les hôpitaux…

Dieu, comme il détestait ces endroits et cette

impression d'être complètement désarmé ! Il avait hâte que Pam sorte de la salle de consultation.

— Papa, papa !

Sa petite fille courait vers lui. Les yeux pétillant de malice, elle se jeta dans ses bras.

— Le médecin dit que je vais bien. Alors je peux faire réparer ma bicyclette, hein ?

— Nous verrons, répondit-il d'un ton évasif. Pour l'instant, j'ai une surprise. Ce soir, puisque tu as été bien sage, je t'emmène manger une pizza chez Leon. Et..., ajouta-t-il après une hésitation, car il craignait de lui donner de faux espoirs, j'ai laissé un message à l'un des amis de Diane Maxwell. Je l'ai invitée à se joindre à nous.

— Chouette ! J'espère qu'elle aime la pizza ! s'écria Pam, les joues rouges d'excitation.

Diane n'aurait certainement pas le cœur de décevoir Pam, songea-t-il.

Mais, d'une manière ou d'une autre, il tiendrait sa promesse et retrouverait « la jolie dame rousse ». Un frisson d'excitation le parcourut qui n'avait aucun rapport avec Pam, mais tout à voir en revanche avec les sentiments que lui inspirait Diane. Quand il voulait quelque chose, il pouvait être très opiniâtre.

*
* *

La sensation était toujours aussi vive. Gwen Calhoun, debout devant la baie vitrée, regardait le Cessna s'élancer sur la piste. Frissonnante, elle dut se frotter les bras car elle avait la chair de poule.

Elle adorait l'ivresse du décollage, le moment où l'appareil pénétrait dans l'air, dans son élément. Même quand elle n'était pas aux commandes, cela l'emplissait d'une formidable jubilation. Tout à son plaisir, elle n'entendit pas la porte grincer. Une main se posa soudain sur son épaule. Elle sursauta et pivota d'un bond.

— Jason !

Son habituel sourire aux lèvres, vêtu d'une veste d'aviateur en cuir, il montra la plaque apposée sur la porte.

— Gwen Calhoun, Air Survie, directrice… Je suis très impressionné…

— Un titre ronflant pour un salaire de misère. De plus, j'ai vendu mon âme à la banque. Et tout ça à cause de toi ! dit-elle en se laissant tomber dans son fauteuil. Je me demande si je dois te gifler ou t'embrasser.

Jason s'empressa de saisir la perche. Souple

comme un félin, il se pencha et l'emprisonna entre ses bras.

— Moi, je sais bien ce que je préfère...

Elle lui rit au nez.

— Seigneur, tu ne changeras donc jamais ! Tu me servais déjà les mêmes balivernes quand j'avais seize ans.

— Ça n'a jamais marché, n'est-ce pas, Gwen ? murmura-t-il.

— Oh, je ne dirais pas ça. Je t'ai épousé, si tu te rappelles bien.

— Ce fut le plus beau jour de ma vie, rétorqua-t-il, continuant, imperturbable, à lui faire les yeux doux.

En riant, elle fit rouler son fauteuil d'un coup de talon pour s'éloigner de lui.

— Et moi qui croyais que c'était le jour de notre divorce !

— C'est toi qui l'as voulu. S'il n'avait tenu qu'à moi, nous serions encore mariés.

Gwen haussa les épaules, comme si cette idée était décidément absurde.

— Bon... Qu'est-ce qui t'amène, Jason ? Tu fais le vol pour la Croix-Rouge, ce soir ?

— Dick est en train de préparer et de charger l'avion.

S'asseyant sur le bord du bureau, il croisa les bras et dévisagea Gwen de l'air sarcastique qui lui était habituel.

— J'ai besoin de ton avis, ajouta-t-il. Regarde ça…

Il lui tendit la carte de visite, au demeurant d'excellente facture.

— Bradford Kingsley, analyste financier… Il donne des conseils gratis aux associations sans but lucratif qui ont des problèmes de trésorerie ?

— Lis ce qu'il y a au dos.

— Oh, c'est ma pizzeria préférée…, dit-elle après un bref coup d'œil. Quel est le problème ?

— Je suis censé remettre ce bristol à Diane. Elle t'a parlé de cet homme ?

— Quoi ? chuchota-t-elle, lançant un coup d'œil vers la porte close qui les séparait de la pièce voisine où Diane travaillait. Elle fréquente quelqu'un et elle ne m'a rien dit ?

Sautant sur ses pieds, elle se mit littéralement à danser autour de son bureau.

— C'est formidable, c'est merveilleux !

Croisant le regard grave de Jason, elle s'arrêta net.

— Tu n'es pas d'accord ?

— Je n'en sais rien. A l'évidence, c'est tout récent,

puisqu'il n'a même pas son numéro de téléphone. Il me l'a demandé, mais je ne me suis pas senti autorisé à le lui communiquer. Néanmoins, je l'ai assuré que je transmettrais son message. Sa fille et lui attendront Diane dans ce restaurant ce soir à 7 heures. Est-ce que tu veux la prévenir ?

— De quoi a-t-il l'air ? s'enquit-elle, ravie.

Il eut de nouveau ce sourire enjôleur qui adoucissait ses traits accusés et lui donnait un air juvénile irrésistible. A seize ans, elle en avait perdu la tête et, à vingt-neuf, lorsqu'elle l'avait quitté, elle avait semé en route quelques morceaux de son cœur. Dieu merci, à quarante-neuf ans, demeurée veuve après un second mariage réussi, elle était enfin immunisée contre son charme.

— Alors, de quoi a-t-il l'air ? répéta-t-elle.

— A côté de lui, je me sens vieux. Il doit passer des heures au gymnase. Il n'est pas mal…

— Hmm, un beau gosse…, corrigea-t-elle, car elle connaissait la perfidie de Jason. Dans ce cas, pas d'hésitation, je donne la carte à Diane.

— J'espère que nous ne le regretterons pas.

Tendant sa main fine et longue de chirurgien, il la prit par le menton. Elle était de si bonne humeur qu'elle en oublia de protester.

— Rappelle-toi, Gwen… Je ne suis pas d'accord

avec toi en ce qui concerne la décision de Diane de rester chez elle. C'est son choix, bien sûr, et je le respecte, cependant, s'il ne tenait qu'à moi, elle serait à l'hôpital. Dès maintenant, avant qu'il soit trop tard.

La décision de Diane. Le choix de Diane...

Gwen considéra le bristol, puis la porte du bureau voisin. Quand Jason sortit, sans bruit, elle ne lui adressa même pas un regard. Elle n'assisterait pas à son décollage. Elle avait plus important à faire pour l'instant.

Diane avait effectivement pris une décision. Voilà pourquoi elle travaillait à temps partiel pour l'association Air Survie. Gwen respectait son choix et la soutenait de son mieux. Mais ce nouvel élément, Brad Kingsley, n'entrait certainement pas dans les plans de la jeune femme.

A moins que quelque chose ait changé...

S'accrochant à cet espoir, elle frappa et entra dans le petit bureau.

— Tu n'as pas envie d'une pause, mon chou ? Que dirais-tu d'une bonne infusion ?

Diane contempla la souple silhouette appuyée au chambranle et sourit avec affection. Gwen lui donnait toujours l'envie de sourire. Peut-être parce qu'elle ressemblait beaucoup à sa mère, dont elle n'était pourtant que la cousine. Gwen avait la même bouche, grande et généreuse, la même épaisse chevelure brune à présent striée de fils d'argent.

— Non merci, Gwen. Je dois terminer ce communiqué de presse pour les journaux locaux. Il paraîtra dans les éditions de la semaine prochaine. Avec un peu de chance, cela amènera du monde à la soirée organisée au profit d'Air Survie.

— Oui, souhaitons-le. Si davantage de gens nous connaissaient, je pourrais peut-être recruter d'autres pilotes bénévoles. J'ai été obligée de demander à Jason d'assurer un vol ce soir. A propos, il a laissé ça pour toi…

Elle posa la carte sur la table. Diane la saisit et déchiffra le nom qui y était imprimé.

— Où Jason a-t-il eu ça ? s'enquit-elle, les joues rouges.

Eclatant de rire, Gwen s'installa dans l'unique fauteuil qu'on avait réussi à caser dans la minuscule pièce.

— Réponds-moi, Gwen !

— Jason a refusé de communiquer ton numéro de téléphone, alors ce Bradford Kingsley l'a prié de te remettre cette carte. Au dos, il a écrit le nom d'une pizzeria. Il t'y attendra avec sa fille, ce soir, à 7 heures.

Gwen pouffa, tapant dans ses mains comme une enfant.

— Petite cachottière ! Je n'en reviens pas.

Diane était capable de tricher, y compris avec elle-même. Mais elle n'avait jamais dupé Gwen.

— Tu sais bien que ce n'est pas possible, murmura-t-elle, tournant et retournant le bristol entre ses doigts.

— Pourquoi ? rétorqua Gwen d'un ton de défi qui la fit tressaillir. Bien sûr que si ! Tu as quitté la société de ton père, tu t'es éloignée de tes amis parce que leur attitude envers toi avait changé, qu'ils te traitaient comme si… comme si…

— Comme si j'étais à l'article de la mort, acheva Diane avec douceur.

— Oui, absolument. Ce qui n'est pas vrai ! Tu nous répètes constamment que tout se passera bien, que tu t'en sortiras. Et, moi, j'ai foi en toi !

Se redressant, Gwen contourna le bureau pour poser une main ferme sur l'épaule de la jeune femme.

— Il n'y a donc aucune raison pour que tu n'aies pas une relation normale avec un homme. Une histoire d'amour… Le mariage, pourquoi pas ? A toi de choisir !

Diane savait que cette déclaration était inspirée par une profonde tendresse, tout comme, à l'inverse, la surprotection et la possessivité que lui manifestait son père.

— Gwen…, commença-t-elle, cherchant les mots justes pour ne pas la blesser. Tu sais mieux que personne combien je suis positive. Beaucoup trop, à en croire mon père…, ajouta-t-elle avec un rire bref qui cachait mal sa peine. Mais, là, je suis forcée d'admettre qu'il a raison. Si j'avais dans ma vie quelqu'un qui m'aime et que j'aime, avec qui je partagerais des souvenirs, un passé, le lien existant entre nous serait peut-être assez fort pour résister à ce qui m'attend. Mais ce n'est pas le cas. Je ne peux pas demander à un inconnu de me soutenir sur le chemin que j'ai choisi. Moi-même, j'ignore où je vais et, dans l'immédiat, nul n'est en mesure de le dire. Si je…

— Non, ne continue pas ! Tu n'as jamais parlé de cette façon, alors, s'il te plaît, ne commence pas maintenant. Bon, d'accord… Je comprends tes sentiments, même si je n'y adhère pas. Explique-moi qui est ce Bradford Kingsley.

Qui était Brad Kingsley ? La première fois qu'elle

avait levé le nez de la biographie de Jane Austen dans laquelle elle était plongée, elle avait vu un homme athlétique passer en courant devant elle.

La fois suivante, elle avait remarqué une petite fille juchée sur une bicyclette équipée de stabilisateurs et qui pédalait de toutes ses forces. Elle avait constaté avec surprise que l'homme était avec l'enfant.

Dès lors, elle s'était mise à les observer. En toute innocence, bien sûr... L'enfant était manifestement sa fille, car ils avaient les mêmes boucles brunes, des yeux bleus et une expression résolue. C'était amusant et agréable de les regarder. Diane avait certes renoncé à l'amour, cependant elle était encore capable de reconnaître et d'apprécier un homme séduisant quand elle en rencontrait un.

Si elle était consciente du charme qui émanait de lui, elle n'imaginait pas, jusqu'au jour de l'accident, qu'il pût porter en lui tant de vulnérabilité. C'était précisément ça qu'elle ne parvenait pas à oublier.

— J'ai toujours adoré la plage d'Evanston, je ne t'apprends rien..., dit-elle, soutenant sans ciller le regard intrigué de Gwen. Les jours où je ne travaille pas, je vais là-bas dans l'après-midi, je m'assieds sur un banc et je lis pendant une heure ou deux. Brad Kingsley a l'habitude de faire son jogging dans le parc. Il vient avec sa petite fille. La semaine dernière, Pam est tombée de sa bicyclette juste devant moi. Je les ai aidés, c'est tout…

Elle haussa les épaules, comme pour se libérer des questions et des émotions que cette rencontre avait éveillées en elle.

— Il n'y a rien de plus à raconter…

— Eh bien, tu as manifestement produit une forte impression sur ce monsieur.

Diane plia le bristol en deux et le glissa dans sa poche.

— Le médecin avait dit que Pam devrait garder sa minerve pendant une semaine. On la lui a peut-être enlevée et ils veulent fêter ça ce soir à la pizzeria. Je ne sais pas…

— Pourquoi ne pas y aller ? Cela ne tire pas à conséquence.

Tout en sachant que Gwen ne songeait qu'à son bien-être, à l'idée de se retrouver devant Brad, Diane sentait la peur s'insinuer dans ses veines.

— J'ai pris certaines décisions concernant ma vie et…

— Ecoute-moi, ma chérie. Tu as choisi de profiter au maximum de chaque jour, de chaque heure qui passe. Mais si tu étouffes tes sentiments, ta capacité à recevoir et à donner de l'amour, alors ça ne vaut pas la peine.

La bouche généreuse de Gwen s'étira dans un sourire et sa voix se fit plus douce.

— C'est une femme pleine de sagesse qui m'a dit ça voici très longtemps. J'ai puisé dans ses paroles le courage de quitter Jason pour découvrir le véritable amour avec Ed.

Gwen, toujours si fine, si attentive, avait gardé ses meilleures cartouches pour la fin. Un flot de souvenirs heureux revint à la mémoire de Diane. Elle entendait encore la voix tant aimée.

— Tu parles de ma mère…

— Oui, ma chérie. Et si elle était encore de ce monde, elle te dirait ce que je viens de te dire.

Lorsqu'elle rentra chez elle, les paroles de Gwen résonnaient encore dans l'esprit de Diane. Comme elle n'empruntait jamais l'autoroute, que Jason jugeait trop stressante, elle s'en tenait aux petites routes qui sillonnaient la banlieue. Ce fut donc presque machinalement qu'elle prit la direction d'Evanston, au lieu d'aller tout droit vers le centre-ville.

Un moment plus tard, elle se retrouva devant

chez Leon. Il était 7 heures. Engourdie, Diane contempla la pendule digitale du tableau de bord qui affichait les secondes. A 7 heures et 3 minutes, elle redémarra avec la ferme intention de quitter ce parking.

A 7 h 5, elle arrêtait le moteur et rangeait la clé de contact dans son sac.

Elle ne resterait pas longtemps. Elle se contenterait de les saluer et de demander si Pam ne souffrait plus de son cou.

Et de voir s'il y avait toujours cette étrange douleur dans les yeux bleus de Brad Kingsley...

Elle descendit de voiture et pénétra dans le restaurant. Immobile sur le seuil, elle balaya du regard la salle bondée. Ce fut Pam qui l'aperçut la première et agita la main. Brad se leva alors pour l'accueillir. Son sourire creusait dans ses joues l'irrésistible fossette dont elle se souvenait.

— Je suis content que vous ayez pu venir.

Sa voix, mélodieuse, caressante, n'avait pas changé.

— J'ai un cadeau pour vous, Diane ! s'écria Pam.

La joie évidente de la fillette la convainquit qu'elle avait eu raison de les rejoindre ici. Elle s'assit à côté de Pam et lui prit les chrysanthèmes des mains.

— Quelles fleurs magnifiques ! Merci, Pam. Alors, comment vas-tu ?

— Très bien. On m'a permis de garder la minerve avec les dinosaures, et papa l'a accrochée dans ma chambre. Vous aimez la pizza saucisse-champignons ?

Diane opina gaiement. Elle n'avait pas mangé de pizza depuis plus d'un an. Jason lui avait fortement déconseillé ce genre de fantaisie.

— Heureusement, vous avez eu mon message…, dit Brad. Je craignais qu'on oublie de vous le transmettre, ajouta-t-il avec un petit sourire mi-figue mi-raisin qui n'échappa pas à Diane.

— Jason me l'a personnellement apporté à l'aéroport de Pell, répondit-elle en riant.

— Vous travaillez dans un aéroport ? dit Pam de sa voix aiguë. Vous pilotez des avions ? Mon papa, il est pilote. Vous avez vu le film *Top Gun* ? Mon papa, il ressemble à Tom Cruise.

Pour sa part, Diane considérait qu'il était bien plus séduisant que Tom Cruise. Elle eut du mal à ne pas pouffer devant la mine embarrassée de Brad, que l'enthousiasme de sa fille mettait au supplice.

— Pam veut dire que j'étais pilote dans l'armée. Maintenant, je ne vole plus que pour le plaisir. J'ai un Baron remisé à l'aérodrome de Waukegan.

— Je travaille pour une association regroupant des pilotes privés qui effectuent des missions d'urgence médicale. Vous seriez peut-être intéressé...

Elle se mordit la lèvre, regrettant d'avoir parlé si vite. Après toutes les décisions qu'elle avait prises, les barrières qu'elle avait érigées autour d'elle, les choix qu'elle avait faits pour déterminer qui aurait le droit d'entrer dans sa forteresse et qui en serait exclu, pourquoi se conduisait-elle avec cet homme comme un papillon happé par une flamme ?

L'arrivée d'une pizza fumante empêcha Brad de répondre. Adossée à la banquette de cuir, Diane s'efforçait de se cramponner à la réalité, mais elle ne parvenait pas à relever sa garde. Elle était trop touchée par l'amour existant entre cet homme et son enfant. L'atmosphère était à la fête et elle avait envie de vivre pleinement ce moment.

Poussée par une Pam débordante de vie, elle oublia l'interdit pesant sur la pizza et en mangea deux petits morceaux qu'elle fit passer avec un demi-litre d'eau minérale.

Puis elle se dit qu'elle devait partir. La fatigue la taraudait, elle ne pourrait bientôt plus lutter.

Une fraction de seconde, elle s'accorda le plaisir amer de s'apitoyer sur son sort, puis elle se leva et s'écarta de cette cellule familiale si chaleureuse dont elle ne ferait jamais partie.

— Excusez-moi, mais il faut que je m'en aille. J'ai été heureuse de vous voir. Merci encore pour les fleurs, Pam, elles me plaisent beaucoup.

La bouche pleine, la fillette ne put que la saluer d'un geste de la main.

Brad se redressa vivement et saisit le pot de chrysanthèmes.

— Pam, je reviens tout de suite. Je raccompagne Diane jusqu'à sa voiture.

Incapable de trouver une excuse plausible pour l'en dissuader, la jeune femme se fraya un chemin au milieu des tables. Brad, la main posée sur son épaule, la guidait doucement.

Quand elle prit les clés de la voiture et tenta de les introduire dans la serrure, ses doigts tremblaient tant qu'elle en fut incapable.

— Vous avez froid ? Attendez, laissez-moi faire.

Sans la lâcher, il ouvrit la portière et aida Diane à s'asseoir au volant.

— Vous êtes toute pâle…

Il referma la portière et, montrant le pot de

fleurs, lui fit signe de baisser la vitre. Elle s'exécuta et, quand il se pencha, l'enseigne au néon du restaurant alluma dans ses yeux d'étranges reflets que Diane trouva presque hypnotiques.

En cet instant, ils semblaient tous deux étrangement coupés du reste du monde.

— Ça va ? demanda-t-il à mi-voix.

— Oui, je crois simplement que je travaille trop.

Elle avait honte de mentir ainsi, mais elle était prête à tout pour préserver la magie de ce moment.

— Ah, votre association… Je suis très intéressé, vous savez, j'aimerais que m'en disiez un peu plus.

Les fossettes se creusèrent davantage dans ses joues.

— Cette soirée était réservée à Pam, ajouta-t-il. Mais nous pourrions discuter de tout ça lundi. Le lundi, c'est bien le jour où vous venez au parc ? Vous nous avez manqué, la semaine dernière.

Elle ne fut pas insensible à ce que ces mots sous-entendaient. Elle aurait dû, pourtant. Si elle n'avait pas lu tant de fragilité dans son regard, l'autre jour, elle serait demeurée indifférente. Elle avait repoussé d'autres hommes séduisants, mais celui-ci... celui-ci était différent.

Son choix fut rapidement arrêté.

— D'accord, je serai là lundi.

— Magnifique ! murmura-t-il dans un souffle, comme s'il l'avait retenu dans l'attente de sa réponse.

Elle eut l'impression qu'une lave claire et brûlante se répandait dans ses veines. Elle se força à ne pas bouger, à ne pas ciller.

— Je vous laisse, Diane. A lundi..., dit-il de sa voix douce, avant de s'éloigner.

Tremblante, elle cala le pot de fleurs sur le siège passager et démarra.

Elle avait fait le bon choix. Non, non, elle ne déviait pas vraiment de la route qu'elle s'était fixée...

Ils pouvaient devenir amis. Pourquoi pas ? De nos jours, l'amitié entre les hommes et les femmes était banale. Et quand le moment s'y prêterait, elle lui avouerait la vérité. Exactement comme elle l'avait révélée à tous ses amis.

Ses mains se crispèrent sur le volant quand elle se rappela leurs mines apitoyées, le ton grave qu'ils prenaient quand elle était dans les parages, comme s'ils ne pouvaient plus rire en sa présence.

Beaucoup s'étaient éloignés ; ils se séparaient d'elle par avance, pour être moins malheureux lorsqu'elle partirait pour de bon.

Mais elle ne partirait nulle part ! Elle n'avait pas l'intention de mourir. Elle avait décidé de vivre, loin de tous ces regards chargés de pitié et de curiosité qui l'épiaient sans relâche.

Elle ne dirait rien à Brad. Pas pour l'instant, en tout cas. Elle voulait profiter un peu de son amitié. Elle avait bien le droit de continuer un peu à se mentir, n'est-ce pas ?

3

Le petit vent piquant qui frémissait dans l'air depuis quelque temps s'était mué en une bise glaciale. L'hiver était là. Brad souffla dans ses mains, observant les nuages gris qui s'amoncelaient à l'horizon et annonçaient la première neige de la saison.

Impatient, il jeta un nouveau coup d'œil à sa montre avant de tourner son regard vers Pam juchée sur sa bicyclette remise à neuf et qui faisait des allers et retours dans l'allée. Elle avait les joues rougies par le froid. Ils ne pourraient plus attendre longtemps.

Il était pourtant si sûr que Diane viendrait au rendez-vous !

Tout à coup, le doute le submergea. Non, il refusait de penser qu'elle n'avait pas ressenti cette attraction qui les poussait l'un vers l'autre. Elle lui avait d'abord paru si fragile, si pâle, qu'il avait eu envie de la protéger comme un précieux bibelot. C'était ce désir qui l'avait hanté, qui l'avait conduit à la rechercher.

Ensuite, l'autre soir, il avait découvert son merveilleux sourire, elle lui avait semblé si pleine de vie. Il n'avait plus songé à la protéger. Et puis il y avait autre chose, ce lien mystérieux qui s'était créé entre eux dès le premier instant…

Le claquement d'une portière retentit soudain dans le silence. Brad pivota, le cœur battant plus vite. Elle était là… Le vent jouait dans ses cheveux, des mèches rousses tombaient sur son front.

Elle s'approcha de lui à pas lents.

— Bonjour… Je suis en retard, excusez-moi. Vous avez l'air frigorifié.

Oubliant toutes ses incertitudes, il eut un petit rire.

— Ne vous inquiétez pas pour moi… Quant à Pam, elle fait de la bicyclette pour se réchauffer.

Sans hésiter, il la prit par le bras pour l'aider à avancer sur le sol inégal. Elle lui jeta un coup d'œil circonspect, puis se détendit et s'appuya légèrement contre lui. Elle semblait apprécier son geste — pourtant, aujourd'hui, elle paraissait en forme. Le vent froid rosissait ses joues et rehaussait l'éclat émeraude de ses yeux.

— Je vous avais dit qu'elle remonterait sur ce vélo, murmura-t-elle.

Pam, ravie, fonça droit sur eux et s'arrêta pile à quelques centimètres de son père.

— Vous m'avez vue, Diane ? demanda-t-elle d'un air fier et plein d'assurance.

— Oui… Ta bicyclette et toi, vous êtes comme neuves.

Le sourire de Diane était contagieux et son plaisir à voir une Pam intrépide et insouciante était évident. Brad en oublia qu'il n'avait pas très chaud. Il les couvait toutes les deux d'un regard heureux quand sa fille le tira par la manche.

— J'ai froid, papa. Si on allait dans le salon de thé boire un chocolat ?

Un petit rire de connivence de Diane poussa Pam à insister d'un ton suppliant :

— Tu vois, Diane en a envie, elle aussi… On y va, papa ? C'est juste de l'autre côté du parc.

Il contempla la fillette qui sautillait d'un pied sur l'autre, puis la femme immobile à son côté. Une fine ride était apparue entre ses sourcils délicatement arqués. Elle considérait d'un air inquiet l'allée débouchant, quelques centaines de mètres plus loin, dans la rue bordée de boutiques.

— Il fait trop froid pour marcher, Pam, dit-elle

avec un frisson qu'elle exagéra quelque peu. Nous n'avons qu'à mettre ton vélo dans ma voiture et je vous conduirai jusque là-bas.

Poussant des cris de joie, Pam s'élança vers la voiture garée sur l'aire de stationnement. Brad, qui tenait la bicyclette par le guidon, dut ralentir le pas pour rester à la hauteur de Diane. C'était peut-être ça qu'il jugeait si attirant chez cette femme — elle ne se pressait jamais. Cela lui conférait une sorte de sérénité qu'elle paraissait lui communiquer.

Il lui prit les clés des mains et ouvrit le coffre du véhicule. Il achevait d'y ranger le vélo rouge lorsque les premiers flocons tombèrent. Pam était déjà installée sur la banquette arrière. Diane, debout près de la portière ouverte, leva les yeux vers le ciel.

— J'aime la première neige... Je ne sais pas si...

Elle s'interrompit et, avec un petit rire de gorge, tendit les mains pour recueillir les cristaux étoilés.

— Je ne pensais pas que l'hiver viendrait si vite..., reprit-elle.

Comme un voile de poudre, la neige brillait sur ses cheveux cuivrés, sur son visage délicat. Brad ne résista pas à l'envie de la toucher. Il s'approcha et, du bout des doigts, ôta les flocons duveteux accrochés à sa chevelure.

Elle rit de nouveau et se glissa au volant. Il contourna la voiture et s'assit sur le siège du passager. Dans l'habitacle plutôt restreint, il flottait un léger parfum fleuri que Brad commençait à associer à Diane. Silencieux, il la regarda conduire, écoutant d'une oreille distraite le joyeux babillage de Pam. Diane avait des mains admirables, fines et souples…

Dès qu'ils furent garés, Pam jaillit du véhicule et courut vers le salon de thé. Le trottoir était à présent recouvert d'un tapis blanc. D'un geste presque naturel, Diane prit le bras de son compagnon.

A l'intérieur du salon du thé, coquet et douillet à souhait, il y avait foule. Brad s'immobilisa sur le seuil, cherchant Pam des yeux.

— Papa, je suis là ! s'écria la fillette.

Elle était déjà attablée dans un coin de la salle avec deux de ses camarades de classe. Penchées sur une feuille de papier, elles semblaient beaucoup s'amuser. Les mères, installées non loin de là, les surveillaient du coin de l'œil. L'une d'entre elles sourit à Brad, comme pour lui dire qu'elle supervisait la situation ; après une hésitation, d'un hochement de tête, il autorisa sa fille, qui le regardait d'un air suppliant, à demeurer avec ses amies.

Maintenant, il avait Diane pour lui tout seul. Repérant un box vide, il l'aida à s'y installer, puis alla chercher leurs consommations.

Lorsqu'il posa sur la table deux tasses de chocolat fumant et crémeux à souhait, ainsi qu'un roulé au citron encore chaud, Diane lui sourit.

— C'est pour vous, je suppose… Moi, je suis guérie du péché de gourmandise depuis des années.

Son naturel, ses taquineries amicales l'enchantaient. Vraiment, il ne regrettait pas de l'avoir attendue si longtemps dans le parc.

Saisissant sa petite cuillère, elle écréma tant bien que mal son chocolat, mais, quand elle but sa première gorgée, un peu de mousse blanche ourla sa lèvre supérieure. Fasciné, il la regarda l'effacer d'un petit coup de langue.

Cette fois, il dut faire un effort pour s'empêcher de la toucher. Croisant les bras sur sa poitrine et s'appuyant au dossier de sa chaise, il regarda distraitement autour de lui.

— Pam semble tout à fait remise de son accident, n'est-ce pas ? dit-elle.

— Oh oui, elle est prête à prendre sa revanche, comme vous l'aviez prédit.

Fouillant dans la poche de sa veste, il en sortit une coupure de presse pliée en quatre.

— Je voulais vous parler de cet article que j'ai lu dans le journal. Je suis très intéressé par Air Survie. J'adore voler et mon emploi du temps est assez souple, je peux donc me rendre disponible à tout moment. Je pense assister à la soirée de vendredi et discuter un peu avec Gwen Calhoun.

Il scrutait son visage, guettant sa réaction. Et soudain, il lut dans ses yeux ce qu'il redoutait d'y lire — le repli sur soi, l'éloignement. Cela s'était déjà produit sur le parking de l'hôpital et à la pizzeria.

Il y avait un certain temps que Brad n'avait pas eu de relation amoureuse, car il était trop obsédé par le chagrin et la colère. Cependant, il savait encore reconnaître une attirance mutuelle entre un homme et une femme, et il croyait savoir comment deux adultes y réagissaient en principe. Mais Diane l'obligeait à remettre en question tous ses raisonnements logiques.

— Qu'en dites-vous ? demanda-t-il du ton le plus

neutre possible, soucieux de lui laisser le temps de surmonter son malaise.

— Excusez-moi, je dois vous paraître distante tout à coup. C'est simplement que vous m'avez surprise.

Une fois de plus, elle avait deviné ses pensées. Comment diable y parvenait-elle ? C'était un fil supplémentaire qui se tissait entre eux, songea-t-il.

— Plus nous serons nombreux, mieux ce sera, ajouta-t-elle. Air Survie est une formidable association. J'espère que cette soirée sera profitable et utile à tout le monde.

Il se pencha un peu pour couper un morceau du roulé au citron et masquer la brusque tension qui l'habitait. Il était conscient de la bousculer un peu, mais puisqu'il était déjà allé jusque-là, ce n'était plus le moment de reculer.

— Pourrons-nous aller ensemble à cette soirée ?

Elle comprit aussitôt où il voulait en venir, il le vit dans ses yeux. Ce n'était pas un simple rendez-vous qu'il lui proposait, il souhaitait commencer une histoire.

En une fraction de seconde, son beau visage se ferma ; sa chaleur, sa spontanéité s'évanouirent.

Elle était raide, crispée. Qui lui avait fait du mal ? De quoi avait-elle si peur ?

Le cœur pris dans un étau, il attendit qu'elle prononce le « non » fatidique qui l'écarterait à jamais de sa vie.

— Pourquoi pas ? murmura-t-elle, la peur soudain disparue de son regard. C'est sans doute une bonne idée dans la mesure où vous ne connaissez personne à Air Survie.

— Formidable ! s'exclama-t-il, stupéfait de cette volte-face. A quelle heure dois-je passer vous prendre ?

— Je vous retrouverai là-bas car je m'y rendrai plus tôt en compagnie de Gwen. Je ne resterai pas jusqu'à la fin, poursuivit-elle, de nouveau embarrassée, en jouant avec sa tasse de chocolat. Si cela ne vous ennuie pas de partir avant la fin de la soirée, vous pourriez me ramener chez moi.

L'hésitation, la confusion se lisaient sur son visage. Cependant, elle ne lui avait pas opposé de barrière infranchissable. Il ne comprenait pas ce qu'elle redoutait, mais il s'emploierait à en venir à bout.

Où cette relation les conduirait-elle ? songea-t-il. Il voulait le savoir, se sentait soudain terriblement vivant ; il y avait bien longtemps qu'il n'avait pas éprouvé pareille sensation.

— Brad Kingsley est pilote privé et Air Survie l'intéresse. Il assistera à la soirée de charité. En fait, ce sera mon cavalier…

Jason n'en croyait pas ses oreilles. Diane venait de lâcher tranquillement sa bombe dans le bureau. Médusée, également, Gwen se laissa tomber dans son fauteuil.

— Diane, je suis ton médecin et, en tant que tel, il ne me semble pas qu'il soit très indiqué pour toi de venir à cette soirée. S'il ne tenait qu'à moi, tu serais à l'hôpital.

— Pour faire quoi, Jason ? Attendre quelque chose qui n'arrivera peut-être jamais ?

Gwen poussa une sourde exclamation, mais Diane l'ignora. Elle regardait fixement Jason.

— Et si cela ne se produit pas, j'aurai gâché le temps dont on m'avait fait cadeau.

En entendant Gwen qui s'agitait, il se tourna vers son ex-femme et vit des larmes dans ses yeux. Depuis le jour où il l'avait rencontrée, trente-trois ans auparavant, il lui semblait qu'elle avait à peine changé. Et il savait que l'inébranlable détermination de Diane la déchirait. Gwen avait toujours eu le cœur tendre.

— Diane, Jason a peut-être raison, dit-elle doucement, elle qui ne s'était jamais rangée du côté de son mari.

— J'ai eu les résultats du bilan la semaine dernière. Je ne vais pas plus mal, n'est-ce pas, Jason ?

— Là n'est pas l'essentiel, le temps est le seul élément déterminant…

Gwen le détestait quand il parlait ainsi, de son ton de chirurgien, comme elle disait, car cela signifiait généralement qu'il avait de mauvaises nouvelles à annoncer. Mais elle n'interviendrait pas. Contrairement aux autres membres de l'entourage de Diane, Gwen considérait qu'il était important pour la jeune femme de mener ses propres combats. Elle l'avait clairement spécifié à Jason.

— Alors, je choisis de continuer à attendre en compagnie de mes amis…

Levant le menton, Diane fixa sur lui un regard émeraude plein de défi et où brûlait un feu sombre.

— Je vais m'enfermer dans mon bureau et régler les derniers détails de cette soirée. Mais par égard pour toi, mon cher docteur Daniels, je me mettrai en congé dès ce soir jusqu'à la fin de la semaine. D'accord ?

Elle se dirigea vers la pièce voisine. Parvenue sur le seuil, elle s'arrêta et lança à Gwen :

— Tu passeras me chercher, vendredi ? Brad me raccompagnera.

Elle avait prononcé ces derniers mots d'un ton ferme, dans une attitude de bravade.

Quand la porte fut refermée, Gwen fit pivoter son fauteuil pour regarder Jason.

— Je suis fière d'elle... Quelles que soient les épreuves qui l'attendent demain, elle ne renonce pas à aujourd'hui.

— Quelle mouche la pique ? rétorqua Jason, qui détestait être contredit, surtout par Gwen. Elle était si positive, si calme... Cela augmentait ses chances.

— Je pense qu'elle est toujours positive et que, quand tu auras digéré le choc, tu le seras aussi. Elle ne serait pas une bonne patiente pour toi si elle n'était pas une battante. Laisse-la vivre dans le présent, et non dans le passé ou le futur.

— Et toi, Gwen, c'est aussi ce que tu fais ? Air Survie te suffit ? Il y a maintenant quatre ans qu'Ed est mort.

Crispant ses mains sur les accoudoirs du fauteuil, elle darda sur lui des yeux flamboyants.

— Tu essaies toujours de régenter l'existence des gens, n'est-ce pas ? Laisse-moi venir à bout de mon chagrin comme bon me semble et laisse Diane suivre son chemin.

La stratégie, lente et prudente, que Jason avait mise au point pour atteindre ce qu'il appelait « l'objectif Gwen » devenait décidément fastidieuse ! Il avait déjà les pires difficultés à dissimuler son sentiment de solitude et son désir. Quand se déciderait-elle à se libérer du passé pour leur donner une deuxième chance ?

— Je ne suis pas certain que nous nous en sortions si bien que ça, les uns et les autres, grommela-t-il. Vendredi soir, je passerai vous prendre, Diane et toi. Vous aurez peut-être besoin de moi.

— Pour quelle raison ? riposta-t-elle, refusant de céder un centimètre de terrain.

— Quand George Maxwell m'a téléphoné, comme à son habitude, pour s'informer de la santé de sa fille, il m'a annoncé qu'il comptait assister à la soirée avec ses collaborateurs.

— Aïe... Evidemment, vingt personnes de plus, ce serait une aubaine pour les caisses vides d'Air

Survie, mais cela risque d'être pénible pour Diane. Tu sais comment est George.

— Absolument ! Gwen, je me trompe peut-être, mais j'ai le sentiment que Brad ignore tout de l'état de Diane. Si George est là, il le découvrira. Je ne sais pas ce qu'elle a en tête, mais je pense que nous ferions mieux de la prévenir.

— Inutile, j'ai entendu…

C'était la voix de Diane, calme et posée, qui avait résonné dans la pièce.

Gwen se redressa et fit trois pas vers elle.

— Je ne voulais pas être indiscrète… Je souhaitais seulement vous présenter mes excuses car je me suis montrée désagréable.

Très pâle, elle était appuyée contre le chambranle. D'un regard, Jason fit comprendre à Gwen de ne plus avancer, de ne pas tenter un geste de réconfort, et elle se figea aussitôt. Diane ne supportait pas la pitié.

— Ma chérie, que veux-tu faire ? demanda Gwen.

— Je viens de compter les réservations. Avec celles de mon père, nous en avons deux cent cinquante. C'est beaucoup de monde… Il se peut que je ne croise aucun de mes anciens collègues.

Elle secoua la tête. Le sang colorait de nouveau ses joues.

— Excusez-moi, vous avez l'air tellement ennuyés tous les deux. Je plaisantais, bien sûr. Je vais tout dire à Brad avant que quelqu'un s'en charge à ma place. C'était… agréable, pour une fois, d'avoir une relation normale avec quelqu'un. Je suppose que c'était égoïste de ma part. Je ne sais même pas pourquoi je ne parviens pas à être avec lui comme avec les autres.

Etait-ce du courage ou de la folie ? Quoi qu'il en soit, en cet instant, Diane forçait l'admiration de Jason. Il vit que Gwen luttait pour ravaler ses larmes.

— Chérie, tu essaies juste de profiter de ton mieux de chaque jour qui passe.

— Comme ma mère l'aurait souhaité…

L'évocation de la mère de Diane fit tressaillir Jason, ce qui l'agaça. Pourquoi se focalisait-il toujours sur ses propres échecs et non sur ses réussites ?

Diane disparut dans son bureau et Gwen se tourna lentement vers le chirurgien. Hélas, il n'avait pas le pouvoir de répondre aux questions qu'il lisait dans ses yeux, ni de la réconforter avec de vaines assurances.

*
* *

Cette fameuse soirée lui paraissait parfois à des années-lumière, et parfois elle pesait comme un lourd nuage au-dessus de sa tête. Le vendredi après-midi, Diane ne savait pas encore comment elle allait affronter l'épreuve.

Après le déjeuner, elle décida de faire une sieste pour emmagasiner un peu d'énergie. Quand elle se réveilla, vers 3 heures, elle tendit la main vers le téléphone avec l'intention d'appeler Brad pour tout lui dire.

Le conte de fées se terminerait là, brutalement. Elle s'y était résignée, comme à tout le reste. Mais ses doigts relâchèrent le combiné. Ce n'était pas honnête de lui révéler la vérité de cette manière, à distance.

Lorsque Jason et Gwen passèrent la chercher, elle ne fit aucun commentaire sur la soirée à venir. A leur arrivée à l'hôtel, ils se retrouvèrent au beau milieu d'un épineux problème de réservations que Gwen s'empressa de régler avec son efficacité coutumière. Jason, pour échapper à la mêlée, se réfugia au bar.

Après avoir vérifié que tout était à peu près en ordre, Diane alla se rafraîchir dans les vestiaires des dames. Enfin seule, elle s'examina longuement dans le miroir.

Il n'y avait plus trace de peur dans ses yeux. Et les heures qu'elle avait consacrées à se maquiller et se coiffer n'avaient pas été vaines ; elle avait un teint resplendissant et les boucles qui encadraient son visage lui adoucissaient les traits.

Sa robe noire à bustier et large jupe de voile lui allait à merveille. Dès qu'elle l'avait aperçue dans la boutique, elle avait décidé de l'acheter, certaine que cette toilette lui donnerait l'assurance qui lui manquait. Or, pour l'occasion, cette armure lui était indispensable. Avec son père et ses anciens collègues dans les parages, elle aurait besoin de toute l'aide possible.

Leur ancienne camaraderie, si gaie, si légère, s'était brisée, et ce n'était pas la faute de Diane. Pour être juste, ce n'était pas non plus la faute de ses collègues. C'étaient tous des gens intelligents, simplement ils subissaient l'influence de M. Maxwell et adoptaient ses positions.

Si Diane s'était sentie physiquement plus forte, elle aurait cherché à briser leur résistance, jusqu'à ce qu'ils acceptent la réalité et se conduisent avec elle comme par le passé. Mais son père était là, et elle ne se faisait aucune illusion.

Malgré tous ses efforts, elle ne l'amènerait jamais à adhérer à ses décisions. C'était à cause de lui, de son angoisse envahissante, qu'elle était partie.

Elle se rappelait encore sa voix vibrante de colère lorsqu'elle lui avait annoncé son départ.

— Tu es folle, Diane, et tu t'abuses toi-même !

Mais sa pire folie avait peut-être été de ne rien dire à Brad, songea-t-elle. Ce soir, elle allait donner le change, jouer la comédie une dernière fois, avec panache, après quoi, quand ils seraient en tête à tête, elle lui révélerait la vérité. Même s'il devait lui aussi tourner le dos.

Le charme désuet de la salle de bal de l'hôtel Orrington ne l'avait jamais autant enchantée. Elle était satisfaite de l'effet produit par les tables enjuponnées de blanc sur lesquelles brûlaient des bougies, de l'orchestre qu'elle avait choisi et qui jouait en sourdine. Les invités arrivaient, se saluaient, se disputaient joyeusement les objets mis en vente au profit d'Air Survie. Quelques personnes étaient déjà attablées.

Diane se dirigea vers Gwen, qui scrutait la salle d'un air soucieux.

— Alors, qui cherches-tu ?

Gwen sursauta et l'entoura de ses bras.

— Toi, ma chérie ! Où avais-tu disparu ?

Puis, la repoussant pour mieux l'admirer, elle s'exclama :

— Oh, voilà donc ce que cachait ton manteau ! Tu ressembles à une Cendrillon moderne.

— Son rêve s'est achevé à minuit, répliqua Diane en lui pressant affectueusement les doigts. Moi, à cette heure-là, je serai sans doute couchée depuis longtemps.

Soudain, un frisson la parcourut. Se retournant, elle découvrit Brad immobile sur le seuil de la salle. Il l'observait.

— Le voilà, murmura-t-elle, la gorge nouée.

— Eh bien... C'est lui, Brad Kingsley ? chuchota Gwen, impressionnée.

Il s'avança vers elles. Sa veste de smoking rehaussait encore sa carrure athlétique. Dans la lumière tamisée, ses yeux brillaient d'un éclat intense. Il arborait son sourire à fossettes.

— Bonsoir, Diane, murmura-t-il en lui prenant les mains. Vous êtes très belle.

Son regard lui promettait des merveilles qui ne seraient jamais. Gwen lui avait dit qu'elle était une Cendrillon des temps modernes, son père la traitait de folle. Peut-être était-elle les deux, mais elle voulait voler quelques heures de plus au destin. Et ce désir l'emportait sur tout le reste...

Abandonnant sa main entre les siennes, elle se tourna vers Gwen.

— Gwen Calhoun, Brad Kingsley… Gwen a fondé et dirige l'association Air Survie.

— Je suis ravi de vous rencontrer. Diane vous en a peut-être parlé, je souhaiterais piloter pour vous.

Gwen lança à Diane un coup d'œil qui la fit rougir. Elle voyait déjà les petits rouages cliqueter à toute allure sous le crâne de son amie.

— Nous serions enchantés de vous avoir dans notre équipe de bénévoles. Où remisez-vous votre avion ?

— A Waukegan, mais je préférerais qu'il soit plus près. Pell conviendrait tout à fait.

— Si vous nous rejoignez, je pourrai sûrement vous procurer un hangar à Pell.

Dès qu'il s'agissait de promouvoir Air Survie, Gwen était à son affaire, mais, cette fois, son sourire la trahissait. Elle pensait manifestement que, si son avion se trouvait à Pell, Brad rencontrerait Diane plus souvent, surtout s'il devenait pilote d'Air Survie.

Gwen n'était pas réaliste, songea Diane. Demain, après cette soirée, Brad aurait peut-être moins envie de la fréquenter. C'était là une chose que Gwen ne pouvait pas comprendre. Elle n'avait jamais vu, dans les yeux des gens, le désarroi, le repli ; et la peur, surtout quand la personne était à peu près du même âge que Diane, comme Brad.

Voilà pourquoi elle ne lui avait rien dit. Et voilà pourquoi elle avait un peu honte, à présent.

La vaste salle se remplissait peu à peu, et Diane ne pouvait s'empêcher de scruter la foule avec inquiétude.

— Vous attendez quelqu'un ?

La question de Brad la fit sursauter. Elle s'aperçut que Gwen les avait laissés pour rejoindre un éventuel sponsor.

— Non, seulement vous…, répondit-elle avec un sourire lumineux. Que diriez-vous d'un verre d'eau minérale avec une rondelle de citron ?

Il la guida vers le bar où, par chance, elle trouva un tabouret libre sur lequel elle se percha avec soulagement. Jason avait sans doute raison : une soirée pareille n'était pas très indiquée pour elle, il y avait trop de fumée, trop de monde. Mais, soudain, son regard croisa celui de Brad, et plus rien ne compta.

Ce soir, elle ne céderait pas à son éternelle fatigue. Ce serait une rude bataille, mais si elle conservait son calme, si elle respirait bien, elle réussirait à résister jusques après le dîner.

Le coin où ils se tenaient était bizarrement intime, une sorte de bulle au milieu de l'agitation et du vacarme. Avec Brad debout devant elle, ses larges épaules bloquant l'horizon, elle éprouvait un étrange sentiment de sécurité.

Les yeux de Brad s'attardèrent un instant sur la naissance de ses seins à peine découverts par le bustier de taffetas, avant de se poser de nouveau sur son visage.

— Je regrette qu'il ait fallu l'accident de Pam pour que nous nous rencontrions. Mais je veux vous connaître mieux, Diane.

Comme elle ne répondait pas, il se pencha vers elle.

— Cela vous paraîtra sans doute un peu convenu, murmura-t-il, cependant je dois vous dire combien vous m'avez aidé, ce jour-là dans le parc.

Les mots auraient pu être faux, mais le regard posé sur elle ne mentait pas.

— Cet accident m'a rappelé des souvenirs pénibles, poursuivit-il, et je crois que, d'une certaine manière, vous l'avez compris.

Soudain embarrassé de s'être autant livré, il détourna la tête.

— Je suis navré de vous parler de façon aussi mélodramatique...

— Oui, ce jour-là, j'ai deviné qu'il y avait... quelque chose, répondit-elle en tendant timidement la main pour lui toucher le bras. Aimeriez-vous m'en parler ? Il paraît que je sais bien écouter.

— Etes-vous réelle, Diane Maxwell ? Où vous ai-je rêvée, pendant toutes ces semaines, parce que j'avais besoin de vous ?

Ils se regardèrent et ce fut comme si, brusquement, l'air se raréfiait autour d'eux. Diane avait du mal à respirer, une sensation qu'elle éprouvait souvent et qui l'inquiétait.

Mais cette fois, c'était différent, plus dangereux. Et elle avait peur.

Elle s'écarta légèrement pour s'appuyer au mur derrière elle. Jusqu'ici, elle s'était persuadée que sa petite comédie était innocente, insignifiante. Cependant il n'y avait rien d'innocent ni d'insignifiant dans les sentiments qui se nouaient entre eux.

Ignorant son mouvement de recul, il effleura du bout des doigts son épaule nue.

— Non, vous êtes bien réelle, murmura-t-il.

Sa voix caressante la fit frissonner. Submergée par la culpabilité, elle s'agita nerveusement sur son tabouret. Dans le mouvement, son bras heurta le verre posé sur le bar et le liquide se répandit sur la manche de Brad.

— Oh, pardon..., bredouilla-t-elle. C'est ma faute. Attendez que je...

Elle jeta un coup d'œil autour d'elle, cherchant une serviette pour réparer les dégâts. Soudain, elle se figea.

— Diane ! C'est bien toi ?

Claudia, la secrétaire de M. Maxwell, la dévisageait d'un air effaré.

— Mais que fais-tu ici ? George est au courant ?

Une fois de plus, Diane appela ses vieilles habitudes à la rescousse. Encore un poisson qu'il fallait noyer.

— Claudia, quel plaisir de te voir ! s'exclama-t-elle très vite. Je te présente Brad Kingsley. Claudia est la secrétaire de mon père, ajouta-t-elle avec un grand sourire, luttant pour contrôler sa panique. Enfin, à la vérité, c'est quasiment elle qui dirige son agence de relations publiques.

— Oh, tu exagères ! protesta Claudia, ravie.

Diane laissa échapper un soupir de soulagement. Elle avait réussi à orienter la conversation vers le sujet que Claudia préférait entre tous : sa propre personne.

— Quoique, je l'avoue, ton père se repose complètement sur moi depuis ton départ.

Hélas, le stratagème de Diane ne tarda pas à faire long feu. Diane braqua son regard de myope sur Brad.

— Diane nous manque beaucoup au bureau. Nous pensions tous qu'elle était chez elle, à attendre. Nous n'imaginions pas qu'elle continuerait à s'occuper et…

Elle s'interrompit, considéra Diane avec une curiosité apitoyée.

— Des nouvelles ?

— Claudia, je crois que Ralph essaie d'attirer ton attention.

Ce n'était pas un mensonge. Le mari de Claudia s'approchait à grands pas.

— C'est pourtant lui qui m'a envoyée chercher à boire, marmonna Claudia en fronçant le nez d'un air agacé. Bon, il vaut mieux que je le rejoigne, sinon…

Secouant la tête, elle prit les deux verres que le barman avait posés devant elle.

— Je n'en reviens pas, Diane. Tu as à peine changé ! Je cours prévenir les autres. Lois et Greg sont là. Ne bouge pas, je vais les chercher. Il faut qu'ils te voient ! lança-t-elle en s'éloignant.

Diane descendit si vite de son tabouret qu'elle en eut un léger étourdissement. Elle prit une inspiration et glissa son bras sous celui de Brad.

— Allons nous installer, dit-elle. L'hôtel a prévu de servir le dîner à 20 h 30.

— Vous n'attendez pas vos amis ?

C'était une question polie, posée d'un ton neutre, cependant Diane ne fut pas dupe : Brad était intrigué. Et elle s'étonnait d'avoir tant de facilité à lire ses sentiments dans ses yeux si expressifs.

— Oh, la soirée est loin d'être terminée ! rétorqua-t-elle avec un petit rire contraint, tout en se dirigeant vers la table où les attendaient Gwen et Jason.

En réalité, elle avait l'intention d'éviter ses anciens collègues. Dès la fin du dîner, elle inventerait un prétexte quelconque pour éloigner Brad de cet endroit. Ensuite, elle lui dirait la vérité, car il serait trop dangereux de prolonger cette petite comédie.

Elle demandait seulement quelques heures de plus…

En s'asseyant à la table, elle lança un regard implorant à Gwen. Celle-ci, comprenant qu'elle avait besoin de se ressaisir après ce moment d'affolement, se précipita à sa rescousse.

— Alors, Brad, voulez-vous un rapide exposé sur Air Survie ? commença-t-elle d'un ton enjoué. Nous répondons aux appels des médecins, des unités de transplantation d'organes, d'associations comme l'Armée du Salut ou la Croix-Rouge, de travailleurs sociaux ou même de particuliers. Il est probable que bien d'autres organismes pourraient bénéficier de nos services, mais ils ne connaissent pas notre existence.

Gwen poursuivit sa petite conférence ; quoiqu'elle fût habituée à délivrer ce type de message, elle n'en parlait pas moins avec une passion communicative.

— Vous ne traitez que des urgences ? s'enquit Brad, que le sujet intéressait manifestement beaucoup.

— Pas toujours, intervint Jason avec un sourire complice à l'adresse de Gwen.

Malgré leurs incessantes chamailleries, quand il s'agissait de leur travail pour Air Survie, ils étaient comme les doigts de la main.

— Chaque semaine, nous transportons du sang pour la Croix-Rouge, et, deux fois par mois, nous prenons deux enfants leucémiques à Mudlick, dans le Kentucky, et nous les emmenons au Mémorial où ils sont soignés. Ils y restent trois jours, après quoi nous les ramenons chez eux. Ce sont des vols qui reviennent assez cher.

— Comment êtes-vous financés ?

— Avec mes fonds personnels et le petit pécule qui me vient de mon dernier mari, répondit Gwen. Je voulais faire quelque chose d'utile à la mémoire de mon cher Ed. J'ajoute que nous avons reçu un don très substantiel du Dr Daniels…

Gwen tourna la tête vers Jason et ses yeux se plissèrent, pétillants d'ironie.

— Cela paraît normal, ajouta-t-elle, dans la mesure où c'est lui qui m'a répété pendant des mois qu'on avait vraiment besoin de ce genre de service.

— Qui paye le carburant ? interrogea Brad.

— Les pilotes volontaires, répondit Jason. L'association doit aussi trouver l'argent pour imprimer des brochures, mener des campagnes de communication et rémunérer les permanents.

— Je souhaiterais avoir quelqu'un au standard pour prendre les appels. Pour l'instant, quand Diane ou moi ne sommes pas au bureau, c'est une société spécialisée qui note les communications.

— Oui, je comprends… Il vous faut plus de subventions et une stratégie d'investissements pour vous assurer une certaine stabilité financière.

— Je savais que j'aimerais cet homme à l'instant même où je l'ai vu ! s'exclama Gwen avec malice. Vous avez des idées ? Nous sommes tout ouïe.

Les fossettes de Brad se creusèrent.

— Laissez-moi y réfléchir. Je me suis occupé de cas similaires, donc nous devrions aboutir à des solutions.

Gwen adressa un clin d'œil à Diane — mais celle-ci ne l'avait pas attendue pour savoir que Brad Kingsley était décidément un homme bien.

A une autre époque de sa vie, elle se serait avec joie abandonnée à ses sentiments sans se poser de questions ; à présent, hélas, elle ne pouvait ignorer les recommandations de Jason ni même les considérations alarmistes de son père.

Comme jailli des pensées de sa fille, George Maxwell se matérialisa soudain devant eux. Une décharge d'adrénaline secoua Diane, qui dut serrer les dents pour garder son calme.

Son père la dévisageait d'un air furibond. Bien sûr, elle lisait l'amour et l'inquiétude au fond de ses yeux verts, mais cela ne justifiait pas son attitude. C'était toujours la même chose : il n'avait pas confiance en elle, il s'obstinait à vouloir régenter sa vie.

— Je n'en reviens pas ! Quand je suis arrivé,

Claudia m'a dit que tu étais là. Tu es donc devenue folle ? marmonna-t-il. Vous êtes tous fous ! Surtout vous, docteur Daniels !

Tendu comme un fauve prêt à bondir, Brad se leva.

— Il y a un problème ?

— George, pour l'amour du ciel…, commença Gwen.

— Monsieur Maxwell, l'interrompit Jason en posant sa serviette sur la table. Je pense qu'il vaudrait mieux…

— Voudriez-vous nous excuser un instant, mon père et moi ? intervint Diane d'une voix ferme, le regard rivé à celui de M. Maxwell. Je crois qu'il y a un malentendu entre nous. Brad, ajouta-t-elle très vite en se tournant vers lui, pourriez-vous aller me chercher un autre verre, je vous prie ?

Saisissant la perche, Gwen se redressa et s'empressa d'éloigner les deux hommes de la table.

Diane lissa consciencieusement la serviette posée sur ses genoux et s'obligea à respirer à fond. Il lui semblait que sa poitrine était soudain prise dans un étau.

— Tu cherches à te suicider ? lança son père en s'asseyant sur la chaise de Brad. Je ne sais pas ce que tu fabriques... Rentre à la maison, s'il te plaît.

Cette prière, dans la voix de son père, réveilla le chagrin familier.

— Ce n'est pas possible, papa, répondit-elle dans un murmure. Je suis adulte, je veux vivre comme je l'entends.

— Comme ta mère. Elle aussi s'illusionnait. Elle n'acceptait pas de ne plus pouvoir faire certaines choses. Mais je ne te laisserai pas commettre les mêmes erreurs, tu m'entends ?

Rassemblant le peu de force qui lui restait, Diane prit la main de son père et la pressa affectueusement.

— La situation n'est plus la même, papa. Il existe de nouveaux traitements, des médicaments. Tout ira bien. Il faut que tu le croies, que tu me permettes de continuer à le croire.

Par-dessus l'épaule de son père, elle vit Gwen et Jason qui revenaient vers eux, suivis par Brad qui l'observait d'un air interrogateur.

Il n'était pas question de lui parler maintenant. Diane n'avait qu'une idée : trouver une diversion quelconque pour dissiper la tension générée par les paroles de son père.

Brad posa le verre devant elle et attendit patiemment que M. Maxwell libère sa chaise. Comme ce dernier ne bougeait pas et que les deux hommes se mesuraient du regard, Diane émit un petit rire nerveux.

— N'est-ce pas notre danse ? dit-elle à Brad, pressée de s'éloigner de cette table.

— Tu ne vas quand même pas danser le rock ? s'insurgea son père d'une voix sifflante, jetant un coup d'œil horrifié à la piste où des couples tournoyaient sur un rythme endiablé.

— Tu as raison, papa, je ne suis pas une très bonne rockeuse. Gwen, en revanche, est une championne ! ajouta-t-elle, saisie d'une brusque inspiration.

— Absolument ! Venez, Brad. Je vais vous montrer comment on dansait dans les années 1960.

Quand ils se furent éloignés, Diane se leva, cachant ses mains derrière son dos pour que son père ne remarque pas leur tremblement.

— Tu peux te détendre, papa, je rentre. Nous discuterons une autre fois.

— Je te raccompagne chez toi.

— Non, c'est Brad Kingsley qui me ramène.

Elle baissa la tête, se préparant à l'assaut qui ne manquerait pas de suivre.

— Tu n'y songes pas ! Tu n'es quand même pas

folle au point de nouer une relation avec quelqu'un maintenant. Le Dr Daniels m'a tenu informé, lui, puisque tu n'as pas daigné le faire.

Jason leva une main pour leur imposer silence.

— Je vous ai dit ce que Diane m'avait autorisé à vous dire. Monsieur Maxwell, le lieu et le moment sont mal choisis pour une discussion de ce genre. Et ce n'est pas en la harcelant que vous aiderez votre fille.

— Je t'en prie, papa, ne me fais pas de scène, intervint Diane. Je t'appellerai demain.

Se détournant, elle se fraya un chemin dans la foule, marchant aussi vite que possible. L'orchestre avait attaqué un slow, mais Gwen s'occupait toujours de distraire Brad. Rassemblant son courage, Diane lui tapa légèrement sur l'épaule.

— Je te vole ton cavalier.

Amusée par l'expression surprise de Gwen, Diane se glissa entre les bras de Brad. Il l'enlaça doucement et elle appuya sa joue contre son épaule. Juste pour un instant…

— Je suis désolée, murmura-t-elle en levant la tête pour le regarder. Il y a quelque chose que j'aurais dû vous dire tout de suite. Mais je comptais le faire tout à l'heure…

— Je crois savoir de quoi il s'agit.

Stupéfaite, elle s'écarta pour scruter son visage. Elle y découvrit du regret et l'ombre d'une émotion qu'elle ne put identifier.

— Il y a quelqu'un d'autre, n'est-ce pas ? C'est sérieux, mais pour le moment cet homme est loin. Voilà pourquoi tout le monde semble aussi choqué de vous voir en ma compagnie.

Diane le regardait, bouche bée, incapable de prononcer un mot.

— Ce n'est pas ça ? J'y ai tellement réfléchi et je ne trouve pas d'autre explication logique…

Elle fut saisie d'un tel soulagement, teinté d'une bien étrange excitation, qu'elle se mit à rire.

— Non, il n'y a personne. Ramenez-moi, Brad, j'ai à vous parler.

Quelques minutes plus tard, Brad avait récupéré leurs manteaux et sa voiture. Une paisible obscurité enveloppait la ville. Brad roulait doucement, et Diane se détendait peu à peu. Après cette pénible altercation avec son père, elle avait besoin de calme pour remettre ses idées en ordre. Révéler la vérité à Brad serait plus difficile qu'elle ne l'avait imaginé.

— Où allons-nous ? s'enquit-il.

— J'habite dans le centre.

— Pas étonnant que je n'aie pas réussi à trouver votre numéro de téléphone.

— J'ignorais que vous me cherchiez…

— Je ne le savais pas non plus…, rétorqua-t-il, les yeux rivés sur la chaussée rendue dangereuse par des plaques de verglas.

Elle n'essaierait même pas de comprendre ce qu'il voulait dire. Cette histoire était allée trop loin, il fallait y mettre un terme. Maintenant. Pas à cause de George Maxwell ou de Jason Daniels, mais pour le bien de Brad.

Par miracle, il y avait une place libre juste devant l'immeuble de Diane. Brad se gara et la suivit jusqu'à son appartement.

Tandis qu'elle suspendait son manteau dans le vestibule, il pénétra dans le petit salon.

— J'aime cet endroit, dit-il en effleurant une commode de merisier joliment patinée qui avait appartenu à la mère de Diane. Il vous ressemble.

Les joues roses, elle alluma l'applique murale entre les deux fenêtres carrées donnant sur la rue et une douce lumière se répandit dans la pièce. Lentement, Diane s'assit sur le divan tendu de chintz fleuri et fit signe à Brad de venir près d'elle.

Elle le regretta aussitôt. Ils étaient trop proches

l'un de l'autre. Brad avait posé son bras sur le dossier du canapé et elle sentait sa chaleur tout contre sa nuque.

— Vous êtes sûre qu'il n'y a personne d'autre ? murmura-t-il de cette voix caressante qui entamait dangereusement les belles résolutions de Diane.

— Tout à fait sûre...

— Tant mieux...

Se penchant, il lui posa un baiser sur le front.

— Pourquoi faites-vous ça ? balbutia-t-elle.

— Il me semble que vous avez besoin de savoir que quelqu'un tient à vous. Je tiens à vous, et je veux que vous le sachiez.

Ils se regardèrent. Quelques centimètres à peine séparaient leurs deux visages, il suffisait d'une ébauche de mouvement pour que leurs bouches s'unissent.

Elle était folle... Car au tréfonds d'elle-même s'ouvrait un vide brûlant, un désir éperdu de ce qui allait arriver.

Comme s'il avait perçu cette voix muette qui l'appelait, Brad s'approcha. Elle ferma les yeux. Leurs lèvres se frôlèrent, mais ce fut si léger, presque irréel...

Elle rouvrit les paupières et tenta de prononcer les mots qui devaient être dits. En vain.

Comme dans un rêve, elle se retrouva de nouveau dans ses bras ; cette fois, le baiser de Brad n'était plus une chimère, mais une suave réalité, douce et chaude. Vivante…

Il était temps d'arrêter. Renouant les fils épars de sa volonté, Diane posa ses mains sur la poitrine de Brad. Pour le repousser…

— Diane…

Il murmurait son nom, baisait son épaule nue. Elle sentait le cœur de Brad battre sourdement, ses muscles puissants jouer sous ses paumes. Elle ployait contre lui, son sang circulait plus vite dans ses veines, un vertige délicieux s'emparait d'elle.

Il n'y avait plus de passé ni d'avenir, plus rien n'existait que l'exquise promesse de l'instant.

Etait-ce là ce vers quoi elle courait depuis le moment fatal où Jason lui avait révélé la vérité sur son état ?

Elle courait, courait, courait — pour étreindre le monde.

La vie…

Mais l'amour, non. L'amour lui était interdit. Elle se figea, comme si son âme devenait subitement de glace.

— Qu'y a-t-il, Diane ?

Cette fois, elle le repoussa et il la relâcha aussitôt.

— Est-ce que je vais trop vite ?

Son merveilleux regard bleu était empli d'inquiétude. Il se culpabilisait.

— Nous allons tous les deux trop vite, répondit-elle avec gentillesse. Voulez-vous m'appeler demain ? Nous discuterons de tout ça.

Elle s'exprimait d'un ton délibérément léger, et, avec son intelligence et sa sensibilité coutumières, il entra dans le jeu.

— Vous vous décidez enfin à me donner votre numéro de téléphone ?

S'arrachant un petit rire, elle griffonna ses coordonnées sur un bout de papier qu'elle lui tendit.

— Voilà, maintenant vous n'avez plus d'excuses.

— Dormez bien, Diane. Je vous téléphonerai demain, dit-il à mi-voix.

Quand il fut parti, elle demeura immobile, contemplant la porte close. Puis, le corps agité de tremblements, elle regagna le divan et s'y pelotonna.

Elle devait réfléchir, faire le point, comprendre pourquoi elle affrontait les risques d'une opération gravissime avec tant de calme, alors que la perspective de tomber amoureuse la glaçait d'effroi.

4

— Oui, Air Survie est une association caritative, à but non lucratif. Vous pouvez déduire de votre déclaration de revenus tout l'argent que vous lui verserez, sauf la valeur estimée de votre temps de travail.

Brad s'immobilisa sur le seuil, observant Gwen en plein travail, derrière son bureau parfaitement rangé. Tout à coup, pivotant dans son fauteuil, elle l'aperçut et lui fit signe d'entrer.

— Merci, Jerry, je vous envoie tous les renseignements. Et bienvenue à bord !

Soupirant, elle reposa le combiné.

— C'est le troisième pilote qui appelle depuis ce matin pour nous proposer ses services. Grâce à Diane, notre soirée de gala a porté ses fruits. Le téléphone n'arrête pas de sonner.

Elle s'interrompit, le dévisagea et lui sourit.

— Diane n'est pas là. Mais puisque je vous tiens

entre mes griffes, je vais vous faire faire le tour du propriétaire. Elle ne devrait pas tarder à arriver.

Il fut le premier surpris d'éprouver une telle déception. Depuis qu'il avait rencontré Diane, il avait décidément bien du mal à contrôler ses réactions.

— J'espérais qu'elle serait là, dit-il, masquant de son mieux sa frustration. Sur son répondeur téléphonique, elle annonçait qu'elle était ici, et elle donnait le numéro. J'ai essayé d'appeler, mais ça sonnait toujours occupé. Maintenant je comprends pourquoi.

Résigné à visiter les lieux et à se plier aux quatre volontés de Gwen, il décida qu'il pouvait bien attendre encore un peu, même s'il avait l'impression d'attendre déjà depuis une vie entière. La veille, cependant, il avait acquis la certitude que Diane partageait ses sentiments.

— Eh bien, je crois que je suis votre quatrième recrue de la journée. Où faut-il signer ?

La façon dont Gwen l'étudiait le mit soudain mal à l'aise.

— Il y a un problème ? demanda-t-il. Je suis un bon pilote, je vous assure.

Secouant la tête, elle se redressa.

— Tout va bien, je suis seulement navrée que

vous ayez manqué Diane. Je dois vérifier votre licence, et quant à vous, vous aurez une masse de formulaires à remplir.

Elle prit une enveloppe brune sur une étagère et la lui tendit.

— Voilà, emportez tout ça chez vous et lisez-le attentivement. Et maintenant, suivez le guide. Tout d'abord, voici mon bureau. Celui de Diane se trouve là.

Il entrebâilla la porte qu'elle lui indiquait et contempla la pièce qui n'était guère qu'un réduit. Il imaginait Diane assise à cette table, ses cheveux roux cascadant autour de son visage — ses cheveux si doux où il avait plongé ses doigts, hier soir, quand il l'avait embrassée…

Se secouant, il se retourna et découvrit Gwen qui l'observait avec une étrange attention.

— Excusez-moi…, dit-il avec un petit rire confus. Vous me parliez ?

— Je vous demandais si vous souhaitiez que je vous explique comment nous sommes organisés.

Sans attendre de réponse, elle s'empara d'un épais dossier.

— Outre les appels urgents et nos vols mensuels pour Sarah et Jimmy, nos deux jeunes leucémiques, nous gérons un secteur baptisé SOS Transplant.

Voilà les noms des malades qui espèrent une transplantation d'organe. Là, nous avons les caractéristiques de l'organe à transplanter, le centre où il faut transporter le receveur, et les pilotes les plus proches de ce centre. Quand l'appel survient, nous ne disposons que de quelques heures. Après, il est trop tard.

Trop tard… Il avait déjà entendu ces mots auparavant et, en cet instant, sa volonté ne fut pas assez forte pour repousser les terribles souvenirs. Ils déferlèrent en lui comme une vague noire, lourde de colère et de regrets.

Il feuilletait le dossier comme un automate, sans rien voir. Il ne voulait pas savoir que chaque feuille de papier représentait une personne de chair et de sang — un malade qui attendait un foie, un rein, voire un cœur. Il ne voulait pas penser à tous ces gens qui espéraient une seconde chance.

— Brad, ça ne va pas ?

La voix de Gwen le ramena brusquement à la réalité. Il tourna vers elle un regard égaré.

— Est-ce que vous… Diane vous a-t-elle parlé, hier soir ? s'enquit-elle.

La question était posée sur un tel ton qu'il en fut intrigué.

— A quel propos ? s'enquit-il, circonspect.

— Oh, rien…

Une légère rougeur colora les joues de Gwen, cependant elle surmonta bien vite son embarras. Avant qu'il ait eu le temps de réagir, elle lui prit le dossier des mains et le rangea dans un tiroir qu'elle referma d'un geste brusque.

A ce moment, la porte s'ouvrit et un vent froid s'engouffra dans la pièce. Brad s'emplit les poumons de cet air glacé qui lavait sa mémoire et l'arrimait au présent.

— Qu'est-ce qui se passe ? marmonna Jason Daniels en posant un plan de vol sur la table.

Brad ne connaissait pas très bien Gwen, mais il remarqua chez elle une subite raideur. Etait-ce le chirurgien qui déclenchait chez elle pareille réaction ?

— Brad va rejoindre notre équipe de pilotes, dit-elle.

— Tant mieux, rétorqua Jason, apparemment inconscient du malaise qu'il suscitait chez la directrice d'Air Survie. Demain matin, je pars chercher Sarah et Jimmy. Décollage prévu à 8 heures. Vous connaissez le Cessna 210, Brad ? Ça vous dirait d'être mon copilote ?

— Oui, bien sûr. Je serai là une heure avant le départ, si cela vous convient…

Brandissant l'enveloppe que Gwen lui avait donnée, il esquissa un sourire.

— Je lis ça, je signe ce qu'il y a à signer, et je vous rapporte le tout demain.

Elle hocha la tête. Sa belle bouche généreuse souriait, mais son regard demeurait étrangement grave.

— Puisque Diane n'est pas là, à votre place, j'essaierais la plage d'Evanston.

La perspective de voir Diane occultait tout le reste. Il avait un besoin fou d'être auprès d'elle, de retrouver ce qui, chez cette femme, lui donnait l'impression d'être de nouveau entier, vivant.

— Merci pour tout, Gwen.

Quand il fut sorti, elle fit rageusement pivoter son fauteuil.

— Oh, je suis complètement cinglée ! marmonna-t-elle entre ses dents.

Jason, campé devant la fenêtre, coula un regard dans sa direction, s'efforçant d'analyser l'humeur immédiate de son ex-épouse. Durant ces six derniers mois — il lui avait fallu tout ce temps pour oser tenter de la reconquérir — elle était devenue pour lui une sorte de mystère.

— La seule folie que tu aies commise dans ta vie, c'est de m'avoir quitté.

— Arrête, Jason. Tu ne comprends rien.

Pivotant de nouveau, elle abattit sa main sur la table.

— Je n'en reviens pas ! Je me suis comportée comme toi, j'ai essayé de le manipuler, de découvrir s'il savait la vérité pour Diane. Je lui ai montré le dossier SOS Transplant. Tu te rends compte ?

Elle s'interrompit, secoua la tête.

— Il ne sait rien, Jason... Qu'allons-nous faire pour aider Diane ?

Sans lui laisser le temps de répondre, elle sauta soudain sur ses pieds.

— Oublie ce que je viens de dire... Les hommes comme toi, on leur donne un doigt, ils vous mangent le bras.

— Les gens changent, Gwen.

— Pas toi ! Tu as toujours cet ego monumental qui est sans doute indispensable à tous les grands chirurgiens — cette confiance absolue dans ce que tu dois faire et cette absolue certitude que tu es capable de l'accomplir. Je te confierais ma vie sans hésiter, Jason. Je te confie celle de Diane. Mais, mes émotions, je les garde pour moi.

Cette dernière phrase le désarçonna. Elle était vraiment trop injuste. La colère, soudain, flamba en lui, son orgueil se révoltait, mais il s'empressa de le juguler.

— Si j'en ai la possibilité, je sauverai Diane. Mais je ne peux pas vivre pour elle, et toi non plus. Je comprends mieux que tu l'imagines. Je n'ai pas plus envie de la manipuler que je ne cherche à te contrôler, toi.

Surprise par l'inhabituelle vulnérabilité qu'elle lisait sur son visage d'ordinaire impassible, Gwen éprouva soudain du remords.

— Excuse-moi, je deviens méchante.

Embarrassée par son silence, elle haussa les épaules.

— Tu n'as pas tort… Peut-être avons-nous changé en prenant de l'âge… Après tout, quand tu m'as parlé de la nécessité de créer une association comme Air Survie, je t'ai écouté.

— En effet.

Elle retrouvait avec soulagement le ton bref et toujours un peu ironique qu'elle jugeait tellement agaçant. Avec un soupir, elle s'adossa à son siège.

— Mais n'oublie pas, ajouta-t-il, c'est toi qui as relevé le défi. Pas moi, ni personne d'autre. C'est toi, et toi seule.

Elle était sidérée ! Jason lui faisait un compliment.

En vingt-cinq ans, c'était la première fois que cela arrivait. Déroutée, elle lui épargna la réplique cinglante qu'elle aurait dû, en toute logique, lui assener et garda le silence.

La maladie de Diane les avait-elle rendus plus humains ? songea-t-elle tandis que Jason quittait le bureau.

Diane était sur son banc préféré, près de la plage d'Evanston, lorsqu'elle vit son père se garer sur l'aire de stationnement. Il connaissait ses habitudes et était résolu à lui parler. Il serait vain d'essayer de lui échapper.

Elle était venue ici pour réfléchir, dans l'espoir d'obtenir certaines réponses. Hélas, elle n'avait rien trouvé, mais s'esquiver devant son père n'était pas non plus une solution.

Renversant la tête pour mieux goûter la caresse du soleil, elle inhala une goulée d'air frais. Chaque seconde, chaque sensation étaient précieuses.

Le banc de bois craqua légèrement sous le poids de George Maxwell.

— Je te cherchais, dit-il d'un ton rogue. Je ne te permettrai pas de fuir la vérité plus longtemps.

Elle rouvrit les paupières, se redressa pour le regarder.

— Et quelle est la vérité, selon toi, papa ? répliqua-t-elle avec douceur. Je vais te dire ce que je pense : tu me suis partout comme si j'étais une enfant de deux ans. Or, ce n'est pas de ta protection dont j'ai besoin, mais de ta compréhension.

Leurs yeux étaient du même vert. Elle se demanda si les siens, lorsqu'elle était bouleversée, jetaient aussi ces éclairs émeraude, et devenaient si sombres qu'ils en paraissaient presque noirs.

Elle lui causait du chagrin et le regrettait sincèrement. Ils ne seraient jamais d'accord, mais elle savait combien il l'aimait.

— Je n'aurais pas dû laisser ta mère n'en faire qu'à sa tête, et je ne commettrai pas la même erreur avec toi. Si elle avait pris plus soin d'elle-même, si elle avait accepté ses limites, elle serait encore avec nous.

L'angoisse qui déformait les traits de son père la peina, mais cela n'entama en rien sa résolution. Saisissant sa grande main glacée, elle la serra de toutes ses forces.

— Maman était atteinte d'une cardiomyopathie progressive, comme moi. Elle a vécu comme elle a pu. A l'époque les transplantations d'organes en étaient encore au stade de l'expérimentation. Les médecins ont fait tout leur possible pour l'aider, et elle aussi a fait tout son possible pour survivre. A la fin, elle était simplement heureuse d'avoir eu la chance de partager son existence avec toi.

Il dégagea brutalement sa main, mais Diane continua :

— Tu n'es pas responsable de sa mort, papa, et tu ne l'es pas non plus de ma maladie. Maintenant, grâce à la cyclosporine, une transplantation est la solution logique pour moi. Cette technique est à présent très au point. Des centaines de personnes de par le monde mènent une vie productive et heureuse. D'après le Dr Daniels, je pourrai même avoir un enfant un jour.

A ces mots, une énergie nouvelle irradia dans tout son corps. Elle se leva.

— Je serai greffée, papa, et je vivrai. Tu dois le croire.

— Tu fondes tous tes espoirs sur une chimère !

Il détourna la tête, la bouche tordue dans un amer rictus, les yeux rivés sur les eaux grises du lac.

— Tu penses que je ne me suis pas renseigné ? Trente pour cent des malades qui attendent une transplantation ne seront jamais opérés. Ils décéderont avant qu'on ait trouvé un donneur. Parmi les autres, dix pour cent meurent sur la table d'opération, et cinq pour cent durant la première année. Tu imagines à quoi tu t'exposes ?

Très agité, il se redressa à son tour, la dominant de toute sa taille.

— Il faut que tu acceptes la réalité. Rentre à la maison et laisse-moi m'occuper de toi. Nous consulterons d'autres médecins, nous essaierons un autre traitement. Tout plutôt que ça…

Les chiffres cités par son père l'avaient atteinte comme autant de flèches empoisonnées, sapant ses pauvres forces. Epuisée, elle se rassit un instant sur le banc.

— Papa, le choix que j'ai fait est le seul possible. J'aimerais que tu t'inclines devant ma décision.

Il n'eut pas besoin de lui donner sa réponse, tout son être criait son refus. Pourquoi était-elle aussi déçue ? Il se comportait comme il l'avait toujours fait : il n'écoutait que lui. La mère de Diane s'en était mieux accommodée. Elle avait choisi un style de vie qui lui convenait et que M. Maxwell tolérait. Puis elle était morte et on avait diagnostiqué chez Diane la même atrophie progressive du muscle cardiaque…

Résignée à ne jamais trouver un terrain d'entente avec son père, Diane se leva pour partir. Elle contempla longuement le lac, le point à l'horizon où l'eau se confondait avec le ciel hivernal. Puis elle se tourna vers sa voiture.

Brad était là, immobile, à quelques mètres d'eux. Le trouble qu'il avait éveillé en elle la veille la submergea de nouveau. Avait-il entendu sa conversation avec son père ?

Le vent jouait dans ses boucles brunes, qui lui cachaient à demi les yeux, si bien qu'elle ne pouvait pas lire dans ses pensées.

— Qu'y a-t-il, Diane ? marmonna son père, dans son dos. Oh, je vois que tu attendais quelqu'un. Mais je n'en ai pas fini avec toi. Je te conseille d'être à la maison ce soir à 8 heures.

Sur ce, il s'éloigna à grands pas. Brad le suivit du regard, avant de rejoindre Diane.

— Bonjour, dit-elle, peu assurée. Comment avez-vous deviné où j'étais ?

— Gwen a vendu la mèche… Encore un problème avec votre père ? Puis-je vous aider ?

— Oui, offrez-moi un café. Je suis frigorifiée ! rétorqua-t-elle avec un frisson qui n'était pas feint.

Le café lui était interdit, elle ne l'ignorait pas,

mais une petite tasse de rien du tout ne la tuerait pas.

— Venez ici que je vous réchauffe…

L'entourant de son bras, il la frictionna doucement et la serra contre lui.

— J'habite à cinq cents mètres de la plage, ajouta-t-il. Nous n'avons qu'à prendre votre voiture.

Elle lui tendit les clés et se laissa conduire, rassérénée, heureuse de contempler ses mains sur le volant. Il avait de belles mains, solides et habiles, avec des ongles carrés coupés très court. Une curieuse cicatrice blanche barrait l'une des jointures. Comment s'était-il blessé ? Peut-être à l'armée…

Il prit vers le nord, puis bifurqua à gauche et s'arrêta devant une demeure victorienne toute blanche dont le perron circulaire faisait face au lac.

— C'est magnifique ! s'exclama-t-elle lorsqu'il la précéda dans un vestibule où trônait une cheminée de marbre blanc. Vous habitez tout seul ici avec Pam ?

Elle leva la tête pour admirer les hauts plafonds ornés de moulures. La décoration de cette maison était d'un raffinement extrême, jusque dans les moindres détails.

— Ma sœur Lisa vivait ici avec nous.

Elle le sentit se crisper et capta dans son regard cet éclat de douleur qu'elle y avait déjà vu. Elle garda le silence.

— Votre nez est gelé, murmura-t-il en y posant un petit baiser. Venez dans la cuisine.

Lui saisissant la main, il l'entraîna dans une vaste pièce emplie de lumière.

— Asseyez-vous. Lisa et Pam m'ont offert cette machine à cappuccino pour la fête des Pères, il y a deux ans.

Elle se jucha sur un tabouret près du comptoir et le regarda en souriant s'affairer dans ce qui paraissait être son domaine réservé. Il dosa le café, sortit des tasses blanches d'un placard… Autant de gestes familiers, banals, qui rappelaient à Diane ce qu'elle désirait le plus pour l'instant : une vie normale avec ses tâches domestiques simples, ses décisions anodines. Elle ne voulait pas de cette tragédie perpétuelle que son père lui lançait à la figure pour l'obliger à se ranger à son avis.

— Pendant que ce somptueux cappuccino achève de passer, si vous me parliez de… Lisa ?

Elle espérait toucher la bonne corde, cependant il se raidit.

— Vous êtes une sorcière. Comment réussissez-vous toujours à deviner ce que je pense ?

Il se tourna lentement vers elle.

— Lisa a été tuée dans un accident voici plus de un an.

La douleur était là, elle flambait dans ses yeux bleus. Mais il y avait autre chose, une ombre indéfinissable, qu'elle n'analysait pas et ne savait pas atteindre.

— Je suis navrée, Brad.

— Merci, vous êtes gentille.

Il s'approcha et lui saisit la main.

— Vous avez encore froid…

Il contempla avec ravissement ses doigts fuselés puis, lentement, les porta à ses lèvres.

— Aujourd'hui, nous allons discuter de ce qui est en train de naître entre nous, n'est-ce pas ?

Son visage était tout près, comme la veille, lorsqu'elle avait cédé à l'impulsion de l'embrasser.

Elle avait beau profiter à fond de chaque instant qui lui était donné, aujourd'hui, elle n'irait pas plus loin, elle n'ébaucherait pas un geste pour baiser cette bouche. Elle tenait à voir son regard quand elle lui dirait la vérité. Alors, elle saurait ce qu'il ressentait…

— Brad, si tout le monde se conduisait si bizarrement avec vous hier soir, c'est que…

— Papa ! C'est la voiture de Diane dans l'allée ?

La voix flûtée de la fillette résonnait dans le vestibule. D'instinct, ils s'écartèrent l'un de l'autre. Pam déboula en courant dans la cuisine et jeta son sac à dos sur le sol.

— Bonjour, Diane ! Papa vous fait un cappuccino ? Alors il doit être de bonne humeur. Il ne boit ce truc-là que quand il est heureux.

Brad rougit, ce que Diane jugea attendrissant. Quand il montrait ainsi sa fragilité, elle le trouvait positivement irrésistible.

— Pam a raison…, marmonna-t-il en versant le café brûlant dans les tasses et en y ajoutant du lait mousseux à souhait. Je suis d'excellente humeur.

Il lui tendit le breuvage interdit et elle pressa ses mains sur la tasse, pour les réchauffer.

— Papa, tu dois m'emmener à l'après-midi des papas chez les guides !

— Je n'ai pas oublié.

Souriant, il ébouriffa les cheveux de Pam, qui, en passant, avait chipé une pomme dans le compotier.

— Va mettre ton uniforme.

Mordant à pleines dents dans le fruit, elle les observa longuement puis, pivotant, lança d'un ton joyeux :

— Au revoir, Diane, à bientôt !

Elle ramassa son sac et s'élança dans le vestibule. Un instant après, on entendit un bruit de cavalcade au premier étage.

— Le simple fait de la regarder courir m'épuise..., dit Diane avec un soupir.

Cette boutade était terriblement près de la vérité, mais Brad n'en eut pas conscience. Il esquissa un sourire indulgent.

— Je lui répète sans arrêt que, quand elle monte cet escalier, on croirait un troupeau d'éléphants. Diane, je suis navré de cette interruption...

Posant sa tasse, il reprit la main de la jeune femme.

— Vous me parliez d'hier soir, continuez...

— Non, pas maintenant. Vous êtes attendu chez les guides, je vous le rappelle.

— Ne vous moquez pas. Vous verrez, au printemps, quand elle vous traînera à la kermesse des girl-scouts.

Le printemps... Elle avait eu tant de plaisir à

voir tomber la première neige. Qu'éprouverait-elle au spectacle du renouveau de la nature ?

— J'ai hâte d'y être…, murmura-t-elle avec un petit rire.

Il l'attira contre lui, caressa ses cheveux.

— Moi aussi… Demain, j'emmène les deux petits leucémiques à l'hôpital avec Jason. Pam dormira chez une amie. A mon retour, puis-je vous inviter à dîner ?

Elle se dégagea de son étreinte. Sa décision, la seule possible, était prise.

— Venez chez moi. Je préparerai le repas et nous discuterons.

Sur le chemin du retour, elle fit son examen de conscience. Elle ne s'était jamais crue lâche, pourtant elle l'était. Cette constatation la frappa avec tant de violence qu'elle en eut le souffle coupé. Elle redoutait de lui parler !

Jusqu'au moment où elle avait rencontré Brad, où elle avait lu la peur dans son beau regard, elle n'avait jamais vraiment mesuré sa solitude. Elle était enfermée dans sa volonté de mener une vie à peu près normale aussi longtemps que possible. Le lien qui s'était tissé entre eux dès ce premier jour était devenu si solide, si fort, qu'elle ne savait plus comment le rompre.

C'était la vérité qui le romprait… ou, peut-être, le renforcerait. Elle aurait la réponse demain soir.

5

Le ciel gris était en parfaite harmonie avec l'humeur de Jason. Il hésita un instant, songeant à la nouvelle tournure que semblaient prendre ses relations avec Gwen. Il n'était pas sûr de vraiment progresser dans la mesure où il ne parvenait pas à lire en elle.

Il y avait tant de choses entre eux — des bonnes et, hélas, des mauvaises. Il aurait bien aimé, chaque fois qu'il faisait un pas en avant, qu'elle ne l'oblige pas à reculer de deux mètres. Elle était tellement têtue !

Il passa la tête par l'entrebâillement de la porte et, comme si elle avait senti sa présence, Gwen leva les yeux. Son sourire habituel éclaira son visage. Se leurrait-il ou son regard s'était-il quelque peu adouci ?

— Brad est déjà là, il contrôle l'appareil. Tu

sais, ce type a de sacrées références. Ce doit être un excellent pilote.

Le travail, comme toujours... Il haussa les épaules.

— Je verrai ça... J'ai l'intention de lui laisser les commandes à l'aller. Moi, je piloterai au retour.

— Un test, Jason ? rétorqua Gwen en rectifiant la disposition des papiers posés sur son bureau, pourtant rangés en piles bien nettes. Il semblerait que tu nous mettes tous à l'épreuve, ces derniers temps. Que se passe-t-il ?

On sortait un peu des sentiers battus... Voilà qu'elle s'aventurait — timidement, certes — hors de ses retranchements. Une bouffée d'espoir lui gonfla le cœur. Peut-être pourrait-il la convaincre qu'il avait changé depuis leur divorce, qu'il méritait une deuxième chance. Mais il ne fallait rien précipiter.

— Ce qui se passe ? Je me rends à Mudlick pour chercher Sarah et Jimmy. Je te retrouve dans cinq heures environ.

Quand il sortit sur la piste, le plafond nuageux se dégagea, toujours pour s'accorder avec l'humeur de Jason, semblait-il. Brad se tenait près du Cessna et scrutait le ciel d'un œil circonspect.

— Bonjour..., dit Brad. Tout est en ordre. Le décollage est prévu pour 8 heures.

Jason opina et se livra à un ultime contrôle de l'appareil. Quand il eut vérifié le train d'atterrissage, il se releva et considéra Brad d'un air narquois.

— Vous avez déjà piloté un Cessna 210 ?

— J'ai tout piloté, répondit Brad avec le sourire exagérément suffisant d'un adolescent, qui fit rire Jason malgré lui.

— Parfait, champion ! Vous prenez les commandes. Vous connaissez déjà notre plan de vol.

— Allons-y.

Brad paraissait aussi tranquille et sûr de soi que Jason avant une opération. Ce serait agréable, pour une fois, de jouer les passagers et d'admirer le paysage.

Brad ne prononça pas un mot avant que l'avion ait atteint son altitude de croisière.

— Alors, suis-je reçu à l'examen ? Si le vent ne tourne pas, nous devrions avoir un vol relativement tranquille, quoique le radar ait repéré deux foyers orageux à une vingtaine de miles.

— Oh, avec le lac, on ne peut jamais être sûr de rien. Restez vigilant.

— D'accord. Vous me pensez digne de piloter pour Air Survie ?

La question étonna Jason, mais, à en juger par l'intensité de son regard, Brad ne plaisantait pas. Il avait peut-être intérêt à essayer de connaître mieux cet homme — surtout s'il entrait dans la vie de Diane.

— Le pronostic me paraît tout à fait favorable. J'ai la quasi-certitude que nous atteindrons notre destination sains et saufs.

— Vous avez vraiment le langage d'un médecin, Jason ! s'exclama Brad avec un rire chaleureux. Ça me rappelle la première fois où je vous ai parlé de Diane. J'espère que, maintenant, sur ce point-là aussi, vous avez confiance en moi.

« Gwen a raison. Il ne sait pas… », songea Jason. Un homme attaché à une femme dont l'avenir était aussi menacé n'aurait jamais pu s'exprimer avec cette légèreté. Il fallait lui dire et, pour ça, choisir ses mots avec soin.

— Diane est un être très spécial, Brad…

Puis il s'interrompit, réprimant son impulsion initiale. C'était à Diane, et à elle seule, de lui apprendre la vérité, décida-t-il.

Brad le dévisageait d'un air intrigué, quand soudain l'avion piqua brutalement, et le genou de Jason heurta le tableau de bord.

— Zut…

Brad jeta un coup d'œil à l'écran radar.

— Vous aviez raison, les orages avancent plus vite que je l'avais prévu. Nous sommes au beau milieu du premier.

— Je prends les commandes.

— Non ! Ce n'est pas la peine.

Un frisson d'inquiétude courut le long du dos de Jason. Il parvint cependant à se contrôler, observant avec une attention extrême Brad qui consultait tour à tour l'écran radar et le plan de vol, puis poussait le manche à balai. L'appareil s'éleva de dix mille pieds.

Gouvernant vers la droite, redressant à gauche en fonction des indications qui s'inscrivaient sur l'écran, Brad réussit à sortir sans encombre de la zone de turbulences. Il avait fait preuve du calme et de la maîtrise que Jason possédait lorsqu'il opérait un patient, mais qu'il n'avait jamais pu acquérir vraiment dans les airs.

A quinze miles au nord de Mudlick, Brad repéra les balises de l'aéroport. Le temps était brumeux, cependant Jason se garda bien de proposer de prendre les commandes.

Quand ils eurent atterri, il déclara, brisant le long silence qui s'était établi entre eux :

— Vous êtes meilleur pilote que moi, or je suis plutôt bon.

Un grand sourire éclaira le visage de Brad.

— Merci…

Indiscutablement, Brad était une recrue de choix pour Air Survie. En tant que pilote, on pouvait se fier à lui. Et en tant qu'homme ?

— A propos de Diane… Gwen l'aime comme sa propre fille. Elle ne veut que son bonheur. J'espère que vous serez capable de le lui apporter.

Brad comprit que Jason n'attendait pas de réponse. Mais sa déclaration soulevait bien des questions, surtout si on la mettait en parallèle avec l'étrange attitude du père de Diane.

Perplexe, Brad fit un pas pour suivre Jason, avec l'intention de l'interroger. Il y renonça en voyant la femme flanquée de deux jeunes enfants qui attendait devant les bâtiments du petit aéroport.

Un pénible sentiment d'appréhension l'étreignit. Depuis la soirée de charité, songea-t-il soudain, Diane ne lui avait pas parlé sérieusement. Elle ne lui avait pas donné les explications promises.

Jusqu'ici, cela ne lui avait pas paru important. Il avait un peu oublié son désir d'analyser les réactions bizarres qu'il provoquait chez le père et les amis de la jeune femme ; il était trop absorbé par les puissantes émotions qu'elle suscitait en lui. Maintenant, il se sentait soudain étrangement alarmé…

Mais, pour l'instant, il avait un travail à accomplir. Piloter nécessitait une parfaite concentration. Il devait se satisfaire de ce que lui avait dit Jason. S'il en jugeait par ce qu'il savait de lui, celui-ci ne se payait pas de mots, il allait droit au but. Si le but était le bonheur de Diane, eh bien, sur ce point, Gwen pouvait être rassurée. Brad, comme à l'évidence l'entourage de la jeune femme, était résolu à la rendre heureuse.

Il s'avança sur la piste, observant la petite famille qui les attendait. La mère avait un visage délicat, aux traits tirés. Elle tenait ses enfants par la main, et Jason s'étonna, comme si l'enfance eût dû les protéger de la maladie, qu'ils fussent aussi jeunes.

Jason lui fit signe d'approcher.

— Madame Logan, je vous présente Brad Kingsley, qui est mon copilote pour aujourd'hui. J'étais en train de parler de vous à Sarah et Jimmy, ajouta-t-il à l'adresse de Brad avec un bref sourire.

Sarah et Jimmy avaient le teint pâle, les cheveux roux et raides de leur mère. Tous trois avaient le même regard d'un bleu tendre, mais les yeux de la fillette étaient frangés de longs et épais cils noirs qui rappelaient ceux de Pam. Attendri, Brad s'accroupit pour se mettre à son niveau. Aussitôt, Sarah fourra son pouce dans sa bouche.

— Elle est timide, intervint Mme Logan. Chérie, dis bonjour au gentil monsieur. Il va aider le Dr Daniels à nous emmener à Chicago.

— Mes cheveux ont repoussé, dit la petite, sans cesser de sucer son pouce et chuintant légèrement.

Bouleversé, Brad lui sourit. Quel courage elle avait !

— Tu as de très beaux cheveux, Sarah, comme ta maman.

Ravie, elle ôta son doigt de sa bouche et se serra contre la jambe de sa mère, considérant Brad avec intérêt.

— Vous me laisserez m'asseoir à la place du copilote, s'il fait beau temps là-haut ? demanda Jimmy.

Plus grand et plus maigre que sa sœur, il ne manquait pas d'assurance. Se redressant, Brad lui tendit la main.

— Bonjour, Jimmy. Je m'appelle Brad. C'est mon premier vol pour Air Survie, mais, si le Dr Daniels est d'accord, je te céderai volontiers mon siège.

La poigne du garçon était remarquablement ferme et vigoureuse.

— Le Dr Daniels nous a expliqué que vous aviez piloté dans l'armée. C'est ce que je veux faire plus tard, moi aussi.

Au regard attristé que Brad lui lança, Jason haussa les épaules.

— Sarah et Jimmy sont de vrais professionnels de l'aviation. Vous avez beaucoup de points communs, tous les trois. Enregistrez-le, d'accord, Hank ? ajouta-t-il en donnant le plan de vol complété au mécanicien. Bon, les enfants, les réservoirs sont pleins, on peut y aller.

Le frère et la sœur s'élancèrent vers l'avion. Ils grimpèrent dans l'appareil et s'installèrent à l'arrière avec une vivacité qui surprit Brad, car le traitement bimensuel qu'ils suivaient à Chicago devait être pénible.

Il aida Mme Logan à monter dans l'appareil, ému par la fatigue qui se lisait sur son visage. Cette famille affrontait une bien dure épreuve.

La météo annonçait à présent des vents variables. L'orage s'était déplacé vers l'est et le ciel était d'un bleu magnifique. Au bout de trente minutes de vol, Brad adressa un petit signe à Jason, puis se tourna vers Jimmy. Le garçon se redressa sur son siège, vibrant d'excitation.

— Tu aimerais prendre ma place un moment ?

— Ça oui, alors !

Brad n'avait pas encore esquissé un mouvement que l'enfant était déjà perché sur l'accoudoir du fauteuil. Son impatience rappela à Brad la joie extraordinaire qu'il avait ressentie la première fois qu'il avait piloté un avion.

— Vous êtes très gentil, chuchota Mme Logan lorsqu'il s'installa à son côté.

Sarah s'était endormie, sa petite tête appuyée contre l'épaule de sa mère. Très doucement, Brad repoussa une mèche rousse qui lui tombait sur le front.

— Moi aussi, j'ai une fille.

— Je m'en doutais... C'est bien pour les enfants de pouvoir vivre des moments forts comme celui-ci, ajouta-t-elle. Vous savez, c'est dur. Le traitement, tout ça...

Comment réagirait-il s'il s'agissait de Pam ? se demanda-t-il. Cette seule pensée l'emplissait de terreur. Serait-il aussi fort, aussi courageux que cette femme ? Dans le passé, il s'était déjà laissé aveugler par la rage, l'amertume et le chagrin.

Si seulement il avait le pouvoir de revenir en

arrière, de tout refaire. Une fois de plus, il serra les dents, luttant contre le regret et, machinalement, arrangea le petit manteau rouge qui protégeait les jambes de la fillette.

— Oui..., murmura-t-il d'une voix enrouée. Si seulement je pouvais vous aider...

— Oh, mais vous le faites ! Je l'ai souvent dit au Dr Daniels... Je ne sais pas ce que nous deviendrions sans vous. Notre voiture est une véritable antiquité. Je ne crois pas qu'elle tiendrait jusqu'à Chicago, alors aller là-bas deux fois par mois... Vous êtes en train de sauver la vie de mes enfants. Je vous suis tellement reconnaissante, à vous tous, de donner un avenir à Sarah et Jimmy...

Les paroles de Mme Logan le pénétrèrent, semant au plus profond de lui les premières graines de l'espérance.

Rien ne réparerait jamais le mal qu'il avait fait à Lisa ou à ceux qui auraient dû bénéficier de sa générosité. Mais, maintenant, le destin lui offrait une occasion d'agir. S'il pouvait contribuer, fût-ce de façon minime, à secourir ces enfants, alors il réussirait peut-être à se racheter.

Pour la première fois depuis des mois, il se sentit fort et vivant. C'était la réponse qu'il cherchait, dont il avait tant besoin.

S'il n'avait pas rencontré Diane, il n'aurait sans doute jamais connu Air Survie. Il n'aurait jamais eu cette seconde chance. Ce soir, il dirait à Diane ce que cela représentait pour lui. Il lui dirait tout ce qu'elle était pour lui.

C'était vraiment un péché de paresser dans son bain alors qu'elle avait tant à faire. Diane leva une jambe et regarda la mousse irisée couler de sa cheville à son genou rond comme un galet.

Le dîner était prêt, le couvert dressé. Pour l'occasion, elle avait sorti la porcelaine de Chine qui lui venait de sa mère et l'argenterie de la famille Maxwell.

Elle s'était activée toute la journée, attendant le soir et l'arrivée de Brad.

L'eau chaude et parfumée l'enveloppait comme une caresse. Diane ferma les yeux. Raisonner ne servait plus à rien. Elle connaissait les règles, les risques. Tous les discours qu'elle s'était tenus, les promesses qu'elle s'était faites demeuraient lettre morte.

C'était insensé, peu réaliste, et sans doute injuste pour lui, mais elle voulait cet homme. Elle le voulait de toute son âme, de tout son corps.

Elle devait être honnête avec lui, pourtant… le ciel lui pardonne, elle n'était pas certaine de pouvoir l'être ce soir.

A ce moment, la sonnette de la porte d'entrée retentit. Un frisson la parcourut. Brad, déjà ?

Ruisselante, elle sortit de la baignoire et enfila son peignoir blanc, si long qu'il traînait par terre. Bataillant avec sa ceinture, elle se hâta vers le vestibule. Elle ne l'avait pas encore atteint qu'on sonna de nouveau.

Un sourire joua sur les lèvres de Diane. Il était aussi impatient qu'elle… Repoussant ses cheveux humides, elle ouvrit la porte.

Dans le cercle de lumière jaunâtre que projetait la lampe du perron se tenait George Maxwell, une main levée comme s'il s'apprêtait à cogner sur le battant.

Diane se figea. Il la traquait sans relâche, au bureau, au parc et maintenant ici. Pourquoi justement ce soir ? Elle eut envie de lui demander de s'en aller, de la laisser tranquille. Quelques heures… Mais elle ne le pouvait pas, il était son père.

Elle recula d'un pas.

— Entre, papa.

Sans prendre la peine d'ôter son manteau, il entra dans le salon et se laissa tomber sur le divan.

— Pourquoi tu ne m'écoutes jamais ? grommela-t-il sans autre préambule. Je sais que tu as quelque chose en tête, et ça me fait peur ! Je t'embête, évidemment, mais tant pis !

Elle s'assit à côté de lui. Son pardessus était imprégné du froid qui régnait dehors. Diane frissonna.

— Il n'y a rien, papa, rien de nouveau en tout cas. J'ai pris une décision, pourquoi refuses-tu de comprendre et de me soutenir ? Je ne suis pas comme maman, ajouta-t-elle avec tristesse. Je ne vais pas mourir.

Le silence s'abattit sur la pièce. Diane contemplait son père.

— J'ai peur pour toi, murmura-t-il. Tu es si vulnérable. Et maintenant, avec cet homme…

Il s'interrompit, secouant la tête d'un air accablé. Diane se raidit. Comment lui expliquer ? Ils demeurèrent ainsi, muets, un long moment. Puis elle posa sa main sur celle de son père.

— Il ne faut pas t'inquiéter à cause de… de mon amitié avec Brad Kingsley.

— Il te désire ! protesta-t-il en lui broyant les doigts. Et toi aussi, tu le désires. Ça se voit sur vos visages. Mais ne fais pas ça, tu n'es pas assez solide. Et surtout ne lui fais pas ça à lui !

Les larmes qui roulaient sur les joues de M. Maxwell parurent à Diane presque irréelles. Il n'avait jamais pleuré devant elle, pas même le jour où son épouse était morte.

— Aimer quelqu'un qu'on risque de perdre à tout instant, je sais ce que c'est... L'incertitude, l'angoisse... J'aurais voulu donner ma force à ta mère, j'étais prêt à tout pour la sauver. Le fait de savoir être incapable de protéger celle qu'il aime par-dessus tout détruit un homme, Diane.

Se redressant, il se mit à arpenter le salon.

— Ça le détruira, et toi aussi. Ta mère connaissait ma souffrance, elle se sentait coupable. Toi, s'il te plaît, n'ajoute pas la culpabilité à ton fardeau.

Diane avait la poitrine en feu, tant la peine qui déformait les traits de son père la bouleversait.

— Papa, je...

Le timbre strident de la sonnette lui écorcha soudain les tympans. M. Maxwell tourna vers elle un regard interrogateur.

Une vive rougeur colora ses pommettes.

— C'est Brad, murmura-t-elle.

A ces mots, le chagrin qui assombrissait les yeux de son père s'effaça, cédant la place à une expression qu'elle connaissait bien : il était en train d'élaborer un plan d'action.

Toute la journée, elle avait attendu le moment où Brad sonnerait à sa porte. Et, maintenant, elle avait si peur qu'elle tremblait de tous ses membres.

— Je vais ouvrir, déclara M. Maxwell d'une voix glacée qui fendit le silence comme une lame.

Diane, désemparée, demeura sur le divan, s'efforçant en vain de se ressaisir. Elle vit Brad froncer les sourcils et s'écarter pour laisser sortir M. Maxwell, qui s'éloigna à grands pas.

Elle ne se rendit même pas compte qu'elle pleurait, que Brad avait refermé la porte. Tout à coup, il fut à son côté et, du bout des doigts, essuya doucement ses larmes.

— Diane, que s'est-il passé ?

Instinctivement, elle se blottit contre lui, cachant son visage au creux de son épaule, s'imprégnant avec gratitude de sa chaleur.

Elle pleurait sur le chagrin de son père, sur leur incapacité à se comprendre. Elle pleurait sur elle-même.

— Oui, c'est ça, laissez-vous aller, murmura-t-il avec tendresse en la serrant dans ses bras.

— Je... je suis contente que vous soyez là, balbutia-t-elle.

— Je serai toujours là pour vous, dit-il à son oreille. Je vous le promets.

— Brad...

Il la bâillonna d'un baiser, goûtant avec volupté le sel de ses larmes. Diane ne songea même pas à résister. Elle désirait cette étreinte, elle en avait besoin. Jamais, de toute sa vie, elle n'avait eu à ce point besoin de quelque chose.

Le vertige s'empara d'elle et, un instant, elle eut peur. Brad resserra ses bras autour d'elle.

— Tout va bien, je vous tiens, murmura-t-il d'un ton apaisant. Vous ne risquez rien.

C'était vrai, elle se sentait en sûreté, nichée contre lui. Leurs corps s'épousaient à la perfection.

— Tout va bien, ma chérie, je suis là. Il ne vous arrivera rien, je vous le promets.

Le cœur de Diane battait la chamade, mais pour une fois ces battements désordonnés, affolés, ne l'effrayaient pas. Elle posa une main sur la poitrine de Brad. Son cœur aussi cognait très fort.

Elle ne pleurait plus. Dans les yeux si bleus de Brad, une flamme brûlait. Son regard glissa sur la gorge de la jeune femme, ses doigts écartèrent les pans du peignoir blanc.

Elle ne s'appartenait plus. C'était un rêve, une chimère, mais elle voulait croire aux promesses de cet homme. Elle voulait croire que ces sensations divines ne cesseraient jamais. Ne pourraient jamais cesser…

Elle lui caressait les cheveux, contemplant, comme hypnotisée, ce beau visage où se lisait une profonde émotion.

— Qu'y a-t-il, ma chérie ? Dites-moi. Ensemble, nous pouvons tout affronter.

Elle avait envie d'embrasser cette bouche, de tout oublier, à jamais. Mais elle devait être forte. Et honnête. Les paroles de son père lui revinrent soudain à la mémoire.

Il n'y avait qu'une manière de lui révéler la vérité. Il fallait le faire très vite, avant de perdre tout courage. En parlant, elle regarderait les yeux de Brad. Ils ne mentaient jamais.

— Brad, je suis atteinte d'une cardiomyopathie. Si on ne me greffe pas un nouveau cœur, je vais mourir.

Pendant un instant, il la dévisagea d'un air interloqué. Puis le sens de ses paroles finit par lui parvenir. Dans ses yeux bleus, la douceur et le désir cédèrent la place à une brutale incrédulité. L'horreur, que Diane redoutait tellement, dilata ses pupilles.

Ce n'était pourtant pas le regard qu'avaient eu ses amis lorsqu'elle leur avait dit. Il y avait dans l'expression de Brad quelque chose de plus intense encore, de plus profond, et qui la mit à l'agonie.

Désespérée, elle s'écarta de lui. Sans savoir comment, ils se retrouvèrent debout, face à face, incapables de prononcer un mot. Elle était pieds nus, et il la dépassait d'une bonne tête. Il la fixait avec cet air atterré qui la déchirait.

Il lui sembla que chaque fibre de son corps se mettait à palpiter de douleur. Finalement, elle n'y tint plus.

— C'est un choc pour vous, je... je m'en rends compte, bredouilla-t-elle. J'aurais dû vous prévenir tout de suite.

Il eut un geste impatient de la main, comme pour balayer ses propos.

— Depuis quand... depuis combien de temps attendez-vous cette transplantation ?

Elle avait imaginé toutes les réactions possibles, cependant cette question la prit au dépourvu.

— Eh bien... un peu plus de un an. Treize mois et deux semaines, pour être précise.

Il recula, chancelant comme si elle l'avait frappé. Elle serra les dents. « Un peu de courage », se tança-t-elle. Dans ce désastre, elle n'avait plus que sa dignité.

— Brad, je comprends que cela change tout, bien sûr. Je ne m'attends pas que vous… vous…

A son grand désarroi, sa voix se brisa. Elle toussota, plaquant un pâle sourire sur ses lèvres tremblantes.

— … que vous restiez près de moi. J'espère cependant que nous pourrons être amis.

— Arrêtez, Diane, je vous en prie. C'est trop important…

Elle resserra les pans de son peignoir autour d'elle. Elle avait envie de toucher Brad, d'effacer la peine affreuse qui crispait son visage.

Son père avait raison. Elle vivait dans l'illusion, elle rêvait de choses qui ne seraient jamais. Et, pourtant, elle aurait voulu, encore un instant, se blottir dans les bras de cet homme, se pénétrer de sa chaleur, se sentir aimée et protégée.

Mais elle était trop effrayée. Elle avait peur de ce qu'elle lisait dans les yeux de Brad et qu'elle ne comprenait pas. Elle avait peur d'elle-même, de ce besoin éperdu qu'elle avait de lui et qui bouleversait tous ses plans.

— Excusez-moi, j'ai une terrible migraine, dit-elle, pour rompre le silence et leur fournir une échappatoire. Il faut que nous réfléchissions, tous les deux. Peut-être… peut-être reparlerons-nous de tout ça un peu plus tard.

— Diane…

Il avait murmuré son nom avec un désespoir poignant. Il tendit les mains vers elle, mais elle se détourna.

— Allez-vous-en, s'il vous plaît…, murmura-t-elle, si bas qu'elle craignit de n'être pas entendue.

Au bout d'un long moment, la porte d'entrée grinça puis se referma. Lentement, Diane se retourna et fut assaillie par une affreuse sensation de vide. C'était bien pire que tout ce qu'elle avait pu imaginer.

Elle n'avait pas réussi à lire la vérité dans les yeux de Brad. Elle n'y avait trouvé qu'une souffrance inouïe…

6

Les ténèbres enveloppaient Brad comme un linceul. Il ne bougeait plus, ne sentait plus le froid ni l'humidité. Il ne sentait plus rien. Ses mains agrippèrent le volant, de façon presque automatique, mais il n'eut même pas l'idée de mettre le contact.

Le temps, pour lui, avait suspendu sa course lorsqu'il avait entendu ces mots : « Si on ne me greffe pas un nouveau cœur, je vais mourir. »

Tout ce qu'il y avait entre Diane et lui s'était anéanti en cet instant.

Il ferma les yeux, comme si cela pouvait suffire à chasser la douleur qui le fouaillait. Comment cette femme avait-elle pris tant d'importance pour lui en si peu de temps ? De toute son âme, il aurait voulu être en mesure de la délivrer de la maladie, de la sauver.

Mais il ne parviendrait qu'à la faire souffrir

davantage… Sa faute se dressait entre eux, telle une infranchissable barrière.

Il n'avait qu'à oser, retourner chez Diane, frapper à sa porte jusqu'à ce qu'elle ouvre ou que les voisins appellent la police. Mais à quoi bon ? Il ne pouvait même pas lui dire qu'il l'avait considérée comme l'instrument de sa rédemption, qu'il avait cru, en devenant membre de l'association Air Survie, avoir l'occasion de se racheter.

Oui, il était impossible de revenir en arrière. Le chemin menant à Diane était barré par un gouffre plus profond et plus amer que tout ce qu'il avait enduré durant l'indicible cauchemar qui avait suivi la mort de Lisa.

Lisa, sa petite sœur, si belle et si jeune, promise à un avenir radieux…

Cette nuit-là aussi, il faisait froid et sombre. Lisa l'avait embrassé en riant.

— Tu es un amour de m'avoir emmenée. Si j'avais manqué le concert à cause de mon vieux tacot, j'en serais morte de dépit ! Ne t'inquiète pas, un copain me raccompagnera. Bon, j'y vais ! Nous avons rendez-vous dans le hall et je suis déjà en retard. A tout à l'heure !

Les vieilles habitudes avaient la peau dure.

Comme elle ouvrait la portière, Brad lui prit la main.

— Sois prudente. Les routes sont verglacées, ce soir.

— Pas de panique, je ne suis pas Pam. J'ai dix-neuf ans, je suis étudiante à l'université, en deuxième année, je suis une grande fille à présent. D'accord ?

Il avait déjà entendu ça cent fois au moins. Un peu honteux, il la relâcha en souriant.

— Un frère aîné, c'est une vraie calamité, ça n'arrête pas de vous tarabuster… Allez, amuse-toi bien !

Néanmoins, il la regarda attendre que le feu passe au rouge, au coin de la rue. Il devait cesser de jouer tous les rôles à la fois, celui de frère, de père et de mère, mais ce ne serait pas facile.

Elle était sous sa responsabilité depuis sa dernière année de lycée, lorsque leurs parents avaient trouvé la mort dans un épouvantable déraillement de train. Ils avaient traversé de durs moments, mais à présent tout allait bien. Lisa était l'une des étudiantes les plus brillantes de la faculté, et, avec Pam, tous trois formaient une famille très unie.

Elle s'engagea sur le passage clouté, ses cheveux noirs dansant sur ses épaules. Brad ne vit la voiture que quand elle tourna le coin de la rue et que Lisa se retrouva prise dans le faisceau lumineux des phares. La terreur lui noua le ventre. Il poussa un cri, qui se perdit dans la nuit.

Alors le véhicule percuta la jeune fille, projetant son corps souple comme un roseau de l'autre côté de la chaussée. Le hurlement de Lisa vrilla les tympans de son frère.

Il s'élança vers elle, glissa sur une plaque de verglas, manqua s'affaler.

— Appelez une ambulance ! cria-t-il aux badauds qui commençaient à s'attrouper sur le trottoir.

Il s'agenouilla à côté d'elle. Les doigts glacés de la peur lui broyaient le cœur, il ne pouvait plus respirer. Dans la lueur glauque des réverbères, il vit la flaque de sang qui s'élargissait autour de la tête de Lisa. Le sang brillait d'un sombre éclat sur la peau crémeuse. Il y en avait partout.

— Lisa !

Ce nom avait jailli de sa poitrine et résonnait dans l'air glacé. Elle ne bougeait pas, ne parlait pas. Elle gisait là dans la neige à moitié fondue, les bras et les jambes étendus dans une posture bizarre, le visage de côté, si bien que son profil délicat se découpait dans la lumière.

Brad se débarrassa hâtivement de son manteau et l'en recouvrit. Il n'osait pas la toucher.

— Lisa, ça va aller, je te le promets. Tu m'écoutes ? Ça va aller.

Penché sur elle, il lui murmurait inlassablement ces mots, comme une prière.

Ce fut seulement en entendant mugir une sirène qu'il détourna les yeux. Les gyrophares jetaient des éclairs bleus et rouges dans la nuit. Les infirmiers immobilisèrent le cou de Lisa et l'allongèrent sur une civière. Ils avaient l'air soucieux, mais Brad refusa de se demander pourquoi. Lisa était en vie. Tout irait bien.

Le trajet jusqu'à l'hôpital se déroula dans une sorte de brouillard. Hébété, il se contenta d'opiner lorsqu'un médecin lui annonça que sa sœur souffrait d'un grave traumatisme crânien, d'un éclatement de la rate et de nombreuses fractures. Il essaya de s'approcher d'elle, mais on l'écarta. On emmenait Lisa au bloc opératoire.

Elle était vivante, se répétait-il. C'était l'essentiel. Il s'accrochait à cette idée tout en arpentant la salle d'attente. Chaque fois qu'il passait devant le distributeur de boissons, il se servait un café pour abandonner ensuite le gobelet presque plein sur les tables ou le rebord des fenêtres.

Les heures s'égrenaient, on amenait des blessés, les gens allaient et venaient, la ronde infernale d'un service d'urgences se poursuivait. Puis Brad se retrouva seul dans la salle d'attente.

Enfin un homme en vert apparut sur le seuil : le chirurgien qui s'était occupé de Lisa.

— Monsieur Kingsley, votre sœur a bien supporté l'opération.

Brad se cramponna à ces mots comme à une bouée de sauvetage, et il écouta à peine la suite : terrible commotion... des lésions sérieuses... les prochaines quarante-huit heures seraient décisives... elle était en neurologie, dans l'unité des soins intensifs, on l'avait placée sous poumon artificiel... il pouvait la voir.

Cela seul parvint jusqu'à lui. Il pouvait la voir !

Elle paraissait aussi jeune et innocente que Pam, étendue sous le drap immaculé. Ses boucles brunes disparaissaient sous des bandages qui s'arrêtaient au ras de ses sourcils délicatement arqués.

Sa petite sœur...

Il était là quand elle était née ; il l'avait accompagnée, en maugréant, lors de sa première journée à l'école maternelle ; il avait passé à la question son premier petit ami ; il avait été fier d'elle lorsqu'elle avait obtenu son baccalauréat, il avait bien failli éclater d'orgueil lorsqu'elle avait été admise à Northwestern, l'une des universités les plus cotées du pays. Lisa, sa Lisa…

L'amour qu'il lui portait était différent de celui qu'il éprouvait pour sa fille, mais il était aussi fort.

Et, maintenant, elle était dans un lit d'hôpital avec des tuyaux dans tout le corps. Les hématomes commençaient à violacer sur ses joues, et l'une de ses jambes était plâtrée depuis la cuisse jusqu'aux orteils.

S'asseyant près du lit, il lui prit la main et y pressa ses lèvres.

— Lisa, c'est Brad. Tout ira bien maintenant, je te le promets. Je suis là, je te protège.

On le fit sortir au bout de quelques minutes. Il téléphona à la baby-sitter et lui demanda de s'occuper de Pam jusqu'à nouvel ordre.

L'attente fut interminable. Incapable de rester en place, il se mit à déambuler dans l'hôpital et se traça une sorte d'itinéraire qu'il parcourait en vingt minutes. Cela l'aidait à tuer le temps entre les visites à Lisa, qu'il était autorisé à voir dix minutes par heure. Il essayait d'interroger le personnel, mais nul n'avait quoi que ce soit de nouveau à lui apprendre.

Au matin, l'employée de la réception l'intercepta et lui tendit le téléphone. C'était la baby-sitter. Pam avait besoin de lui, expliqua-t-elle.

Il se précipita à la maison pour embrasser sa fille, qui se jeta dans ses bras en sanglotant. Elle avait peur pour sa tante Lisa, cependant il l'assura que tout irait bien.

Il le lui promit, et Pam le crut.

Vingt-quatre heures s'écoulèrent ainsi. Il n'y avait aucun changement notoire, et les médecins ne lui laissaient guère d'espoir. Mais il refusait de les entendre. Il ne dormait pas, ne mangeait pas. Il lui suffisait de savoir que Lisa était toujours en vie.

Car elle vivait ! Aussi, quand on lui annonça qu'elle ne respirait plus, qu'il n'y avait plus de réflexes pupillaires, il ne crut pas les médecins. Elle était là dans le lit, elle avait les mains chaudes et semblait dormir d'un profond sommeil. Elle se rétablirait. Il le fallait !

Une heure après, le médecin essaya de nouveau de lui parler. On avait un électroencéphalogramme plat, annonça-t-il, le cerveau de Lisa ne fonctionnait plus, ses fonctions vitales étaient maintenues artificiellement.

Brad ne comprenait pas, son esprit n'enregistrait pas les propos du médecin. Quand leur sens lui parvint enfin, la colère le submergea.

— Lisa n'est pas morte ! J'exige un autre avis, j'exige d'autres examens ! Appelez un autre spécialiste ! s'écria-t-il en s'approchant de Lisa.

Elle était vivante ! Il sentait la chaleur de son corps, voyait sa poitrine qui se soulevait régulièrement. Elle respirait !

La fureur se répandait comme un acide dans ses veines. Il était furieux contre les médecins qui abandonnaient si vite, furieux contre sa propre impuissance, et surtout furieux contre le destin, contre Dieu ou il ne savait quelle puissance invisible qui lui arrachait son adorable sœur.

Quelques heures plus tôt, elle était gaie comme un pinson parce qu'elle allait applaudir son chanteur favori, et l'instant d'après...

Brisé, il posa son front sur la main de Lisa et fondit en larmes. Non, il n'accepterait pas. Il ne la laisserait pas mourir. Il avait promis à Lisa de la protéger, il l'avait juré à Pam, or il n'avait jamais trahi une parole donnée aux deux êtres qu'il aimait le plus au monde.

Dans l'après-midi, une femme d'un certain âge, dont les cheveux gris encadraient un visage empreint de bonté, le découvrit immobile devant la porte de Lisa. Il la regardait respirer. Elle se présenta : c'était elle qui dirigeait le service de transplantation de l'hôpital.

— Ne restez pas là, monsieur Kingsley, venez avec moi, ordonna-t-elle d'une voix douce.

Hagard, il la suivit dans une petite pièce voisine et prit la tasse de café qu'elle lui tendait.

— Je suis sincèrement désolée pour votre sœur...

Il ne saisit pas ce qu'elle lui disait. Il ne songeait qu'à finir son café et à retourner auprès de Lisa. Alors la femme lui expliqua que Lisa avait signé un document stipulant qu'elle acceptait de donner ses organes en cas de décès ; cependant, la loi de l'Etat imposait à l'hôpital d'obtenir l'autorisation du plus proche parent de la victime. Ce fut seulement à ce moment qu'il comprit ce qu'elle voulait.

Révolté, il reposa la tasse sur la table si brutalement qu'elle se fêla.

— Mais de quoi me parlez-vous ? Moi, je n'abandonne pas ma sœur et j'exige que chacun, dans cet hôpital, fasse de même !

Il n'en démordait pas. Comment imaginer que

tous ces appareils compliqués, cette technologie tellement sophistiquée ne pussent pas sauver sa sœur ? D'une manière ou d'une autre, son amour, sa volonté la ramèneraient à la vie.

Hélas, ça ne suffisait pas. Il tenait la main de Lisa dans les siennes lorsqu'elle s'éteignit, trois jours plus tard.

Les machines avaient bien travaillé, mais elles n'avaient pas réussi à insuffler la vie dans le cœur de Lisa.

La rage, l'effroi, le désespoir, toutes les émotions qui l'avaient habité durant cette épreuve d'une semaine, refluèrent. Il devait être fort pour Pam.

Ce fut seulement quand il se retrouva dans son salon déserté par les amis et les voisins, engourdi par le chagrin et la stupeur, que la vérité lui apparut.

Ce fut un tel choc qu'il se mit à trembler de tous ses membres. Une souffrance inouïe le déchirait. Il essaya de rationaliser — voir sa sœur heurtée par cette voiture juste devant lui l'avait traumatisé ; Lisa ne lui avait jamais dit qu'elle avait une carte de donneur d'organes ; ils n'avaient jamais discuté de ce problème... Seigneur, elle n'avait que dix-neuf ans !

Mais rien n'y faisait. La réalité était là, glacée,

cruelle. Sa sœur avait compté sur lui pour faire respecter la décision qu'elle avait prise, et il l'avait trahie.

C'était indiscutable, irrévocable : il l'avait trahie. Et il n'y pouvait rien changer.

Un violent frisson le secoua. S'arrachant à ses souvenirs, il s'efforça de revenir au présent. A son châtiment.

Diane, avec ce mélange de force et de fragilité qui la caractérisait, avait réussi à ébranler les défenses qu'il avait si laborieusement érigées autour de lui. Il avait cherché à s'isoler avec Pam dans une sorte de bulle, pour ne plus risquer de souffrir, mais ça n'avait pas marché. L'accident de sa fille lui avait montré qu'il ne pourrait jamais la protéger totalement, et Diane en entrant dans sa vie avait comblé un vide béant — il s'était senti de nouveau entier. Grâce à elle, il avait découvert un moyen d'expier sa faute.

Quelle ironie... Il s'était épris d'une femme qu'il avait peut-être privée d'une chance de survivre à cause de son incapacité à accepter la mort de Lisa.

Comment lui expliquer ça ?

Comment l'aider, l'aimer, ainsi qu'il brûlait de le faire, alors qu'il était tenaillé par le remords ?

Avait-il le droit d'alourdir encore le fardeau qu'elle portait en lui révélant qu'il avait refusé qu'on utilise les organes de Lisa ? Si seulement il l'avait connue, à l'époque. Elle ou quelqu'un comme elle qui lui aurait fait comprendre une réalité à laquelle sa sœur, malgré son jeune âge, avait déjà réfléchi.

Combien de personnes avaient-elles trouvé la mort parce qu'il avait été impuissant à surmonter son chagrin et à respecter les volontés de sa sœur ? S'il les avait respectées, cette tragédie absurde aurait pu trouver un sens, permettre à d'autres de vivre.

Mais il avait refusé. Et, maintenant, Diane risquait de mourir.

Il enfouit son visage dans ses mains. Le parfum de Diane s'attardait sur ses doigts et, soudain, une douleur atroce le transperça.

Comment Diane lui pardonnerait-elle alors qu'il ne parvenait pas à se mettre en paix avec lui-même ?

*
* *

La porte des bureaux d'Air Survie s'ouvrit pour la troisième fois depuis une heure. Pour la troisième fois, la respiration de Diane se bloqua dans sa gorge.

Mais ce n'était que Jerry d'Arco, un autre pilote récemment enrôlé, qui s'apprêtait à assurer le transport de sang habituel pour la Croix-Rouge. Diane se hâta de vérifier avec lui son plan de vol et son chargement, après quoi il rejoignit son appareil.

Demeurée seule, elle poussa un soupir résigné. Si Brad arrivait, elle l'affronterait calmement et se comporterait avec lui comme elle aurait dû le faire dès le début.

Un bruit de pas dehors interrompit ses réflexions. Retenant de nouveau son souffle, elle se figea. La porte s'ouvrit et Gwen entra, emmitouflée dans un long manteau. Diane l'accueillit avec soulagement.

Au fond, elle n'était pas prête. Même après une nuit de méditation, passée à contempler le plafond car elle redoutait de fermer les yeux, de revoir l'expression désespérée de Brad.

— Qu'y a-t-il, ma chérie ? On dirait que tu n'as pas fermé l'œil de la nuit, dit Gwen, sans parvenir tout à fait à dissimuler son inquiétude.

Pour ne pas l'affoler, Diane se leva et s'étira paresseusement.

— Je suis un peu fatiguée, c'est tout.

— Plus que d'habitude ? Tu en as parlé à Jason ?

— Hé, je vais bien !

Souriante, Diane s'approcha du réchaud où chauffait la bouilloire, remplit une tasse d'eau chaude et y plongea un sachet d'infusion.

— Ne te fais pas de souci, Gwen. Quel est le programme, aujourd'hui ? s'enquit-elle, désireuse de changer de sujet.

— On est toujours en alerte pour nos sept cas de transplantation et on a un transport de sang supplémentaire sur Peoria. Tu as vu Brad ?

— Non…, répondit Diane d'une voix qui tremblait un peu. Pourquoi me poses-tu cette question ?

— Eh bien, il devait dîner chez toi en rentrant de Mudlick hier soir. Tu… tu lui as dit ?

La question de Gwen étonna Diane. En principe, elle se montrait très discrète.

— Oui, murmura-t-elle, je lui ai dit. Et ensuite, je l'ai mis dehors.

Il y eut un long silence. Finalement, Diane se résolut à lever les yeux. Gwen avait toujours été son soutien, son rempart, l'unique personne qui acceptait sans réserve la façon dont elle avait choisi de vivre sa maladie.

— Tu étais vraiment obligée de faire ça, ma chérie ?

Gwen se débarrassa de son manteau, qu'elle jeta sur une chaise, et s'approcha de Diane. Elle lui posa la main sur l'épaule.

— Tu veux m'en parler ?

La compréhension, la tendresse qui vibraient dans sa voix faillirent avoir raison de Diane. Elle eut la tentation de s'abandonner à sa tristesse et de pleurer tout son soûl. Mais il lui restait encore un peu de courage.

— C'est ma faute, je m'y suis mal prise. Papa était là quand Brad est arrivé. Nous nous étions disputés, comme d'habitude, et… j'étais en larmes.

Gwen lui pressa doucement l'épaule.

— Brad a été merveilleux…

Le seul fait de prononcer son nom suffisait à réveiller l'émotion qui l'avait submergée la veille.

— … et moi, je lui ai tout dit. Comme ça, sans préparation, sans rien. Et… et…

— Comment a-t-il réagi ? s'enquit posément Gwen. Comme tu le pensais ?

— Non…

Diane s'interrompit, songeuse.

— Je ne sais pas comment expliquer ça. Il y avait tant de souffrance dans ses yeux... Les mots ne peuvent pas exprimer une telle douleur. Il n'avait pas simplement de la peine pour moi. C'était autre chose... en lui. J'ai été obligée de lui demander de s'en aller. Il fallait que ça s'arrête.

— Mais ce n'est pas terminé. Je suis certaine qu'il est très attaché à toi et toi, de toute évidence, tu tiens à lui.

Diane secoua la tête, les yeux pleins de larmes.

— Je... j'ai besoin de lui, et il ne faut pas. Je ne peux pas ! Pas maintenant.

Tremblante, elle s'écarta de Gwen, fuyant sa tendresse comme elle s'était détournée de Brad la veille.

— Ce n'est pas par... par grandeur d'âme ou par esprit de sacrifice, bredouilla-t-elle, ravalant ces pleurs exaspérants qui l'aveuglaient. Comme dit papa, je dois regarder la réalité en face.

Elle pressa ses mains sur ce cœur trop faible qui la trahissait.

— Si je n'avais pas rencontré Brad, je ne saurais pas ce que je manque... Je crois que... ça aurait mieux valu pour nous deux.

*
* *

Jason poussa la porte, et une bouffée d'air glacé où tourbillonnaient des flocons de neige s'engouffra dans le bureau. Gwen, campée devant la fenêtre, contemplait la piste. Diane était partie une heure auparavant, cédant enfin aux prières de Gwen, qui la suppliait de rentrer chez elle pour se reposer.

— L'aéroport est fermé. Heureusement que les petits Logan ont vingt-quatre heures de traitement supplémentaires cette semaine. La météo pour les trois prochains jours n'est vraiment pas fameuse.

Gwen tressaillit et se décida d'un coup. Les conditions climatiques, qui gouvernaient pourtant leur vie quotidienne, lui semblaient bien insignifiantes par rapport au désespoir de Diane.

— Elle est amoureuse de Brad Kingsley ! lança-t-elle avec une brusquerie inhabituelle.

Les sourcils de Jason se plissèrent, masquant à demi ses yeux.

— Oui… Et alors ?

— Alors, elle lui a parlé de son état de santé et elle l'a mis à la porte. Et elle est malheureuse. Et ce n'est pas juste !

— Tu as raison, ce n'est pas juste, répliqua-t-il

avec un calme absolu. Qu'as-tu l'intention de faire ?

Elle le foudroya du regard. Elle ne pleurait plus, toute à sa colère. Jason avait toujours eu le don de l'exaspérer.

— Comme tu me l'as fait remarquer un jour, je ne peux pas régenter la vie de Diane. Mais dis-moi, Jason... Tu as passé du temps avec Brad. Que penses-tu de lui ?

Il la considéra avec circonspection, comme pour estimer les réactions que sa réponse était susceptible d'engendrer.

— Il est mieux que je l'imaginais de prime abord. C'est un pilote remarquable, et il a été très bien avec Jimmy et Sarah Logan.

Comme Gwen ne bronchait pas, il croisa nonchalamment les bras.

— J'allais te suggérer de lui donner la parole quand tu présenteras Air Survie au groupe de soutien aux transplantés, demain soir. Tu vois... Notre dernière recrue parlant de sa première mission... Mais, maintenant, ce n'est peut-être plus une très bonne idée.

Même après tant d'années, Gwen s'étonnait toujours de la facilité avec laquelle Jason la manipulait. Il cherchait toujours à tout contrôler, comme s'il n'avait confiance qu'en lui-même. Cela expliquait qu'il fût un chirurgien aussi brillant. Avant même que vous éprouviez le moindre petit pincement, il vous avait déjà ôté la rate.

Mais, cette fois, elle n'allait pas rester là tranquillement et le laisser tirer les ficelles. Cette fois, elle serait du côté des marionnettistes.

— Tu crois donc que ça pourrait marcher pour eux, malgré tout ?

Il haussa les épaules, mais son sourire en coin le trahissait ; il n'était pas aussi détaché qu'il voulait le paraître.

— Je suis le chirurgien de Diane, je me soucie uniquement de son bien-être physique et psychologique. Pour le succès de la transplantation, il faut qu'elle soit dans un état d'esprit positif. J'ignore ce que deviendra leur relation, mais je pense que, quand deux personnes tiennent l'une à l'autre, elles doivent aller jusqu'au bout de leur histoire.

Gwen se sentit rougir. Il y avait dans les yeux de Jason une lueur qu'elle préférait ne pas analyser, une nuance de douceur dans sa voix coupante. Ça la rendait nerveuse.

— Je suis sûre que Diane assistera à cette soirée puisque j'en assure la présentation, dit-elle. Peut-être que s'ils se revoient…

Elle haussa les épaules à son tour, exactement comme Jason. Mais elle ne l'aurait admis pour rien au monde. Quand on donnait un doigt à Jason Daniels, il vous mangeait tout le bras. C'était bien ça, l'ennui, d'ailleurs.

Il eut un rire bref.

— Tu as raison, Gwen. Qui sait ce qui peut arriver…

7

Il était 22 h 30. Brad, assis à son bureau, s'efforçait de se concentrer sur son travail. En réalité, il se repassait inlassablement le film de sa dernière rencontre avec Diane, s'efforçant d'analyser les paroles qu'elle avait prononcées, les sentiments qu'il avait ressentis.

Soudain, il entendit des pieds menus marcher sur le plancher ciré. Un instant après, Pam apparut sur le seuil. La lumière feutrée du vestibule dessinait un halo autour de sa tête ébouriffée et allumait des reflets bleutés dans sa chevelure d'un noir de jais.

Elle courut vers lui et grimpa sur ses genoux. Elle n'avait pas eu de problèmes de sommeil depuis plusieurs mois ; après la mort de Lisa, ils étaient restés des nuits entières dans le fauteuil à bascule près de la cheminée.

— Qu'y a-t-il, Pam ?

— J'ai… j'ai fait un cauchemar, bredouilla-t-elle en se frottant les yeux.

Il posa sa joue sur les cheveux soyeux de la fillette.

— Toujours le même ? Sur Lisa ?

Elle opina, et il la serra plus fort contre lui.

— Mon chaton, Lisa ne voudrait pas que tu aies des cauchemars à cause d'elle. Des jolis rêves, oui… Elle adorait les jolis rêves.

Pam leva vers lui son adorable frimousse, si bien que leurs nez se touchèrent. Ils demeurèrent ainsi un long moment, puis Brad lui sourit.

— J'ai une idée… Au lieu de penser à des choses tristes, essaie de te rappeler les bons moments que vous avez eus ensemble.

— Comme quand elle m'a appris à nager ?

Maintenant tout à fait réveillée, Pam se redressa, plissant son petit front.

— Oui… Et tu te rappelles quand nous sommes allés à Disneyworld ? Lisa t'a emmenée trois fois de suite sur les montagnes russes, et moi je n'étais pas content parce que je te trouvais encore trop petite pour ce manège.

Un sourire éclaira le visage de Pam, et ce fut comme un baume sur la peine de Brad.

— Mais le plus chouette, c'est quand je l'ai aidée

à se préparer pour le bal du lycée. Tu te rappelles, papa, comme elle était jolie dans sa robe longue ? Elle avait l'air d'une princesse.

Il la revoyait avec ses cheveux qui cascadaient sur ses épaules nues, dans son fourreau de soie rose. Ce soir-là, elle rayonnait — ses yeux, son teint, son sourire semblaient avoir emprisonné l'essence de la lumière. Et, pour la première fois, il avait admis qu'elle était devenue femme.

— Oui, elle avait l'air d'une princesse…, murmura-t-il avec émotion.

Il s'éclaircit la gorge.

— Elle aimerait que tu gardes cette image-là d'elle, dans tes rêves. Tu penses pouvoir y arriver ?

— Oui.

Pam se remit debout et fixa sur lui un regard où se lisait toute la sagesse du monde.

— J'ai quand même presque neuf ans…

— Je sais, répliqua-t-il avec la même gravité, quoiqu'il eût du mal à réprimer son amusement. Nous fêterons ton anniversaire la semaine prochaine.

— Quand tu commanderas mon gâteau à Mme Martin, tu peux lui dire que j'en veux un à la crème glacée ? Une couche de chocolat et une couche de glace aux noisettes.

— Nous verrons ce qu'il est possible de faire…

Et maintenant, va te coucher et fais de beaux rêves.

— D'accord…

— Mais, d'abord, donne un baiser à ton vieux papa.

Il lui ouvrit les bras et elle s'y blottit. Elle sentait bon la savonnette.

— Toi aussi, papa, fais de beaux rêves, murmura-t-elle.

Il la regarda s'éloigner et, pour la première fois, nota que sa chemise de nuit en pilou bleu lui dénudait les chevilles. Elle poussait comme un champignon.

Sa petite fille, son chaton… Avant longtemps, c'est elle qui irait à son premier bal…

Parvenue sur le seuil, elle se retourna soudain.

— Papa, peut-être que Diane pourrait venir manger le gâteau avec nous ? Tu lui préparerais du cappuccino. Je crois que Lisa serait contente.

Elle disparut dans le hall, puis il entendit ses pas dans l'escalier. La marche du haut craquait. Voilà, elle était de retour dans sa chambre, en sécurité.

Ce fut seulement à cet instant qu'il se rendit compte qu'une douleur sourde lui taraudait la poitrine. Fermant les yeux, il s'adossa à son fauteuil et avala une bouffée d'air. L'odeur du feu qui flambait dans la cheminée lui piqua les narines.

Souvent, il était encore dans le bureau, à travailler, lorsque Lisa rentrait — d'un rendez-vous ou de la bibliothèque de l'université. Si le feu brûlait, comme maintenant, elle se laissait tomber gracieusement dans le fauteuil à bascule et envoyait valser ses chaussures dans la pièce.

Elle commençait toujours par le même préambule joyeux :

— Je crois que je vais me rôtir les orteils et te donner les dernières nouvelles.

Après quoi, elle lui racontait sa journée par le menu. Depuis qu'elle était à l'université, ils étaient vraiment proches l'un de l'autre.

Il secoua la tête avec tristesse. Ce soir, les souvenirs se faisaient douloureux. Les vieux souvenirs... d'autres, plus récents... Diane. Il ferait mieux de monter se coucher, il ne parviendrait plus à travailler. Tendant le bras pour éteindre la lampe, il se leva et se dirigea vers la porte.

Soudain, la sonnerie du téléphone retentit. Il hésita puis décida de ne pas répondre. La seule personne à qui il souhaitait parler ne l'appellerait pas.

Le téléphone continuait à sonner. Brad soupira,

agacé. A la quatrième sonnerie, le répondeur se mit en marche, et il entendit sa propre voix suivie d'un bip.

— Brad, ici Gwen Calhoun. Je voudrais vous...

Il se précipita et décrocha le combiné.

— Il est arrivé quelque chose à Diane ?

Sa voix tremblait.

— Non, elle va bien. Je viens justement de discuter avec elle.

Il y eut un silence. Brad tentait de se ressaisir ; au bout de quelques secondes, son pouls reprit un rythme normal. A l'autre bout du fil, Gwen soupira.

— Diane m'a dit que vous étiez au courant de son état. Je suis navrée de vous téléphoner si tard et de vous avoir inquiété. Mais j'ai besoin de votre aide. J'aimerais que vous m'aidiez à présenter Air Survie demain soir, à l'hôpital. Le groupe de soutien aux transplantés se réunit. Notre action concerne beaucoup de ses membres, et ils ont pensé que j'avais sans doute des informations utiles à leur fournir.

— Mais pourquoi moi ? objecta-t-il. Je n'ai accompli qu'une seule mission.

— Voilà justement pourquoi j'ai besoin de vous.

Notre dernière recrue parlant de sa première mission, c'est très intéressant. Vous n'aurez pas à faire un long discours. Je compte projeter un film vidéo que j'ai réalisé sur un receveur dont nous nous sommes occupés — c'est l'un de ceux que j'envisage d'utiliser pour notre campagne. J'aimerais d'ailleurs que vous y participiez, mais nous en reparlerons.

— Est-ce que Diane sera là ? s'enquit-il, incapable de se contenir plus longtemps.

— Probablement, répondit-elle après une hésitation.

— A quelle heure a lieu cette réunion ?

— A 7 heures, demain.

Il n'avait pas le choix.

— Très bien, j'y serai.

Gwen raccrocha, mais Brad ne reposa pas immédiatement le combiné. On lui donnait la chance qu'il attendait, la possibilité de revoir Diane dans un contexte normal. Ils seraient ensemble, mais n'auraient pas à affronter leurs problèmes et à tenter de les résoudre.

Demain, ce serait un premier pas. S'il parvenait à assumer son chagrin et ses remords, peut-être réussirait-il à racheter ses fautes. Il ne commettrait pas la même erreur qu'autrefois. Il se battrait contre ses démons et contre la barricade que Diane avait érigée entre eux.

Se campant devant la fenêtre, il contempla la rue endormie. Il devait trouver les mots pour expliquer à Diane pour quelles raisons il était parti, l'autre soir, quand elle lui avait demandé de s'en aller.

Depuis longtemps, il s'était résigné à ne jamais se délivrer du regret et des souvenirs. Ses sentiments s'en étaient trouvés annihilés jusqu'à sa rencontre avec Diane. Maintenant il voulait que les choses changent. Il avait dit à Pam de chasser ses mauvais rêves pour se rappeler seulement les bons moments passés avec Lisa. Lui aussi devait faire de même.

Bizarrement, la journée suivante fut très productive. Avant midi, Brad se sortit avec les honneurs d'une négociation qu'il appréhendait, signa avec un client qu'il courtisait assidûment depuis des mois et vint à bout de la paperasse qui encombrait son bureau. Il se passa de déjeuner pour se rendre à son club, où il glana quelques informations utiles. Après avoir contacté plusieurs fondations qui recherchaient toujours quelque cause charitable à défendre afin d'obtenir des dégrèvements fiscaux, il établit un plan succinct de développement financier pour Air Survie. Il le remettrait à Gwen.

C'était un autre pas.

Le suivant serait plus difficile. Mais il fallait continuer à avancer.

Le soir, lorsqu'il gagna le troisième étage de l'hôpital du Parc, un frisson d'horreur le parcourut. Même si cette partie du bâtiment lui paraissait moins menaçante, elle ne s'en trouvait pas moins dans un hôpital, ce lieu qu'il détestait entre tous.

Il longea un couloir silencieux, au sol recouvert d'une épaisse moquette. De chaque côté s'ouvraient des portes pourvues d'une plaque sur laquelle on pouvait lire un nom. On se serait cru dans un banal immeuble de bureaux.

Finalement, il aperçut devant lui Gwen plongée dans une conversation animée avec une femme qui portait des lunettes. Il était donc au bon endroit. Il s'arrêta et prit une inspiration, se préparant mentalement à l'épreuve qui l'attendait.

— Le voilà ! s'exclama Gwen avec chaleur. Brad, je vous présente Sandi Potter, qui a fondé le groupe de soutien.

Sandi remonta ses lunettes qui glissaient sur son nez et lui adressa un sourire aimable.

— Gwen m'a expliqué que vous étiez un ami de

Diane. Elle sera là, ce soir. Notre groupe comprend des receveurs pour des transplantations cardiaques, leurs conjoints, leurs parents ou leurs amis, ainsi que des membres du personnel de l'hôpital directement concernés par ces malades. Nous essayons de gérer leurs problèmes et leurs angoisses, mais vous verrez par vous-même qu'ils sont tous très dynamiques. Nous soutenons particulièrement ceux qui sont sur la liste d'attente.

La panique le gagnait. Que pouvait-il dire à tous ces gens ? Outre Diane, il y avait peut-être quelqu'un dans cette salle qui avait pâti de son refus d'honorer les volontés de sa sœur. Instinctivement, il recula d'un pas.

— Air Survie est très important pour eux, poursuivit Sandi, sans paraître remarquer son hésitation. Le temps est une donnée essentielle dans le processus de transplantation, et vous, les pilotes, vous avez considérablement élargi notre zone d'action. J'apprécie vraiment beaucoup que vous soyez là.

— Je suis heureux de vous aider.

Il n'y avait plus de retour en arrière possible. Maintenant, il fallait se jeter dans les flammes.

Les deux femmes lui sourirent poliment, sans avoir conscience du poids qu'il mettait dans ses paroles : si elles avaient besoin de ses talents de pilote, collaborer avec le groupe était pour lui une nécessité vitale.

— Asseyez-vous, Brad… Nous commencerons dans quelques instants, dit Sandi en le précédant dans une salle brillamment illuminée où trônait une immense table.

Le groupe se composait d'hommes et de femmes dont la plupart étaient quadragénaires. Brad remarqua que certains d'entre eux portaient des épinglettes représentant un cœur sur lequel était inscrit un numéro.

Il lança un regard interrogateur à Gwen, qui s'empressa de satisfaire sa curiosité : c'étaient, dit-elle, les veinards du groupe, ceux qui avaient été opérés, et les numéros répertoriaient les receveurs de tout le pays, du plus ancien au plus récent.

Le plus discrètement possible, Brad fit le tour de la salle. Un homme âgé d'une soixantaine d'années arborait le numéro treize. Le dernier était le quarante-sept. Un malade, assis dans un fauteuil roulant, avait une épinglette dépourvue de numéro. Brad dénombra approximativement douze greffés, dont un tiers de femmes. Ils semblaient en forme, ce qui le surprit. De toute évidence, il était mal informé.

Pour lui, la transplantation d'organe en était encore au stade de l'expérimentation. Mais, à en juger par les personnes qui l'entouraient, il se trompait.

Un couple franchit le seuil, bras dessus bras dessous. Tous deux affichaient une mine radieuse, or, si Brad ne put le déchiffrer, il vit un numéro sur l'épinglette de la jeune femme.

Il avait du mal à détacher son regard de la porte. Gwen le remarqua sans doute car elle le tira par la manche et lui fit signe de s'asseoir à son côté.

— Elle n'est pas encore là.

Gwen paraissait presque aussi nerveuse que lui. Une bouffée d'angoisse l'étreignit.

— Mais elle viendra, n'est-ce pas ?

— Oui…

La bouche généreuse de Gwen s'étira dans un sourire lumineux. Elle lui montra un autre couple qui arrivait.

— Voilà le Dr David Arnold, l'assistant de Jason. En général, c'est lui qui va recueillir le cœur du donneur, tandis que Jason demeure auprès du receveur. Et cette petite jeune femme ravissante, c'est Joanne Baker, l'infirmière qui s'occupe du service. Elle n'a que vingt-neuf ans, mais, sans elle, Jason ne s'en sortirait pas.

Les deux jeunes gens firent le tour de l'assemblée. Ils saluaient chaque receveur par son nom et semblaient connaître la plupart des autres.

A ce moment, Sandi s'avança vers le micro pour déclarer la séance ouverte. Tandis que tout le monde s'installait, Diane se glissa dans la pièce et s'assit à côté de l'homme en fauteuil roulant avec qui elle se mit à bavarder. Brad la vit avant qu'elle-même l'ait aperçu.

Et soudain, il eut peur. Refoulant sa honte, le besoin qu'il avait de courir vers elle, il la regarda parler à un homme et une femme très pâle assis au bout de la table. Il ne voulait pas renoncer au fragile espoir qui avait germé en lui depuis sa rencontre avec Diane. Il ne voulait pas renoncer à Diane. Pas sans se battre...

Tout à coup, Diane sentit son regard sur elle. Aussitôt, le souffle lui manqua. Elle s'était dit qu'elle aurait la force d'affronter Brad avec calme, mais à présent qu'il était là...

La douleur dans sa poitrine se faisait plus aiguë, mais, cette fois, la maladie n'y était pour rien. C'étaient les yeux de Brad qui la tourmentaient.

Elle y lisait tant de sincérité, de fragilité. Il lui semblait l'entendre l'appeler.

Non, ce n'était pas possible. Pas ici, pas maintenant. Affolée, elle se leva et se dirigea vers la porte, tête basse. Soudain, elle heurta un corps mince et musclé.

— Diane, prends vite un siège. La réunion commence et tu ne vas quand même pas manquer la présentation de Gwen.

La voix de Jason accrut encore sa nervosité. Elle avait l'impression qu'un bloc de pierre lui écrasait la cage thoracique, elle ne parvenait plus à respirer. Elle se laissa tomber sur la chaise la plus proche, tournant à moitié le dos à Brad. Mais elle sentait toujours son regard brûlant.

Se raidissant, elle se concentra sur Sandi Potter, qui présentait les nouveaux venus.

Puis Jason prit la parole.

— La transplantation cardiaque est une chaîne de solidarité œuvrant pour la vie du receveur. Nous, les chirurgiens, nous nous intéressons surtout à l'opération en soi, mais l'objet de ce groupe, c'est tout ce qui précède et ce qui suit cet événement. Chacun ici a sa propre histoire à raconter, et elle est riche d'enseignements pour les autres. Ici, on peut poser toutes les questions. Et, si vous croyez être un cas unique, vous découvrirez très vite que chaque receveur a vécu les mêmes expériences. Voilà pourquoi nous sommes ici, pour partager et nous soutenir mutuellement. Maintenant, avant d'entamer la discussion, Gwen Calhoun, la directrice fondatrice d'Air Survie, va nous présenter un film et nous parler un peu plus de l'association. Je sais que beaucoup d'entre vous ont déjà personnellement bénéficié des services d'Air Survie.

Une charmante dame aux cheveux blancs salua Gwen d'un geste de la main. Souriante, Gwen lui répondit et présenta Louise May, expliquant à tous qu'elle avait piloté l'avion qui avait ramené du Michigan le cœur qu'on avait transplanté sur Louise.

Diane songeait que tous les gens présents dans cette salle étaient, d'une manière ou d'une autre, reliés les uns aux autres. Maintenant, Brad faisait partie du cercle.

Elle tourna la tête vers lui et rougit violemment. Il la contemplait, comme s'il avait perçu son désarroi et essayait de la réconforter à distance. Elle fut soulagée lorsque les lumières s'éteignirent.

Diane avait déjà vu ce film. On y racontait l'histoire de Lemont Jones, un adorable bambin de deux ans, hélas très malingre et très fragile.

Il mourait à petit feu d'une incurable maladie du foie, pourtant, il avait un sourire incroyable et d'immenses yeux bruns emplis de lumière. Des murmures apitoyés coururent dans l'assemblée lorsqu'on en arriva au moment où le garçonnet était si faible qu'il ne décollait plus sa tête de l'oreiller. Mais il continuait de sourire à sa maman.

Diane essuya une larme bien qu'elle connût la fin de l'histoire puisqu'elle avait contribué à réaliser ce film. Une famille de l'Ohio dont l'enfant de trois ans était mort brutalement d'une rupture d'anévrisme avait fait don des organes de son fils. Lemont avait reçu un nouveau foie, transporté avec diligence par un pilote d'Air Survie.

La scène finale montrait un Lemont potelé et plein de santé courant en riant vers la caméra, les bras grands ouverts.

Lorsque les lumières se rallumèrent, tout le monde était très ému. Diane coula un regard en direction de Brad, mais il était perdu dans ses pensées, les yeux fixant le vide devant lui. Elle remarqua la tension qui crispait tout son corps ; il se débattait contre cette souffrance qu'elle avait devinée chez lui le jour de leur rencontre.

D'instinct, elle se redressa pour aller le réconforter, mais la voix de Gwen l'arrêta. Brad, la dernière recrue d'Air Survie, était appelé au micro. Diane se rassit, tandis que l'assemblée applaudissait.

Dieu sait comment, Brad parvint à se ressaisir et fit un récit amusant et touchant à la fois de sa première mission. Il conclut en évoquant la joie du jeune Jimmy bombardé copilote. Des rires attendris s'élevèrent.

Puis il descendit de l'estrade, escorté par Jason, tandis que Gwen répondait à quelques questions. Sandi était impatiente de démarrer la discussion et, avant que Diane ait eu le temps de l'approcher, Gwen aussi s'était éclipsée.

Pour Donald Reeves, l'homme en fauteuil roulant, c'était la première réunion. Diane avait discuté avec lui après sa crise cardiaque, en juillet ; il était resté vingt-huit jours à l'hôpital, et elle avait passé des heures à lui parler de ses espoirs, de ce cœur tout neuf qu'elle attendait, à lui communiquer sa vision optimiste de l'avenir. Il avait refusé d'envisager l'idée d'une transplantation et était rentré chez lui résolu à chercher d'autres solutions.

Et maintenant, il était là. Une grande partie du muscle cardiaque avait complètement cessé de fonctionner. Donald était désormais le premier sur la liste d'attente. Mais sa vie lui filait entre les doigts et il le savait.

Diane était navrée pour lui et se demandait comment le réconforter car, ce soir, il semblait particulièrement nerveux. Il n'arrêtait pas de tripoter les accoudoirs de son fauteuil et son regard allait de l'un à l'autre. Finalement, il se posa sur le révérend Charles Black, qui portait une épinglette numérotée au revers de son veston.

— J'ai vraiment beaucoup de problèmes avec tout ça…, dit Donald d'une voix lasse, déprimée. Je me culpabilise en pensant que ma santé dépend de la mort de quelqu'un.

Les autres opinèrent. Ils s'étaient tous colletés avec cette réalité.

— Si vous le permettez, Donald, j'aimerais vous répéter ce que j'ai dit à l'un de mes paroissiens, qui se posait des questions à ce sujet.

Tous se tournèrent vers le révérend Black, qui s'exprimait toujours avec une sérénité et une douceur admirables. Son épouse, qui le contemplait avec adoration, lui prit la main.

— Je lui ai dit que, grâce à cette transplantation, j'ai vu naître mes deux premiers petits-enfants. Martha et moi sommes restés ensemble quelques années de plus. Si Dieu ne souhaitait pas que nous puissions faire un tel choix, il n'aurait pas donné aux médecins et aux scientifiques l'intelligence et la perspicacité nécessaires pour accomplir de pareils miracles. Il n'aurait pas accordé aux familles des donneurs leur extraordinaire faculté de compassion. La vie de nos donneurs était achevée, de toute manière. Pour ma part, il ne s'écoule pas une journée sans que je remercie dans mes prières la famille de l'homme dont le cœur bat en moi, et grâce à qui je suis parmi vous ce soir.

Donald enfouit son visage dans ses mains tremblantes.

— Merci, révérend. Vos paroles m'aident beaucoup…

Le silence s'abattit sur la salle, lourd d'émotion. Ce fut Sandi qui le rompit.

— Merci, Charles. Quelqu'un souhaite-t-il prendre la parole pour partager avec nous ses soucis, ses angoisses… ou ses joies ?

Louise leva la main pour annoncer qu'elle travaillait de nouveau à plein temps dans sa librairie. La nouvelle fut accueillie par des applaudissements enthousiastes. Puis quelqu'un exprima son désappointement devant des complications imprévues. L'humeur des patients dépendait étroitement de leur état général et, pour les familles ou les conjoints, il était parfois difficile de supporter ces perpétuelles variations, ces hauts et ces bas.

Pour Louise et son mari, cette lutte de tous les instants n'était rien si l'on songeait au bonheur de recouvrer la santé et la vitalité. Il en allait de même pour le révérend Black et sa femme. Mais c'étaient des couples solides, unis depuis longtemps, et que les épreuves avaient indissolublement soudés.

Le lien que Diane avait avec Brad, même s'il était indiscutablement fort, était trop récent pour résister.

Puis deux jeunes gens que Diane ne connaissait pas réclamèrent la parole. Ils dirent qu'ils avaient quitté l'Iowa pour se rapprocher d'un centre de transplantation cardiaque. Elle avait subi une greffe, cependant son médecin l'avait assurée qu'elle pouvait tenter d'avoir un bébé. Eh bien, elle était enceinte et souhaitait partager son bonheur avec le groupe. On l'acclama chaleureusement.

C'était le bon moment pour s'éclipser, décida Diane. Peut-être réussirait-elle à retrouver Gwen. Elle n'osait pas espérer que Brad fût encore dans les parages. En réalité, elle n'était pas très sûre d'avoir envie de le voir.

Sans doute en savait-il assez à présent sur les difficultés et les conflits qu'une transplantation était susceptible de déclencher au sein d'une famille.

Il avait dû partir, comprendre que Diane avait eu raison de le renvoyer, l'autre soir.

C'était fini maintenant, elle était de nouveau seule. Seule pour assumer ses choix, sa vie, aussi bien que possible.

Mais non... Soudain, elle aperçut Brad qui l'attendait dans le couloir et vacilla sur ses jambes. Elle voulait se fâcher contre lui. Il n'essayait même pas de lui faciliter les choses. Que faisait-il là ? Mais la gratitude la submergeait. Encore quelques minutes de rêve...

Elle s'approcha, esquissa un pâle sourire.

— Vous avez été parfait, ce soir, dit-elle d'une voix trop douce. Mais vous paraissiez bouleversé. Je vous ai déjà vu avec cette expression-là, le premier jour dans le parc. Pam va bien, au moins ?

Elle avait beau se cramponner à toutes ses belles résolutions, la peine qu'elle lisait dans ces yeux si bleus l'attirait irrésistiblement.

— Pam va très bien, répondit-il en lui prenant les mains. Diane, j'ai à vous parler. Il faut que vous sachiez pourquoi je suis parti l'autre soir. Et, moi, il faut que je sache pourquoi vous avez érigé ce mur entre nous.

— Vous savez bien pourquoi...

Elle ébaucha un geste pour montrer la salle qui se vidait lentement.

— Mon avenir est très incertain… Je ne serai peut-être jamais greffée. Et, si j'ai de la chance, je serai obligée d'avaler des médicaments jusqu'à la fin de mes jours. Vous n'avez pas besoin de cette angoisse-là, Brad. Et Pam non plus.

— Vous avez tout à fait raison. Nous n'avons pas besoin de cette angoisse, mais nous avons besoin de vous. Nous souhaitons faire partie de votre vie, si vous nous le permettez.

Elle tremblait de tous ses membres. C'était si neuf, si violent…

— Pourquoi moi, Brad ?

— Parce qu'avec vous je me sens de nouveau vivant. Avec vous, j'ai l'impression que tout est possible.

Il se pencha pour lui murmurer à l'oreille.

— Et puis, parce que je vous désire…

Ces mots la transpercèrent comme une lame. De toutes les pensées effrayantes qui l'habitaient depuis que son cœur faiblissait et mourait lentement dans sa poitrine, celle-ci — le désir de Brad — était bien la plus terrifiante.

Ecartelée entre ce qu'elle savait devoir faire et

ce qu'elle avait désespérément envie de faire, elle se sentait perdue.

— Je vous en prie, laissez-moi un peu de temps.

Elle se dégagea, planta son regard dans le sien.

— Je vous appellerai bientôt, Brad, je vous le promets.

— Et moi, je vous promets de ne pas renoncer à vous. Et je ne vous permettrai pas non plus de renoncer.

Une note étrange vibrait dans la voix de Brad. Mais Diane n'essaya pas de comprendre, elle en avait assez à démêler ses propres sentiments. Elle se détourna à regret et suivit les membres du groupe qui s'éloignaient.

Elle n'aurait pas la force de résister bien longtemps à l'appel de ces yeux bleus qui la hantaient. Devait-elle accepter la réalité, telle que la voyait son père, ou bien saisir aux cheveux la chance que lui offrait Brad ?

Car il en était de même pour elle que pour Donald Reeves. Sa vie lui filait entre les doigts…

8

Brad remonta la fermeture à glissière de son blouson de cuir et rentra la tête dans les épaules, luttant contre le vent glacé qui balayait la piste d'atterrissage. Aujourd'hui, le vol jusqu'à Mudlick avec les enfants ne serait pas de tout repos.

Mais ce n'était rien, comparé aux deux jours qu'il venait de passer à attendre l'appel de Diane.

Elle pensait que ce qu'il avait vu et entendu l'autre soir à l'hôpital l'éloignerait encore plus d'elle. Quelle erreur… Rien de tout ça ne comptait. Il redoutait seulement sa réaction lorsqu'il lui avouerait enfin ce qu'il avait fait.

La vérité… C'était désormais la seule barrière qui se dressait entre eux.

Même la bise mordante qui le giflait et l'empêchait d'avancer ne pouvait apaiser la peur brûlante qui s'emparait de lui chaque fois qu'il s'imaginait en train de parler à Diane. Cette angoisse le consumait.

Il ne voulait pas son pardon, nul n'avait le pouvoir de lui accorder cette grâce. Il avait simplement besoin d'elle, de sa compréhension, de cette sensation de plénitude qu'il éprouvait en sa présence. Alors il aurait la force de tout affronter, et de l'aider à se battre.

Il avait laissé tant de choses lui échapper. Mais pas cette fois, non…

Il atteignit le hangar où Gwen avait établi le quartier général d'Air Survie. En entrant, il entendit Jason qui prenait le dernier bulletin météo par téléphone.

Tous les yeux se tournèrent vers lui, mais lui ne vit que Diane. Etait-ce son imagination qui lui jouait des tours, ou était-elle vraiment plus pâle, plus fragile qu'à l'ordinaire ?

L'appréhension lui tordit si brutalement le ventre qu'il dut s'appuyer au chambranle pour ne pas chanceler. Une lueur brilla dans le regard de Diane, comme si elle avait deviné ce qu'il ressentait. Le rouge lui monta aux joues, et elle lui adressa un gentil sourire.

— Sans doute que je ne pourrai pas être copilote aujourd'hui, hein, monsieur Kingsley ? lança le petit Jimmy, dévisageant alternativement Jason et Brad.

— Je crains que non. La prochaine fois peut-être…, répondit Jason, dont le ton tranchant s'adoucissait toujours quand il s'adressait au garçonnet.

— Je t'ai apporté quelque chose, Jimmy.

Ouvrant son blouson, Brad en sortit un manuel de l'armée américaine destiné aux pilotes d'avions de combat.

— Ça t'occupera, puisque tu n'auras rien à faire pendant le vol.

— Ouah ! s'écria Jimmy en saisissant le livre. Ça, c'est génial ! Regarde, maman !

Mme Logan manifesta l'enthousiasme qui convenait ; Sarah, en revanche, plissa le front.

— Et mon cadeau à moi, il est où ? marmonna-t-elle, le pouce dans la bouche.

Souriant, Brad s'accroupit devant elle et lui montra une barrette dorée ornée de perles. Adroitement, il la referma sur une mèche de fins cheveux qui repoussaient vaillamment après la radiothérapie.

Les lèvres roses de Sarah s'arrondirent de plaisir. Elle se dirigea vers le mur où était accroché un miroir.

— Je veux voir, dit-elle.

Gwen se précipita pour soulever la fillette.

— Je suis jolie, décréta-t-elle.

Très satisfaite, elle se laissa reposer sur le sol.

— Merci, ajouta-t-elle d'un air très digne, avant de cacher sa frimousse dans les jupes de sa mère.

— Oui, merci beaucoup ! s'exclama Jimmy, qui feuilletait déjà fébrilement son manuel.

Brad regarda Diane et tressaillit, incapable de se détacher de ce visage à l'expression douloureuse. Il demeura planté là, au milieu de la pièce, sans se rendre compte que Jason avait entraîné la petite famille Logan vers le Cessna et que tout le monde l'attendait. Gwen toussota et, discrètement, se glissa dans le bureau voisin.

Brad s'approcha de Diane. Il avait l'impression de ne plus s'appartenir.

— Il faut que nous parlions, Diane.

— Nous parlerons, je vous le promets, répliqua-t-elle d'une voix tremblante. Mais maintenant il vous faut partir. Ils vous attendent.

— Vous serez là à mon retour ?

Elle hocha légèrement la tête. Ce n'était pas vraiment rassurant, mais il devrait s'en contenter. Pivotant sur ses talons, il sortit et s'élança vers l'avion. Il ne devait plus songer à présent qu'à son plan de vol.

Ils eurent des vents de face durant tout le

voyage, lequel dura vingt-neuf minutes de plus qu'à l'ordinaire. Parvenus à destination et une fois que les Logan furent tranquillement rentrés chez eux, Brad et Jason s'accordèrent quelques minutes de répit pour boire un café dans le petit bâtiment de béton qui servait d'aéroport à la ville de Mudlick.

Brad avait préféré ne pas interroger Jason devant les enfants, mais maintenant il n'y tenait plus. Il y avait tant de choses qu'il voulait savoir.

— Jason… Parlez-moi de la maladie de Diane, s'il vous plaît. Comment peut-elle travailler, marcher même, si elle a besoin d'une transplantation ?

Le visage de Jason se ferma ; c'était maintenant le chirurgien que Brad avait devant lui, mais il s'y était préparé.

— Et épargnez-moi le couplet traditionnel sur le secret professionnel ! Il faut que j'aide Diane !

Il n'avait pas l'intention de trahir ainsi sa frustration, mais il n'avait pas réussi à la juguler ; il s'y mêlait une sorte de colère qu'il n'analysait pas.

— Si vous souhaitez vraiment l'aider, débrouillez-vous pour la convaincre d'entrer à l'hôpital. Rester chez elle compromet ses chances de recevoir un cœur.

Une vague de terreur assaillit brusquement

Brad. Un voile noir tomba sur ses yeux, l'odeur du café lui chavirait l'estomac. Il se sentit devenir livide.

— Mais pourquoi diable ne l'hospitalisez-vous pas ? marmonna-t-il d'un ton agressif.

— Parce qu'elle ne m'obéira pas. Elle dit qu'il y a des gens beaucoup plus malades qu'elle. Mais Diane est dans un état très grave, Brad, n'en doutez pas un instant. Le traitement qu'elle prend chez elle serait plus facile et plus efficace — parce qu'injecté par voie intraveineuse — à l'hôpital. De plus, l'ordinateur lui accorderait une meilleure place sur la liste des patients en attente d'une transplantation.

— Mais pourquoi refuse-t-elle ? Pourquoi ?

Brad avait la gorge tellement nouée que les mots le blessaient comme autant de pierres aux angles acérés.

— Elle ne veut pas perdre le peu de temps qui lui reste.

Pour la première fois, le masque impassible que Jason lui opposait se craquela et Brad lut de l'anxiété dans ses yeux sombres.

— Diane sait qu'elle risque de ne jamais avoir ce nouveau cœur qu'elle espère. Elle m'a expliqué qu'elle ne voulait pas manquer la première neige, qu'elle désirait profiter de chaque instant, chaque seconde de vie. C'est sa décision et je suis forcé de la respecter, même si je ne l'approuve pas.

Brad se détourna pour cacher son émotion. Il se souvenait de la joie enfantine de Diane lorsque la neige était tombée dans le parc, et qu'elle avait recueilli les premiers flocons dans ses mains. Il serra les dents, s'efforçant de contrôler les tremblements qui le secouaient.

— Je ferai tout ce qui est en mon pouvoir pour la convaincre, Jason, je vous le promets. Et maintenant, dépêchons-nous de partir d'ici !

Le contrôleur aérien, qui venait d'entrer pour boire lui aussi un café, secoua la tête d'un air ennuyé.

— Désolé, mais je suis obligé de fermer la piste.

— Pas question ! s'écria Brad, fou de rage.

Le contrôleur, pas très rassuré, recula d'un pas.

— Hé, mon vieux, ce n'est pas ma faute. Je ne suis pas responsable du règlement, moi. La visibilité est nulle, personne ne décolle.

— Oh, bon sang !

Brad brûlait de rejoindre Diane, comme s'il fallait la persuader sur-le-champ de tout mettre en œuvre pour avoir ce cœur tout neuf qui la sauverait. Il lui semblait que, s'il attendait ici ne fût-ce qu'une heure, ce serait terrible et que la face du monde en serait changée.

Jason eut beau essayer de lui expliquer qu'une nuit de plus ou de moins ne ferait guère de différence et ne ruinerait pas les chances de Diane d'être opérée en priorité, Brad ne pouvait se délivrer d'une sensation de désastre imminent.

Il se mit à arpenter la petite salle, stoppant devant la fenêtre à tout instant pour scruter le ciel.

— Oh non ! gémit-il soudain en se frappant le front. Je suis censé fêter l'anniversaire de Pam ce soir.

— Nous n'avons aucun pouvoir sur les conditions météo. Votre fille comprendra.

— Une enfant de neuf ans ? Certainement pas. Où est le téléphone ?

Il composa le numéro d'Air Survie, mais quand Diane décrocha, il n'avait pas encore la moindre idée de ce qu'il allait lui dire. Dès qu'il entendit sa voix cependant, tout devint soudain évident.

— Diane, c'est Brad… Nous sommes bloqués à Mudlick, or c'est l'anniversaire de Pam. Il y a neuf petites filles qui doivent venir après l'école manger des pizzas et le gâteau d'anniversaire.

Mme Martin, ma gouvernante, s'occupera de cette sauterie, mais accepteriez-vous de me remplacer auprès de Pam ?

— Eh bien d'accord…, répondit-elle après une brève hésitation.

— Il vous sera possible de rester là-bas avec Pam jusqu'à mon retour ?

Il la bousculait, il en avait conscience, mais c'était nécessaire pour leur salut à tous les deux.

Il y eut un silence au bout du fil, puis :

— Oui, Brad…

— A plus tard.

Il garda le récepteur collé à son oreille, même quand la jeune femme eut raccroché, comme s'il cherchait à retenir la musique de sa voix si douce. Elle serait là quand il rentrerait…

Il reposa le combiné, puis appela Mme Martin.

La demeure d'Evanston était déserte lorsque Diane y arriva vers 4 heures. Mme Martin lui avait laissé un petit mot sur la porte. La gouvernante expliquait qu'elle était partie chercher les pizzas et que la porte n'était pas verrouillée. Elle n'avait qu'à entrer et faire comme chez elle.

Diane se félicita d'être seule dans la grande

maison. Elle sentait la présence de Brad partout, et c'était pour elle une bonne occasion de réfléchir à ses sentiments, de les apprivoiser, de s'y habituer.

Elle s'attarda un instant devant la cheminée pour réchauffer ses mains glacées, avant de trouver le courage d'explorer un peu le rez-de-chaussée. Elle se demandait comment elle allait assumer la situation, et même pourquoi elle avait accepté de venir. Sur le moment, elle s'était dit qu'elle avait raison, comme elle avait raison d'accueillir Brad dans sa vie.

A pas lents, elle se dirigea vers le bureau et s'immobilisa au centre de la pièce, séduite par le charme du décor.

Il y avait des photographies partout — Brad à côté d'un avion de combat ; Pam âgée de quelques mois, potelée et souriante ; les parents de Brad le jour de leur mariage ; les photos d'école de Pam dans l'ordre chronologique ; Brad, Pam et une mince jeune femme brune aux yeux immenses et lumineux. S'agissait-il de Lisa ?

— C'est Lisa. Elle était si belle…

Surprise, Diane pivota.

— Excusez-moi, je vous ai fait peur. Je suis Pat

Martin, la gouvernante. Et vous, vous devez être Diane Maxwell.

Les cheveux grisonnants et frisottés de Mme Martin auréolaient un large visage fendu dans un sourire amical.

— Quand Lisa était encore en vie, les Kingsley formaient une famille heureuse.

Inconsciemment, Diane cherchait quelqu'un sur les photographies, en vain.

— Tous ces portraits de famille sont vraiment charmants..., dit-elle doucement, incapable de maîtriser sa curiosité. Cependant, apparemment, il n'y a aucune photographie de la mère de Pam.

— Ah, celle-là ! s'exclama Mme Martin avec un reniflement de mépris. Elle est partie alors que Pam était encore dans ses langes. Elle ne voulait pas d'enfants, au fond. Elle s'est remariée avec un musicien, et elle voyage avec lui dans le monde entier. Pam n'a aucun souvenir d'elle, Dieu merci. Cette créature n'a même pas eu la décence d'envoyer un mot ou de passer un coup de fil quand Lisa est décédée.

Une vague de compassion et d'amour submergea Diane.

— La mort de Lisa a dû être terrible pour Brad et la petite.

— Pour nous tous... Il a fallu du temps, mais, à présent, ça va.

Mme Martin poussa un lourd soupir, puis secoua la tête comme pour chasser ces tristes pensées.

— Je suis contente que vous soyez là pour la fête. Pam sera folle de joie.

— J'ai promis à Brad de rester jusqu'à son retour. Puis-je vous aider ? A suspendre les guirlandes, par exemple ?

— Eh bien, si vous me permettez de vous parler franchement, je crois que vous feriez mieux de vous asseoir. Vous êtes blanche comme un linge.

Mme Martin, malgré sa corpulence, était aussi vive qu'une guêpe. Elle courut porter les pizzas dans la cuisine, puis rejoignit Diane et, d'une main ferme, l'aida à s'allonger sur le divan de cuir bordeaux.

— Reposez-vous tranquillement et laissez-moi faire. Neuf gamines dans une maison, ce n'est pas une sinécure, je vous prie de le croire.

Repoussant les frisettes qui lui tombaient sur le front, elle ajouta avec fierté :

— J'ai eu cinq fils, vous comprenez...

Elle semblait sous-entendre que cet exploit l'avait préparée à affronter cyclones, cataclysmes, et autres calamités, naturelles ou pas.

Diane apprécia la gentillesse de la gouvernante. La plupart du temps, elle réussissait à s'abuser, cependant cela lui devenait de plus en plus difficile.

Depuis une semaine, sa fatigue empirait et s'abattait sur elle sans prévenir, de préférence aux moments les plus inadéquats. En outre, elle avait des difficultés à respirer et souffrait d'une toux sèche qui lui posait un réel problème, même si elle refusait de l'admettre.

— Allez, fermez les yeux et ne pensez plus à rien… Les filles n'arriveront pas avant une vingtaine de minutes.

Diane s'installa confortablement, savourant l'atmosphère paisible qui régnait dans cette pièce dont Brad avait fait son havre. Tout eût été parfait, si seulement…

Elle repoussa aussitôt ce « si » insidieux. Caresser des rêves impossibles ne menait à rien.

Quand elle entendit la porte d'entrée s'ouvrir et des voix flûtées retentir dans le hall, elle se leva et quitta le bureau.

Lorsqu'elle vit Diane apparaître, Pam ouvrit de grands yeux et un sourire resplendissant éclaira son visage. Elle se jeta dans les bras de la jeune femme.

— Papa t'a amenée ! s'exclama-t-elle, la tutoyant brusquement. Chic alors ! Je le lui avais demandé ! Où il est ? s'enquit-elle en regardant autour d'elle.

Diane hésita un instant, se préparant mentalement à assumer la déception de la fillette.

— Il est bloqué à l'aéroport de Mudlick. Il rentrera aussi vite que possible.

Avec une maturité qui n'était pas de son âge, Pam hocha la tête d'un air solennel.

— Oh, ce n'est pas grave, du moment que tu es là... Est-ce que Sarah a aimé la barrette que j'ai choisie pour elle avec papa ?

Impulsivement, Diane l'étreignit avec affection.

— Sarah l'a adorée, répondit-elle en riant. Tu as vraiment très bon goût.

Enchantée, Pam la prit par la main et l'entraîna vers le salon.

— Viens, on va manger la pizza. Ensuite, je pourrai avoir mes cadeaux.

Pam et ses camarades débordaient d'une telle énergie que Diane ne tarda pas à ressentir une sourde lassitude. Heureusement, Pat Martin servit les pizzas et proposa divers jeux aux enfants, ce qui lui permit de se détendre un moment.

Ensuite, Diane apporta le gâteau avec ses neuf

bougies et entonna *Joyeux anniversaire.* Puis elle distribua les parts de gâteau, disposa une boule de glace dans chaque assiette. Après quoi, elle débarrassa la table et joua à un jeu de société avec les fillettes.

Puis on ouvrit les paquets, on s'écria, on admira. Enfin, les mères vinrent rechercher leur progéniture, et on rangea artistement les cadeaux devant la cheminée pour les montrer à Brad. Il n'était toujours pas de retour.

A 20 h 30, Diane renvoya Mme Martin chez elle. Une heure plus tard, Pam ayant pris son bain, elles s'installèrent sur le divan pour feuilleter un livre.

Chaque fois que Pam bâillait, Diane l'imitait de façon automatique, et toutes deux pouffaient comme deux gamines partageant un secret.

Ces moments étaient infiniment précieux, un don du ciel. La voix de la raison soufflait à Diane que son drame personnel n'avait pas de place dans la vie de Brad et de Pam, cependant l'envie, le besoin de vivre, tout cela l'emportait.

Cette fois, elle ne s'illusionnait pas. Elle ne leur mentirait pas non plus. Mais, s'ils le lui permettaient, elle savourerait pleinement, avec une joie profonde, ce qu'ils lui offraient.

Elle avait tout à coup des désirs qu'elle n'avait pas ressentis depuis... En fait, qu'elle n'avait jamais ressentis.

Baissant les yeux sur Pam qui s'était endormie, la tête nichée au creux de son épaule, elle caressa doucement ses boucles brunes si semblables à celles de son père.

Oui, elle voulait tout ça — ce silence paisible, la présence diffuse de Brad, l'odeur sucrée de Pam, son petit corps abandonné contre le sien, chaud et confiant.

Elle avait dit à Gwen qu'il aurait mieux valu pour Brad et elle de ne pas se rencontrer. Mais, quand elle avait prononcé ces mots-là, elle n'imaginait pas ce qu'elle aurait perdu si leurs chemins ne s'étaient pas croisés. Elle avait cru vivre et aimer le plus fort possible pendant le peu de temps qui lui restait. Et puis elle avait connu Brad, et compris qu'elle se leurrait.

Epuisée, elle appuya sa joue contre la tête de Pam et ferma les yeux.

Quand elle se réveilla, elles étaient toutes les deux pelotonnées sur le divan. Avec d'infinies précautions, Diane s'écarta et installa plus confortablement la fillette sur les coussins. Puis elle se rassit et tendit l'oreille. Quelque chose l'avait tirée du sommeil, mais quoi ?

Ce fut alors qu'elle le vit.

Il se tenait sur le seuil, les cheveux humides de pluie. Dans la pénombre, ses yeux paraissaient presque opaques, et Diane ne put déchiffrer leur expression.

Mais ce n'était pas nécessaire. Elle sentait son regard sur elle, qui la caressait. Un instant, elle eut peur. Le silence était si chargé d'électricité que c'en était presque physiquement douloureux.

— Vous êtes restée, murmura-t-il enfin.

Il y avait tant de soulagement et de plaisir dans sa voix qu'elle en fut réchauffée. Elle se leva lentement et s'avança vers lui.

— Oui, je vous l'avais promis.

Elle ne fuyait pas, contrairement à ce qu'elle avait fait pendant treize mois. C'était incroyable. Elle se blottissait contre Brad, nouait ses bras autour de sa taille, pressait sa poitrine contre la sienne.

Inouï…

— Merci, chuchota-t-il en lui effleurant les cheveux. Et moi, j'ai promis que je ne vous laisserais pas renoncer.

Il lui baisa les paupières, le bout du nez, les lèvres. Quand il l'embrassa vraiment, elle répondit avec une fièvre qui la stupéfia, la choqua presque. Elle voulait aller plus loin avec lui, bien plus loin…

Lorsqu'il pressa ses mains si fortes au creux de ses reins, elle se cambra contre lui, se laissant étreindre avec passion. Et soudain, la panique la submergea. Elle cacha son visage contre le torse de Brad.

— Non… Nous ne pouvons pas…, balbutia-t-elle. Il ne faut pas.

Il lui prit le menton, l'obligeant à le regarder.

— Pourquoi, Diane ? Nous en avons envie, nous en avons besoin.

— Ecoutez-moi, Brad ! C'est vrai, j'ai envie de tout ça…

Elle lança un coup d'œil à la fillette endormie. Une tendresse encore inconnue la saisit.

— Oui, je veux tout ça… Vous, Pam, cette maison, ces émotions, ces sentiments que je croyais ne jamais éprouver.

Elle planta son regard dans le sien. Il devait comprendre.

— Mais vous ne savez pas dans quoi vous vous engagez, ajouta-t-elle avec véhémence.

Ignorant la souffrance qui se peignait sur le visage de Brad, elle continua. Maintenant qu'elle avait commencé, il fallait aller jusqu'au bout, avant que la tentation de céder à son désir ne fût trop forte.

— Demandez à mon père… Ma mère et lui avaient derrière eux des années d'amour, de partage, pourtant, il n'a pas pu assumer sa maladie. Il n'accepte pas la mienne non plus. Et il a raison sur un point. Mon avenir est trop incertain pour exiger d'un homme qu'il m'accompagne sur ce chemin. C'est le choix que j'ai fait, il n'y en a pas d'autres possibles.

— En êtes-vous si sûre ? Nous ne prenons pas toujours les bonnes décisions, Diane.

Ses yeux bleus brillaient d'un tel éclat qu'elle eut de nouveau peur.

— Comment ça ?

Il battit des paupières, comme s'il ne voyait plus rien. Une terrible angoisse passa dans son regard, et Diane eut le réflexe de se détourner. Mais ils étaient soudés l'un à l'autre.

Elle l'entraîna vers le vestibule pour ne pas risquer de réveiller Pam.

— Racontez-moi, Brad…

Ils s'immobilisèrent devant la cheminée, comme si la chaleur du feu pouvait les protéger de la souffrance.

La voix de Brad, quand il parla, était dépourvue

d'émotion ; mais il avait si longtemps gardé son secret que, au moment de le livrer à la jeune femme, il en tremblait de tous ses membres.

— Il y a un peu plus de un an, Lisa a été heurtée par une voiture. On l'a déclarée cliniquement morte… Je n'ai pas pu l'accepter…

Il s'interrompit un instant, les mâchoires crispées.

— Elle s'était inscrite comme donneuse d'organes, reprit-il, mais cette idée m'était insupportable. J'ai refusé d'honorer sa volonté. J'ai fait un choix, et c'était le mauvais choix.

Il l'attira contre lui et la regarda. Ses yeux flamboyaient.

— J'ai vécu des mois avec ce remords, en me répétant que j'avais trahi ma sœur. Et puis, je vous ai rencontrée. Je suis tombé amoureux de vous, Diane.

Elle avait l'impression que le sol se dérobait sous ses pieds. Chancelante, elle s'écarta et se rapprocha du feu.

— Vous m'avez aidé à comprendre que, même s'il était impossible de revenir en arrière et d'effacer ma faute, j'avais une chance de me racheter. Je peux de nouveau vivre avec moi-même. Grâce à vous, à l'amour que j'ai pour vous.

Elle pensait avoir fait le tour du malheur puisqu'elle désirait Brad et savait qu'elle ne l'aurait jamais. Mais ses paroles, et tout ce qu'elles impliquaient, la dévastaient.

Elle se raidit machinalement, se cramponnant à ce qui lui restait d'orgueil.

— Je vois... Etes-vous sûr que ce sentiment que vous appelez amour n'est pas simplement de la gratitude ? Ou, ce qu'à Dieu ne plaise, de la pitié ? lança-t-elle d'un ton dur. Je ne serai pas votre rédemption, Brad. Ce n'est pas possible. Vous avez Air Survie pour venir en aide aux gens et apaiser votre conscience. Mais ne vous servez pas de moi.

Elle se détourna, mais il la retint par le poignet.

— Me servir de vous ! murmura-t-il avec chagrin. Je ne fais rien de tel... Je vous aime, Diane, j'ai besoin de vous. Ne fuyez pas... Ne nous mettez pas devant le fait accompli avant que nous ayons vraiment parlé de tout ça.

Ce n'était plus supportable. Elle avait si mal qu'elle en bafouillait.

— Nous... nous nous sommes servis l'un de l'autre, vous ne comprenez pas ? Que vous l'admettiez ou non, vos sentiments pour moi sont intimement mêlés à votre besoin de racheter la terrible faute que vous avez commise quand votre sœur est morte. Quant à moi, je ne veux pas d'un amour dans ma vie, et pourtant je me complais dans ce semblant d'histoire.

Elle avait la gorge en feu, les larmes l'étouffaient.

— Je dois mettre un terme à ce petit jeu, Brad, pour notre bien à tous les deux, poursuivit-elle avec difficulté. Il est grand temps de revenir sur terre. Il n'y a pas d'autre solution.

Elle avait raison, c'était certain. Elle avait vu les ravages que la mort de Mme Maxwell avait causés chez son mari. Et elle-même souffrait trop quand, se trouvant avec Brad et Pam, elle se rappelait que ses jours étaient comptés.

Déchirée, anéantie, elle s'éloigna de lui et sortit.

Posté derrière la fenêtre, les poings serrés, il regarda la voiture de Diane disparaître dans la nuit.

Pourquoi ne s'était-il pas confié à elle plus tôt ? Pourquoi ne s'y était-il pas pris autrement ?

Pourquoi s'était-elle méprise à ce point ?

Il ne la considérait pas comme sa rédemption. Grâce à elle, il éprouvait un sentiment de plénitude inconnu. Depuis le premier jour, il existait entre eux un lien intangible et pourtant extraordinairement fort. Il devait la convaincre que ses sentiments pour elle étaient réels. Trop réels pour les ignorer ou les fuir. Et assez profonds, assez solides, pour affronter les épreuves qui les attendaient.

Elle aussi tenait à lui. Coûte que coûte, il réussirait à abattre la barrière qui les séparait.

A pas lents, il regagna le bureau et regarda sa petite fille endormie.

Il y avait tant de choses en jeu, songea-t-il en fermant les yeux. La vie de Diane, leur bonheur à tous…

Il trouverait un moyen. Elle finirait par comprendre, et il la persuaderait d'entrer à l'hôpital pour attendre la transplantation.

Il ne fallait plus tarder. Le temps filait…

9

Gwen entra dans le bureau et épousseta vigoureusement son manteau, où s'accrochaient des flocons de neige. Elle claquait des dents et se frictionna les bras pour se réchauffer.

Chantonnant à mi-voix, elle s'approcha de son bureau — et s'arrêta net, interloquée.

— Diane, que fais-tu dehors par une nuit pareille ? Les routes sont de vraies patinoires !

La porte du réduit de Diane était ouverte, et la jeune femme, assise à sa table, travaillait. Gwen s'avança dans la pièce, scrutant le visage blême de Diane. Elle dut lutter pour ne pas la bombarder de questions intempestives.

— J'ai écouté les informations et ils ont annoncé un carambolage monumental dans le sud de l'Etat. Je me suis dit qu'on allait être sur le pied de guerre, alors je suis venue aider un peu.

L'explication paraissait plausible, néanmoins il

y avait dans les yeux de Diane une étrange lueur. Quelque chose d'intensément douloureux que Gwen n'y avait jamais vu. Mais, dans l'immédiat, mieux valait feindre de n'avoir rien remarqué, jusqu'à ce que Diane juge bon d'en parler. Elle le ferait à un moment ou à un autre, quand elle serait prête.

— Oui, je sais… C'est dommage pour Jason, qui avait prévu de s'octroyer trois jours de repos. Lui et moi, nous décollons dans quinze minutes avec des réserves de sang pour les deux hôpitaux où l'on a transporté les victimes. Je l'accompagne, au cas où, quand nous arriverons là-bas, on aurait besoin de lui au bloc opératoire. Tu sais comment est Jason. S'il leur manque un chirurgien, il se portera volontaire.

Diane ne lui prêtait aucune attention, elle ne faisait même pas semblant d'écouter. Cela ne lui ressemblait pas du tout, surtout lorsqu'elle était au travail.

— Qu'y a-t-il, chérie ? s'enquit Gwen, incapable de se contenir plus longtemps. On croirait que le ciel t'est tombé sur la tête.

Jetant ses bonnes résolutions aux orties, Gwen contourna la table et entoura la jeune femme de ses bras.

— Je peux peut-être t'aider ? reprit-elle. J'espérais que, comme tu allais chez Brad…

Elle s'interrompit, cherchant ses mots.

— Tu sais, quand on est avec vous dans la même pièce, on sent qu'il se passe quelque chose de très fort… C'est un don précieux, ajouta-t-elle en pressant affectueusement la main de Diane. Et si rare, crois-moi. Ne le refuse pas à la légère.

Se dégageant avec douceur, Diane esquissa un pâle sourire.

— C'est beaucoup plus compliqué que ça…

Une réelle terreur assaillit Gwen. Jamais, pas même quand on avait diagnostiqué la maladie dont elle était atteinte, Diane n'avait eu cet air las, vaincu. Jason avait souvent répété que sa détermination la tenait debout. Elle n'allait pas flancher maintenant !

Gwen avait-elle eu tort de l'encourager à poursuivre une vie normale ? Si Brad l'avait laissée tomber, elle le tuerait.

— Diane, je suis toujours là pour toi. Je ne peux vraiment pas t'aider ?

— Ne t'inquiète pas, ça ira.

Diane se passa la main sur les yeux, comme si l'éclat des néons qui brûlaient au plafond la blessait.

— J'ai essayé d'appeler Donald Reeves à l'hôpital du Parc. Je comptais lui rendre une petite visite ce soir, mais finalement je suis venue ici.

Gwen comprit le message. Diane changeait de sujet de conversation, elle n'était pas prête à parler de Brad. Mieux valait ne pas insister.

— Jason saura peut-être quelque chose. Il ne devrait plus tarder, je pense.

A cet instant, la porte s'ouvrit brutalement et une rafale d'air polaire s'engouffra dans la pièce. Jason batailla pour refermer la porte puis se dirigea vers le bureau de Diane.

— Ça ne va pas être facile, ce soir ! dit-il.

Il avait la mine sombre, ses joues semblaient s'être creusées. Quelque chose ne tournait pas rond. Gwen le connaissait suffisamment pour en être certaine.

— On y arrivera, rétorqua-t-elle avec confiance, sans cesser d'observer le chirurgien.

— Evidemment ! dit-il sur un ton encore plus arrogant qu'à l'ordinaire, ce qu'étrangement elle jugea presque rassurant. L'aérodrome le plus proche du lieu de l'accident est trop petit pour accueillir des avions de ligne. On envoie un appareil sanitaire de Cincinnati pour transporter l'équipement médical d'urgence. Mais ils ont besoin de sang dans les plus brefs délais. Tu es prête, Gwen ?

— Jason, as-tu des nouvelles de Donald Reeves ? demanda soudain Diane en se levant. Quand je l'ai vu, il y a quelques jours, il n'allait pas très bien.

Jason se raidit, lança un regard bizarrement implorant à Gwen, puis se tourna vers Diane. Gwen serra les dents.

— Il est mort cet après-midi. Arrêt cardiaque.

Il s'exprimait sur ce ton que Gwen détestait — froid, détaché, comme si l'événement ne signifiait rien pour lui. Elle regarda Diane à la dérobée — comment allait-elle prendre cette terrible nouvelle ?

— Il est mort, répéta Jason. Il était en trop mauvais état. Le fait est que deux ou trois personnes figurant sur la liste d'attente décéderont avant que j'aie pu trouver un cœur à leur transplanter.

Les gens le jugeaient parfois égocentrique, Gwen en était consciente, mais elle savait combien il se souciait de ses patients, et à quel point il était affecté lorsque l'un d'eux disparaissait. Pourtant, elle avait envie de le gifler. Parler à Diane de cette façon !

Elle s'élançait déjà vers la jeune femme, qui,

lentement, s'apprêtait à se rasseoir, mais Jason lui barra le passage.

— Laisse-moi tranquille ! ordonna-t-elle d'une voix sifflante en le repoussant.

Ce monstre eut le culot de lui poser la main sur l'épaule !

— Ça va, Gwen, dit Diane. Je n'ai jamais ignoré les risques que je courais.

Sa voix ferme réussit là où le geste de Jason avait échoué. Gwen s'arrêta net.

— Je suis navrée pour Donald et sa famille, poursuivit Diane. J'aurais aimé que ça marche pour lui.

Elle inspira profondément puis releva le menton d'un air crâne.

— Gwen, Jason... Vous décollez dans quelques minutes, dépêchez-vous. Moi, je reste ici pour répondre aux appels.

— A tout à l'heure, Diane, rétorqua Jason. Allons-y, Gwen.

Ce n'était pas tout à fait un ordre — il n'était pas assez sot pour s'aviser de la commander. Néanmoins...

Gwen envoya un baiser à Diane avant de suivre le chirurgien dans la nuit glaciale. Décidément, là-haut, ça n'allait pas être facile. A plus d'un titre…

Jason percevait la colère de Gwen. Elle émanait de son corps tendu en ondes presque palpables. Il ne fit cependant aucun commentaire, attendant que l'appareil ait franchi les turbulences et atteint son altitude de croisière.

Tous deux accomplissaient leurs tâches dans un silence de plomb. Jason, dont les nerfs avaient déjà été mis à rude épreuve, finit par couler un regard en direction de Gwen. Logiquement, elle ne tarderait plus à exploser.

— Et si on vidait l'abcès ? marmonna-t-il. Vas-y, je t'écoute, crache ton venin.

— Du venin ? répéta-t-elle d'un ton sarcastique. J'ai toujours su que tu étais un homme insensible, mais, sur un plan professionnel, je te croyais au-dessus de tout reproche. Quelle erreur ! Comment as-tu pu annoncer la nouvelle à Diane de cette façon ? C'est vraiment trop injuste !

— Ah bon ? Ce qui est injuste, c'est qu'il ne s'écoule pas un mois sans que je perde un patient. Et tout ça pour quoi ? Pour rien ! C'est triste, décevant, stupide. Chaque année, des milliers d'organes sains sont perdus pour la médecine, irrémédiablement gâchés, parce que les familles ne savent pas, parce qu'on ne les a pas éduquées, sensibilisées à ce problème. On ne leur a pas expliqué qu'elles avaient la possibilité de sauver des vies humaines, de trouver là une sorte de consolation à leur chagrin. Diane sait tout ça...

— Alors pourquoi t'es-tu senti obligé de le lui rappeler ? riposta-t-elle aigrement.

— Parce qu'elle a besoin qu'on le lui rappelle, Gwen. J'ai deux patients à l'hôpital qui attendent une transplantation cardiaque ; ils en sont approximativement au même stade que Diane sur le plan médical, mais eux sont en meilleure place sur la liste d'attente, dans la mesure où ils sont hospitalisés. Donald, lui, était le premier sur la liste et ça n'a pas suffi. Diane devrait être à l'hôpital. S'il lui faut recevoir un choc pour qu'elle le comprenne, je ne trouve ça ni injuste ni déloyal.

Il se tut, observant le visage expressif de Gwen, où se succédaient des émotions contradictoires.

Elle était sur le point de capituler et de se ranger à son avis, lorsque le signal radio retentit :

— Cessna 3428-Charlie. Un message d'Air Survie pour vous.

— Ici Cessna 3428-Charlie. Je vous écoute. Air

Survie ! cria Jason dans le micro avant de tendre le casque à Gwen.

Celle-ci le mit sur ses oreilles. Soudain, ses traits se durcirent et son profil se fit plus aigu dans la lueur du tableau de bord.

— Restez en ligne, Air Survie…

Elle tourna vers Jason un regard sombre mais ferme.

— C'est Diane. Elle vient de recevoir un appel urgent : une certaine Mme Lopez et son fils de quatre ans, Miguel, qui doivent rentrer à Minneapolis ce soir. On apporte un foie du Wisconsin pour Miguel. La femme est terrifiée à l'idée de monter dans un avion et le mauvais temps n'aide pas. Elle est venue en train avec son petit garçon pour rendre visite à sa mère qui, ayant eu une attaque, s'est crue mourante et a voulu voir son petit-fils une dernière fois. Quel abominable concours de circonstances !

— Ce n'est pas la première fois que ça se produit. De quoi Diane a-t-elle besoin ?

— Comme il y a des vents violents, il faut un appareil solide et fiable. En outre, elle demande le nom d'un pilote suffisamment expérimenté pour voler dans cette tempête et assez psychologue pour réussir à calmer une femme hystérique et à la convaincre de monter dans l'avion.

Ils se regardèrent.

— Brad Kingsley ! dirent-ils en chœur.

— Air Survie, ici Cessna 3428-Charlie ! Diane, Jason est d'accord avec moi. Brad est le meilleur pilote possible pour cette mission. Les numéros de téléphone de sa résidence et de son bureau sont dans le dossier. Contacte aussi Marc Woods ou Bob Lincoln, au cas où... Je sais que Marc connaît le Baron, même s'il n'en possède pas un lui-même. Malheureusement, il se peut que Bob soit en vacances. Bon, tu nous tiens au courant. Terminé...

Gwen rendit le casque à Jason.

— Je n'en reviens pas, marmonna-t-elle avec une légère ironie. Nous sommes tombés d'accord, toi et moi. Ça alors... Que nous arrive-t-il ?

— J'avais justement l'intention de t'en parler, répliqua-t-il d'une voix caressante.

Il faisait sombre dans la cabine et il n'aurait pu en jurer, mais il lui sembla qu'elle avait rougi. Un sourire canaille étira sa bouche.

— Ne me regarde pas comme ça ! dit-elle d'un ton rogue où vibrait cependant une note de tendresse. Concentre-toi un peu, nous avons un travail à accomplir.

Oui, ils avaient un travail à accomplir, et ils le mèneraient à bien ensemble. Si seulement il parvenait à convaincre cette femme si merveilleuse et si entêtée, il en serait ainsi jusqu'à la fin de leurs jours.

Diane reposa lentement le téléphone. Mme Martin avait réussi à joindre Brad dans sa voiture, et il était en route. Jusqu'ici, elle n'avait trouvé aucun des autres pilotes que Gwen lui avait recommandés.

Assise à la table de Gwen, elle passait en revue les différents noms inscrits dans le fichier, cherchant quelqu'un susceptible d'assumer les fonctions de copilote. Peine perdue… En principe, à Air Survie, on préférait avoir deux hommes par appareil. Cependant, dans un cas d'urgence comme celui-ci, il fallait passer outre au règlement. Cela signifiait que Brad serait forcé de se débrouiller seul.

Leur entretien serait bref, du moins l'espérait-elle. Pour l'instant, elle n'avait pas la force d'en supporter davantage. Refoulant ses émotions, elle se concentra sur sa tâche, remplit tous les formulaires indispensables, compléta le plan de vol et se procura les derniers bulletins météo.

Quelques minutes plus tard, quand la porte s'ouvrit, elle redressa les épaules, se préparant à affronter Brad.

— Papa !

En voyant son père devant elle, elle se leva trop brusquement et éprouva aussitôt un léger vertige. Il lui avait déjà rendu visite à l'appartement au cours de la journée ; même en tenant compte de son angoisse, de son désir obsessionnel de veiller sur elle, il dépassait vraiment les bornes.

— Qu'est-ce que tu fabriques ici, papa ?

— Je te cherche. J'ai appelé chez toi, tu avais laissé le numéro d'Air Survie sur ton répondeur. Que fais-tu ici, par un temps pareil ?

— Je travaille, il y a une urgence.

Elle se cramponna au bord de la table, sûre de ce qui allait suivre. Ces disputes perpétuelles l'épuisaient.

— Diane, comment supportes-tu un tel stress ?

De toute évidence, il avait opté pour une tactique différente. Elle en fut soulagée ; au moins, pour une fois, il ne hurlait pas.

— Papa, s'il te plaît, j'ai du travail. La vie

d'un petit garçon de quatre ans dépend de cette mission.

— Et ta vie à toi, Diane ? Le temps passe très vite.

Un frisson glacé la parcourut, il lui semblait que ses entrailles se contractaient. Le temps… C'était la seule chose à laquelle elle s'interdisait de réfléchir. Sauf quand elle était avec Brad…

— J'ai contacté une clinique en Arizona, et ils viennent juste de me donner leur réponse, poursuivit-il d'un ton pressant. Nous pouvons partir là-bas dès demain. Tu te reposeras, les médecins t'examineront.

— Jason Daniels est l'un des meilleurs cardiologues du pays.

M. Maxwell la dévisagea longuement.

— Il n'a pas réussi à sauver ta mère.

— Personne ne pouvait sauver maman. A présent, la situation est différente, la technologie a évolué.

Ses arguments ne portaient pas, elle le savait. Son père avait trop peur pour entendre raison. Cependant, elle s'obstinait.

— Ton état empire, Diane. J'ai renoncé à te convaincre de m'écouter. Mais il faut que tu fasses quelque chose, et sans tarder !

Stupéfaite, elle se rassit. Que lui racontait-il ? Etait-il enfin disposé à la laisser agir à sa guise ?

— Tu arrives peut-être à tromper les gens, mais, moi, je te connais. Tu t'affaiblis.

A cet instant, on frappa à la porte.

— Entrez ! lança Diane, soulagée d'échapper à cette pénible conversation.

Une femme qui serrait un petit enfant contre sa poitrine entra dans le bureau. Elle avait l'air effarouché. Son fils Miguel était rachitique, comme Lemont Jones avant qu'on lui greffe un nouveau foie.

Diane se leva pour les accueillir.

— Madame Lopez, je suis Diane Maxwell, d'Air Survie.

Mme Lopez hocha la tête ; ses yeux bruns, perpétuellement en mouvement, allaient de Diane à M. Maxwell. La pauvre femme était visiblement en pleine détresse.

La porte s'ouvrit de nouveau. Mme Lopez sursauta et étreignit plus étroitement son petit garçon. Brad, car c'était lui, eut tôt fait de prendre toute la mesure de la situation.

S'avançant vers la femme terrorisée, il lui adressa l'un de ses plus beaux sourires à fossettes.

Sa présence était peut-être pénible pour Diane, mais pour l'enfant, c'était une bénédiction. Brad était l'homme le mieux à même d'accomplir cette mission.

— Madame Lopez, je suis là pour vous ramener, Miguel et vous, à Minneapolis, où il sera opéré, dit-il d'une voix ferme et chaleureuse.

Livide, elle recula d'un pas.

— Je l'ai dit à mon Julio au téléphone. Miguelito et moi, nous reprendrons le train.

— Nous n'avons pas assez de temps devant nous, madame Lopez, intervint Diane.

Elle s'approcha et caressa avec tendresse les cheveux du petit garçon. Il la regarda de ses yeux trop grands qui lui mangeaient la figure. Il aurait dû avoir des joues roses et rebondies, et non ce teint bilieux.

— Vous avez attendu longtemps cette opération. Vous ne voulez pas priver Miguel de cette chance…

Mme Lopez tourna la tête vers la fenêtre. On apercevait les avions rangés sur la piste.

— Je… je ne peux pas monter dans ces engins-là ! bredouilla-t-elle avec effroi. Non, non, ce n'est pas possible ! On rentrera en train. On attendra un autre donneur.

Diane sentit que Brad s'avançait vers elle et, d'un geste, lui intima de s'arrêter. Sans doute était-elle ébranlée par la mort de Donald Reeves, par la discussion avec son père... En tout cas, il devenait essentiel pour elle, vital même, que cet enfant ait sa chance.

— Madame Lopez, si vous ne partez pas ce soir, il n'y aura peut-être jamais plus un foie qui convienne à Miguel. Et alors, votre fils mourra.

La femme se signa d'une main tremblante et embrassa le petit garçon.

— J'ai besoin de mon Julio ! dit-elle en sanglotant. Je n'y arriverai pas toute seule ! Non, non... On attendra la prochaine fois.

Diane n'hésita pas une seconde.

— Je vais vous accompagner, madame Lopez. Vous pensez que ça vous aidera ?

— Il n'en est pas question ! intervint M. Maxwell avec une telle violence que Mme Lopez en oublia de pleurer.

— Papa, s'il te plaît...

— Tu n'as pas à assumer tous les malheurs du monde, coupa-t-il, penché sur elle comme l'ange noir de la vengeance. Et toi, si on te trouve un cœur pendant ton absence ? Alors ?

Qu'il évoque ainsi cette éventualité était tellement stupéfiant que, pendant un instant, elle fut dans l'incapacité de répondre. Ce qu'elle lisait sur son visage n'était pas une véritable acceptation de l'opération, cependant il y avait un espoir.

— Ça ne se produira pas, papa.

Se retournant vers Mme Lopez, elle lui sourit gentiment.

— Vous prendrez cet avion si je viens avec vous ? Il le faut, madame. Sinon votre fils mourra.

La femme sortit un chapelet de son sac et commença à le faire fébrilement glisser entre ses doigts.

— *Ave Maria, madre de Dios*..., marmonna-t-elle plusieurs fois très vite.

Enfin, au bout d'un long moment, elle ferma les yeux et acquiesça. Aussitôt, Brad fut à son côté.

— Madame Lopez, dit-il en la saisissant par le bras pour la soutenir, je m'appelle Brad Kingsley. Vous pouvez avoir confiance. Mon avion nous conduira sains et saufs à Minneapolis.

— Vous le promettez, *señor* ? Pour mon petit Miguelito... Il est tellement malade.

— Je vous le promets, répliqua-t-il avec un sourire rassurant. Et je ramènerai votre fille, ajouta-t-il à l'intention de M. Maxwell. Je comprends votre inquiétude, monsieur. Je referai le plein de carburant à Minneapolis, dès l'atterrissage, et nous rentrerons immédiatement.

Les deux hommes se dévisagèrent. M. Maxwell détourna les yeux le premier.

— Je suppose que tu ne changeras pas d'avis, Diane ? grommela-t-il.

Comme elle secouait la tête, il pivota et s'éloigna, les épaules voûtées. Diane ébaucha le mouvement de le suivre pour tenter de le réconforter, mais Brad l'en empêcha.

— Voici votre manteau. Il faut y aller… Frank a fait tourner les moteurs et je veux que Mme Lopez embarque avant de changer d'avis.

Ses mains glissèrent sur ses épaules quand il l'aida à enfiler son vêtement. C'était comme une caresse, comme s'il n'y avait jamais eu de malentendu entre eux. Rejetant la tête en arrière, elle le dévisagea d'un air interrogateur.

Malgré tout, elle le lisait dans ses yeux si bleus, le lien qui les unissait était intact. Maintenant, c'était à elle de savoir ce qu'elle voulait en faire.

Muet, concentré, Brad luttait contre les éléments. Derrière lui, il entendait la voix douce de Diane et les prières de Mme Lopez. C'était étrangement apaisant, un soulagement pour ses nerfs tendus à se rompre.

Il avait confiance dans ses moyens et dans son Baron, mais la météo était vraiment catastrophique. Il faisait un temps à ne pas mettre un avion dehors. Quand les premières gouttes de pluie s'écrasèrent sur la carlingue, il jeta un coup d'œil inquiet au thermomètre mesurant la température extérieure. De la pluie givrante… C'était le pire qui pût leur arriver. Enfin, jusqu'à présent, ça n'allait pas trop mal.

Il surveilla le thermomètre durant tout le trajet. Mme Lopez et le petit Miguel seraient à Minneapolis à temps pour l'opération, ça ne posait pas de problème. En revanche, il n'était pas certain de pouvoir ramener Diane à Chicago comme promis.

Lorsqu'ils atterrirent, un homme d'une haute stature attendait sur la piste, près d'une ambulance. Mme Lopez courut vers son mari en sanglotant. Tous deux couvrirent de baisers le visage de leur fils, puis les infirmiers allongèrent l'enfant sur une civière, qui disparut à l'intérieur du véhicule.

Mme Lopez se tourna vers Diane et l'étreignit avec force.

— Je n'y serais pas arrivée toute seule. Vous croyez que mon Miguelito s'en sortira ?

— Oui, madame Lopez, Miguel guérira, répondit doucement Diane avec un sourire si lumineux que Brad en eut la gorge nouée.

Il avait envie de la serrer dans ses bras, de la bercer, de la garder contre lui pour toujours. Mais il demeura loin d'elle. Ce n'était pas le moment.

Il avait un travail à finir : la ramener saine et sauve chez elle. M. Maxwell s'y prenait sans doute bien mal, cependant il avait raison. Diane ne devait pas trop s'éloigner de l'hôpital, au cas où…

Pourtant ce soir, sans elle, il n'aurait pas pu accomplir sa mission. Et de quel droit l'aurait-il empêchée d'aider la famille Lopez ?

Quand l'ambulance fut partie dans un hurlement de sirène, il emmena Diane à la cafétéria et l'installa à une petite table dans un coin de la salle.

— Je vous apporte une infusion pendant qu'on refait le plein. Vous avez faim ?

Elle renversa la tête pour le regarder. Ses boucles rousses retombaient sur le col de son manteau émeraude en gros lainage.

— Non, répondit-elle en souriant, je n'ai pas

faim. Mais je boirai volontiers une infusion. Je vous conseille de m'imiter. Je crois que vous en avez besoin.

Il lui fallut recourir à toute sa volonté pour refuser cette invitation.

— Non, moi, je dois consulter les bulletins météo.

Et c'est en effet ce à quoi il s'occupa, focalisant son esprit sur un seul objectif : ramener Diane à Chicago.

On annonçait une légère accalmie ; elle ne durerait pas longtemps, mais ça suffirait pour rentrer.

Trente minutes plus tard, ils quittaient l'aéroport de Minneapolis.

Diane s'installa dans le fauteuil du copilote, à côté de Brad.

— Vous connaissez bien les avions ? s'enquit-il.

— Assez bien... J'ai souvent volé avec Gwen avant qu'on découvre ma maladie.

L'appareil s'éleva jusqu'à onze mille pieds. Apparemment, il n'y avait pas de tempête dans le secteur. Brad poussa un soupir et s'autorisa enfin à couler un regard en direction de Diane. Elle l'observait.

— Vous êtes un bon pilote, n'est-ce pas ?

— J'ai reçu un excellent entraînement et j'ai beaucoup de pratique. Si ça fait la qualité d'un pilote, alors disons que je ne suis pas mauvais.

— Vous êtes une recrue de choix pour Air Survie. Votre compétence sera très utile à l'association, vous pourrez aider de nombreuses personnes.

Il eut l'impression qu'elle évoquait la tragédie qu'il lui avait révélée. Il eut peur qu'elle continue, peur aussi qu'elle se taise.

Elle soutint un instant son regard puis détourna la tête. C'était fini. La forteresse derrière laquelle elle s'abritait était de nouveau là, inexpugnable.

Il reporta son attention sur les instruments de bord. Leur vitesse diminuait et ils perdaient de l'altitude. Tout à coup, ils se retrouvèrent au beau milieu d'une formation orageuse. De la buée se forma sur les hublots.

— Zut !

Un coup d'œil au thermomètre extérieur lui arracha un autre juron.

— Qu'y a-t-il ? demanda posément Diane.

Il fallait qu'elle garde son calme. Brad n'était pas médecin, mais il en savait assez pour se douter que, dans son cas, le stress n'était pas recommandé.

— Je vais descendre à neuf mille pieds. Nous risquons d'être secoués, mais ici il y a de la pluie givrante.

Il y en avait aussi plus bas, malheureusement. La météo s'était trompée dans ses prévisions.

L'eau se condensait sur l'antenne radio et sur les ailes. Cela finirait par alourdir l'appareil, et Brad ne pourrait plus le maintenir à une altitude raisonnable.

Aux commandes d'un avion, il avait très rarement — pour ne pas dire jamais — connu la peur. Mais, à présent, le sang cognait follement contre les parois de son crâne. Diane était là avec lui, il devait à tout prix assurer sa sécurité.

Il bataillait avec acharnement pour maintenir l'altitude et la vitesse de croisière, mais les moteurs commençaient à faiblir. Finalement, il fut obligé de remettre les gaz pour activer l'allure.

Diane réprima un petit cri.

— Je crois que l'antenne radio vient de casser. Nous avons des ennuis, n'est-ce pas ? Comment puis-je vous aider ?

Son courage le rasséréna. Elle avait confiance en lui, et cela accrut encore sa détermination. Il étudia rapidement la carte dépliée sur ses genoux.

— Accrochez-vous, Diane. Nous sommes forcés

de nous poser. Je vois sur cette carte un petit terrain d'atterrissage à cinq minutes d'ici environ. Je suis certain qu'ils laissent leurs balises allumées, même si, à cette heure, la piste est fermée.

La radio ne fonctionnait plus, mais Brad remercia mentalement le ciel d'être équipé d'un Loran, procédé électromagnétique qui permettait à un avion d'obtenir son point.

Bien que la situation ne soit pas fameuse, il adressa à Diane un sourire rassurant.

— Voilà, j'ai mon cap. Tout ira bien maintenant.

Ce n'était pas le moment de se demander pourquoi elle le dévisageait avec une telle intensité. Dans l'immédiat, il devait empêcher l'appareil de piquer du nez.

— J'ai une totale confiance en vous, murmura-t-elle.

Il lui sembla qu'une énergie nouvelle jaillissait en lui. Plus rien ne l'arrêterait désormais.

Ses doigts se crispèrent sur le manche à balai. Au loin, il aperçut les balises du terrain d'atterrissage…

10

Ce ne fut pas le plus bel atterrissage de sa vie, loin de là. Le premier contact avec le sol le fit grincer des dents ; le second envoya valser la carte topographique dans la cabine.

L'appareil partit en dérapage plus ou moins contrôlé sur la piste verglacée, cependant Brad parvint tant bien que mal à le stopper au bout du terrain. La grêle tambourinait sur la carlingue, et les lumières du tableau de bord semblaient englouties par les ténèbres environnantes.

Anxieux, il se tourna vers Diane. Elle était parfaitement immobile et il la contempla un moment : le menton têtu, la bouche douce et pulpeuse, la ligne parfaite du nez. La lueur verte des voyants se reflétait dans ses yeux écarquillés.

— Diane, ça va ? murmura-t-il avec inquiétude, car elle lui paraissait livide.

— C'était formidable ! Vous avez réussi, Brad. Je

sais, pour avoir souvent écouté parler les pilotes, qu'il n'y pas de plus grand danger pour ce type d'avion que la pluie givrante. Je ne comprends pas comment vous vous êtes débrouillé, mais vous nous avez posés sur le plancher des vaches sans encombre. Je vous remercie, Brad...

Il n'y avait pas la moindre note de peur dans sa voix, seulement de l'enthousiasme. Elle ne cesserait jamais de l'étonner. N'importe qui d'autre eût été effrayé, bouleversé. Elle non... Elle le félicitait gentiment.

Maintenant, c'était à lui de veiller à ce que cet incident n'ait pas de répercussion fâcheuse sur son état de santé.

— Nous nous en tirerons à condition de ne pas attraper une pneumonie...

Il tressaillit, se rendant compte qu'il venait de parler à haute voix.

— Ne vous inquiétez pas, reprit-il, je vais éteindre tous les instruments, comme ça nous pourrons mettre le chauffage. Vous n'avez pas trop froid ?

— Pas pour l'instant. Au fait, où sommes-nous ?

— A Lawrence Lake, dans le Wisconsin, près de la frontière du Minnesota. Cet aérodrome n'est pas des plus fréquentés. Il doit y avoir des bureaux par là-bas, mais, à cette heure-ci, ils sont probablement fermés. Il nous faudra attendre l'aube. Ils auront bien une radio ou un téléphone pour que je demande des secours. Vous êtes sûre que vous n'avez pas trop froid ?

— Non, je suis juste affamée, répondit-elle avec un rire doux qui le rassura et lui dénoua quelque peu les nerfs. Vous autres, les pilotes, n'avez-vous pas l'habitude d'emporter toujours quelques sucreries ou des chewing-gums dans vos superbes blousons de cuir ?

Une joie infinie le submergea soudain, pour une raison mystérieuse sur laquelle il préféra ne pas s'interroger. Tous les problèmes étaient oubliés. A l'intérieur de ce petit avion qui leur faisait comme un cocon, le temps ne filait plus. Ils pouvaient vivre pleinement.

— En fait, c'est la leçon essentielle que nous apprenons à l'école de pilotage, répondit-il en sortant cérémonieusement de sa poche une barre de chocolat, qu'il lui tendit. Tenez... C'est pour vous...

— Il n'en est pas question, répliqua-t-elle avec emphase. Nous allons partager, et surtout ne vous avisez pas d'essayer de me donner la plus grosse moitié.

Il rompit la barre en deux morceaux parfaitement égaux et, débouclant sa ceinture, s'approcha de Diane pour déposer l'une des parts au creux de sa paume.

Il la regarda croquer la friandise, songeant au jour où ils s'étaient rendus dans le salon de thé pour boire un chocolat. C'était le moment où, pour la première fois, il avait compris qu'il était en train de tomber amoureux.

Jamais auparavant il n'avait éprouvé un tel besoin de toucher quelqu'un, de sentir la douceur de sa peau. Cette envie le taraudait de nouveau.

— C'était délicieux, merci. Je n'avais pas mangé de chocolat depuis…

Elle haussa les épaules, esquissa un sourire embarrassé.

— Enfin… depuis longtemps.

La magie, l'illusion étaient brisées. La dure réalité s'abattit sur Brad comme une chape de plomb.

— Ne vous inquiétez pas, Diane. Je vous ramènerai chez vous saine et sauve, je vous le promets.

— Je sais, arrêtez donc de vous angoisser. Moi, je suis tranquille. Vous avez tenu le serment que vous aviez fait à Mme Lopez. Grâce à vous, le petit Miguel a une chance de vivre. N'oubliez jamais ça, Brad.

A ces mots, un fragile espoir s'éveilla en lui. Peut-être cherchait-elle à lui dire, à sa manière, qu'elle comprenait son remords, sa volonté de se racheter. En tout cas, c'était un début.

Il soupira pourtant, secouant la tête.

— Ça ne suffit pas, hélas. Je crains que rien ne puisse réparer un jour...

— C'est vous seul qui en décidez, Brad. M'aider, aider un million de petits Miguel ne suffira effectivement pas à alléger votre peine si vous voulez continuer à souffrir.

Ils se regardèrent longuement, en silence. Il y avait tant de choses entre eux, tant de problèmes et de questions sans réponse. Il se demandait si elle aussi regrettait les instants d'oubli et de rêve qu'ils avaient vécus tout à l'heure, tout de suite après l'atterrissage.

La vie, malheureusement, ne laissait guère de place au rêve et mieux valait ne pas croire qu'un miracle pût se produire dans cette nuit glaciale, au bout d'une piste perdue. Non, il valait mieux affronter la réalité ensemble.

Soudain, il sentit qu'elle frissonnait et ne pensa plus à rien, sinon à la protéger.

— Si nous nous installions sur les sièges des

passagers, nous aurions la possibilité de nous étendre et…

— La chaleur humaine, il n'y a que ça de vrai ! coupa-t-elle en débouclant sa ceinture. Allons-y.

Ils se glissèrent à l'arrière de l'appareil. Ce n'était pas la première fois qu'il s'en servait comme d'une chambre à coucher, mais il ne l'avait partagée avec quiconque. Il se plaqua contre les dossiers, essayant de se faire tout petit pour laisser plus de place à Diane.

Elle le dévisagea un instant avant de s'allonger à son côté. Tout naturellement, il l'entoura de son bras. Elle était si fragile qu'il eut peur. Il sentait la douceur de son corps, le parfum fleuri qui émanait d'elle. Avec une extraordinaire maîtrise de soi, il refoula son désir et la serra plus étroitement contre lui.

— Si nous essayons de dormir, la nuit passera plus vite, murmura-t-il.

Elle posa la tête sur son épaule.

— Oui, bonne idée. Je suis assez fatiguée, j'avoue. Il vaut mieux que nous nous reposions un peu.

Elle ferma les yeux et, quelques instants plus tard, il comprit en écoutant sa respiration qu'elle s'était endormie. Mon Dieu, elle avait en lui une absolue confiance, songea-t-il avec une profonde émotion.

Ils étaient là tous les deux, seuls au milieu de nulle part, et elle s'en remettait totalement à lui. Ou peut-être était-ce son état qui la fatiguait tellement qu'elle parvenait à dormir malgré la tension qui existait entre eux et qui, pour Brad, était presque palpable ?

Quoi qu'il en soit, elle avait raison de se fier à lui.

Il la contempla dans son sommeil ; ses paupières si fines qu'elles en devenaient transparentes voilaient ses yeux, et ses lèvres se retroussaient dans un sourire d'enfant. Il avait envie de l'embrasser. Il voulait tant de choses de cette femme et, en retour, il avait tant à lui donner…

Il refusait de penser que c'était impossible. Certes, sa volonté, sa rage n'avaient pas suffi à sauver sa sœur Lisa. Mais, là, c'était différent. Il avait encore le temps de convaincre Diane qu'il l'aimait, qu'il s'était épris d'elle bien avant de savoir qu'elle était malade. Ensuite, il la persuaderait d'entrer tout de suite à l'hôpital pour qu'ils aient une chance de vivre ensemble de longues et heureuses années.

Tout lui paraissait extraordinairement clair soudain,

dans ce petit avion perdu dans les ténèbres, alors qu'il tenait Diane dans ses bras.

Il ne lui restait plus qu'à faire en sorte que tout se passe comme il le souhaitait.

— Mais qu'est-ce que c'est que cette histoire ! Comment Diane s'est-elle retrouvée dans le Baron de Brad ? vociférait Gwen.

Elle s'en prenait à tout le monde, considérant que chacun était responsable. Le contrôleur rentra la tête dans les épaules et battit précipitamment en retraite. George Maxwell la considérait d'un air ahuri. Mais le pire de tout, c'était que Jason affichait son horripilant petit sourire.

— Pourquoi souris-tu ? lança-t-elle. Tu ne comprends donc pas ? On a perdu le contact radio avec l'appareil de Brad. Et Diane est avec lui ! Pourquoi, bon sang ?

— Je peux vous expliquer pourquoi, rétorqua M. Maxwell, qui semblait éreinté. Mme Lopez refusait de monter dans l'avion, même en sachant que c'était peut-être la seule chance pour son fils d'être opéré. Diane n'avait qu'une solution pour convaincre cette pauvre femme : l'accompagner.

J'ai essayé de l'en dissuader, mais ça n'a servi à rien. Elle est aussi obstinée que sa mère.

— Elle a aussi le courage de sa mère, George, déclara Gwen, ravalant ses larmes. Diane a voulu faire quelque chose pour cet enfant. Margaret était comme ça, elle aussi, elle pensait d'abord aux autres.

Elle se détourna, s'essuyant les yeux d'un revers de main.

— Brad a probablement atterri quelque part pour attendre que la tempête s'éloigne, intervint Jason. A mon avis, vous n'avez pas à vous inquiéter. J'ai volé avec ce type, et c'est un pilote remarquable. Il n'arrivera rien à Diane.

— Tu parles comme un livre, mais tu n'en sais pas plus que nous ! répliqua Gwen, furieuse.

— Je te dis qu'à sa place, j'aurais atterri. Or, Brad Kingsley est plus calé que moi.

Jason se servit une grande tasse de café, puis se ravisa et la tendit à Gwen.

— Je suis convaincu que Brad et Diane sont sains et saufs, reprit-il. Et même, avec un peu de chance, ils résoudront leurs problèmes personnels. Peut-être même Brad réussira-t-il à la persuader d'entrer à l'hôpital.

— Seigneur, ce serait formidable..., murmura

Gwen en s'enveloppant de ses bras. Car de violents frissons parcouraient tout son corps. Avant qu'il soit trop tard…

— Avant qu'il soit trop tard, je compte emmener Diane chez un autre spécialiste.

Surprise par les paroles de M. Maxwell, Gwen se tourna vers lui.

— Qu'est-ce que tu racontes, George ? Jason est le meilleur cardiologue de l'Etat, et peut-être de tout le pays. Pourquoi voudrais-tu voir quelqu'un d'autre ?

— Il n'a pas réussi à sauver Margaret, je te le rappelle. C'était lui qui la soignait, et elle est morte.

— Co… Comment oses-tu ! s'exclama-t-elle, saisie d'une telle colère qu'elle s'en étranglait. Sans Jason, Margaret aurait disparu beaucoup plus tôt. Il a tout essayé, dans la mesure où elle refusait une transplantation parce que l'opération en était encore au stade de l'expérimentation. Mais les choses ont changé. Aujourd'hui, c'est la seule chance pour Diane. Comment peux-tu envisager un autre traitement ? Décidément, je n'ai jamais compris ton attitude !

— Moi si, je comprends.

C'était Jason qui parlait ainsi, et Gwen n'en

crut pas ses oreilles. Le Jason qu'elle connaissait n'aurait jamais toléré la moindre critique. C'était justement l'une des raisons pour lesquelles leur mariage avait échoué.

— Les craintes de George sont bien normales, Gwen, ajouta-t-il. Il s'efforce simplement de vivre avec. Mais, au lieu de me téléphoner pour m'interroger sur l'état de Diane, pourquoi ne pas me rendre visite à mon cabinet, George ? Nous prendrons le temps de discuter tranquillement.

Gwen était fascinée par le calme de Jason. Elle n'avait plus vu le médecin en action depuis un certain temps, mais il avait manifestement beaucoup changé. Après la mort de Margaret, il avait refusé d'en parler avec Gwen. Or, à présent, il acceptait sereinement le défi de George.

— D'accord, je viendrai..., grommela M. Maxwell.

Embarrassée, fâchée d'avoir perdu le contrôle d'elle-même, Gwen se dirigea vers la porte.

— George, tu n'as qu'à attendre ici que nous recevions des nouvelles, dit-elle. Moi, j'ai besoin d'un peu d'air.

En réalité, elle avait surtout envie de réfléchir à ce qui venait de se passer et de s'éloigner de Jason.

Elle n'alla pas très loin. Jason lui avait emboîté le pas et il la retint par le bras.

— C'était bien agréable de t'entendre prendre ma défense avec autant de fougue, murmura-t-il.

— Tu es le meilleur, c'est vrai. Margaret avait une totale confiance en toi. Te rendre responsable de sa mort est vraiment inqualifiable.

— George aimait infiniment sa femme. Et il aime aussi sa fille. Il arrive que l'amour pousse les gens à se comporter de manière irrationnelle.

Une expression de vulnérabilité s'inscrivit sur son visage émacié. Comme c'était étrange… Avait-il tellement changé ou bien Gwen l'avait-elle méconnu durant toutes ces années ?

— Tu utilises toujours le même after-shave, dit-elle sans réfléchir, car c'était la première pensée qui lui avait traversé l'esprit.

« Tu es folle, ma fille ! se tança-t-elle la seconde suivante. Qu'est-ce que tu racontes ? Ressaisis-toi ! »

— Je le porte depuis que tu me l'as offert pour mon dix-huitième anniversaire.

Elle se rappela soudain comment, ce jour-là, elle avait voluptueusement frictionné tout le corps de Jason avec cette eau de toilette. Elle frissonna et, une nouvelle fois, s'enveloppa de ses bras. Mieux valait ne pas remuer ces vieux souvenirs…

— Il y a une éternité, marmonna-t-elle.

Jason ne répliqua pas. Il demeura un moment silencieux, puis déclara d'un ton neutre :

— La nuit va être longue…

Soupirant, elle se contenta de hocher la tête.

— Tu es fatiguée, Gwen. Comme je te connais, tu refuseras de quitter cet endroit tant que tu n'auras pas des nouvelles de Diane et de Brad. Mais essaie au moins de te détendre un peu.

Il lui posa les mains sur les épaules et, doucement, massa ses muscles crispés.

— Voilà, appuie-toi sur moi un petit moment. Ça ne nous tuera pas.

Elle n'aurait pas pu soutenir son regard, mais elle vit leur reflet dans la vitre. C'était presque irréel, elle avait l'impression de contempler une autre Gwen, un autre Jason.

Etait-ce véritablement elle qui se laissait aller contre lui qui la dénouait avec ses doigts de chirurgien, si forts, si habiles, si merveilleux…

C'était à cause de cette nuit. Il y avait quelque chose de bizarre dans l'air. Demain, tout redeviendrait normal.

*
* *

Diane battit des paupières et promena un regard ensommeillé autour d'elle. L'aube était encore loin, la nuit enveloppait l'avion et les coupait du monde.

C'était si bon d'être là. Elle avait dormi paisiblement pour la première fois depuis des mois, blottie contre Brad. Elle ne voulait pas bouger, de peur de le réveiller et de rompre le charme.

La grêle avait cédé la place à la pluie, qui pianotait sur le fuselage. Des ombres mouvantes s'encadraient parfois dans les hublots. Soudain, une rafale de vent fit bouger l'avion. Malgré elle, Diane se raidit.

— Ce n'est rien, murmura Brad à son oreille.

Son instinct lui souffla qu'il n'avait pas fermé l'œil. Il avait monté la garde pour la protéger. Une étrange émotion se mit à palpiter au plus profond d'elle-même.

— Ne craignez rien, poursuivit-il. Dès qu'il fera jour, j'irai chercher de l'aide.

Son haleine lui caressait le cou. Troublée, elle cacha son visage contre sa poitrine, sans même savoir ce qu'elle faisait. Et, tout à coup, la vérité lui apparut : elle était bien dans ses bras. Même ses révélations sur la mort de Lisa ne changeaient rien au fait que chaque instant passé avec lui était infiniment précieux et que cet homme lui donnait une force qu'elle n'avait jamais possédée avant lui.

Puisque le temps filait à toute vitesse, elle devait profiter au maximum des quelques moments qui lui restaient.

— Vous savez, l'autre soir, quand vous m'avez parlé de la mort de Lisa, j'aurais dû me montrer plus compréhensive, dit-elle d'une voix presque inaudible.

Elle sentit que le cœur de Brad battait plus vite.

— Votre réaction était naturelle, murmura-t-il. Mais il y a un point que je tiens à éclaircir : ne pensez jamais que mes sentiments pour vous ont quoi que ce soit à voir avec le remords ou la pitié. Je suis tombé amoureux de vous bien avant de savoir que vous étiez malade. Quand je l'ai appris, je me suis senti encore plus coupable, c'est vrai. Mais mon amour pour vous est infiniment plus fort que ce sentiment.

Une part d'elle-même le croyait. Oui, jamais elle n'avait à ce point voulu croire en quelque chose. Et elle avait envie de soulager la peine qu'elle devinait en lui. Il y avait eu ce lien entre eux dès le premier jour, cette reconnaissance mutuelle d'une blessure mal guérie.

Elle n'était pas sa rédemption et ne le serait jamais. Mais elle ne pouvait pas non plus être son juge. Au fond de son âme, elle admettait que ses espoirs étaient sans doute illusoires ; cependant, comme sa mère, elle prendrait avec reconnaissance ce que le destin lui offrait.

Elle adressa mentalement une prière à ce même destin : que ce qu'elle allait faire n'apporte pas à Brad davantage encore de souffrances, mais au contraire, que cela l'aide à vivre. Tremblante, elle posa la main sur sa joue.

Il la prit et pressa ses lèvres au creux de sa paume. Et, soudain, il n'y eut plus rien au monde que Brad. Elle s'abandonna, renversant la tête pour le regarder. Elle lut un appel dans ses yeux. A vingt-huit ans, pour la première fois, elle aimait un homme. Totalement, éperdument. Pour toujours, quel que ce soit ce toujours…

Elle l'attira contre elle pour goûter sa bouche. Ces odieux vêtements étaient comme une barrière qui les séparait. Elle lui déboutonna sa chemise, glissant ses doigts sous le tissu.

— Diane…, murmura-t-il.

Malhabile, il s'énervait sur les boutons de son

manteau. Elle avait besoin qu'il la touche, qu'il la caresse. Quand sa main se referma sur son sein, elle poussa un soupir de bonheur. Le désir qui s'emparait d'elle était si violent qu'elle eut peur. Et puis la peur s'envola…

Tout à coup, on cogna sur le fuselage. Ils sursautèrent et s'écartèrent vivement l'un de l'autre, comme deux adolescents surpris en train de flirter.

— Il y a quelqu'un, là-dedans ?

Brad aida Diane à rajuster ses vêtements et repoussa doucement les cheveux qui tombaient sur le front de la jeune femme.

— Tout va bien, mon amour…, murmura-t-il. Oui ! ajouta-t-il d'une voix forte. Attendez, je sors !

Elle devait être raisonnable, le lâcher, le laisser s'éloigner d'elle, mais tout son corps frémissait et palpitait, comme s'ils étaient encore enlacés, engloutis dans la mer sombre et brûlante de la passion.

Dehors, le ciel commençait à pâlir. Un homme âgé, coiffé d'une casquette bleue, se tenait sur la droite de l'avion.

Quand l'aube était-elle arrivée ? se demanda Diane. Il lui semblait que quelques secondes à peine s'étaient écoulées depuis son réveil.

Oui, le temps était un ennemi. Il passait si vite, il lui coulait entre les doigts comme un sable trop fin.

Brad remonta dans l'appareil, le visage rougi par le froid du petit matin.

— Lawrence Lake n'est qu'à une dizaine de kilomètres, dit-il en lui saisissant les mains. Ce monsieur, qui s'appelle Josh, propose de nous conduire jusque là-bas. Il y a un motel où nous pourrons faire un brin de toilette. Pendant que vous vous reposerez, j'appellerai Gwen pour la rassurer.

Il fallait accepter, elle n'avait pas le choix, même si elle regrettait la fin de leur solitude et de leur intimité.

Une pluie fine et glaciale tombait sur le petit aérodrome. La tenant fermement par la taille, Brad entraîna la jeune femme jusqu'au pick-up jaune du dénommé Josh Farrel. Plus ridé qu'une vieille pomme, il arborait une barbe en broussaille et un sourire amical.

— Bonjour, mademoiselle. On va vite vous emmener au motel. L'aérodrome ferme tôt le soir… Navré qu'il vous ait fallu passer la nuit dans l'avion. Ça n'a pas dû être drôle.

Sans doute lui donna-t-elle la réponse qui convenait, car il opina du bonnet d'un air approbateur avant de se concentrer sur sa conduite. Elle ne songeait qu'à Brad, assis à son côté et apparemment perdu dans ses réflexions. De toute façon, ce n'était pas le moment de parler de ce qui avait failli se produire.

Non, de ce qui allait se produire..., se promit-elle.

Le motel de Lawrence Lake était formé de plusieurs bungalows individuels groupés autour d'un bâtiment central. Petits et agréables, ils s'intégraient au paysage de manière idéale.

La salle de bains de la chambre qu'on attribua à Diane était pourvue d'une imposante baignoire juchée sur des pieds de griffon. La propriétaire de l'établissement, Mme Johnson, fournit à ses clients des brosses à dents et tous les objets de toilette nécessaires pour qu'ils se sentent de nouveau civilisés.

Diane s'était baignée et rhabillée lorsque Brad frappa à la porte. Il avait encore les cheveux humides après la douche. Dieu, comme elle tenait à cet homme !

Lui la regardait avec une infinie tendresse,

cependant il gardait ses distances. Il demeurait sur le seuil de la pièce, comme s'il craignait d'approcher de ce lit sur lequel elle s'était étendue quelques instants et où l'on voyait encore le creux léger qu'y avait imprimé son corps.

— J'ai discuté avec Gwen. Dès que les conditions météo le permettront, elle décollera pour venir vous chercher. Moi, il me faudra rester un jour ou deux pour réparer le Baron.

Diane avait déjà élaboré ses propres plans, cependant elle acquiesça.

— Parfait. Vous avez pris votre petit déjeuner ?

— J'ai bu du café et grignoté un biscuit. Mme Johnson va vous apporter un plateau.

Il rougit et le bleu de ses yeux se fit plus sourd.

— Jason veut que vous vous reposiez. J'espère que ça ne vous ennuie pas, mais j'ai dit à Mme Johnson que vous n'étiez pas en très bonne santé.

Si, ça l'ennuyait beaucoup, mais, pour cette fois, elle lui pardonnait.

— Où allez-vous ?

— Je retourne à l'aérodrome. Plus tôt je m'occuperai du Baron, plus tôt je pourrai rentrer à la maison. Vous rejoindre…

Il eut un sourire éblouissant. Et, soudain, il l'attira contre lui et l'embrassa avec passion. Elle eut la sensation de s'élancer éperdument au-devant d'un abîme où elle voulait s'anéantir, sombrer dans les délices que promettaient la bouche de Brad, ses mains, son corps.

Quand il la relâcha enfin, son visage trahissait la violente émotion qui l'habitait.

— Ce n'est pas le moment ni le lieu, murmura-t-il. Quand je reviendrai…

— Oui, répondit-elle, étourdie. Nous parlerons…

— Maintenant, essayez de dormir un peu. Ordre du médecin, a précisé Jason. Dès que Gwen arrivera, nous viendrons vous chercher.

Elle referma la porte et appuya un instant son front contre le panneau de chêne. Oui, elle ferait ce que son médecin et son propre corps lui commandaient : elle se reposerait. Auparavant, cependant, elle allait appeler Gwen et lui demander de ne pas les rejoindre ici avant le lendemain. Ensuite, elle dégusterait le petit déjeuner que la charmante Mme Johnson avait préparé.

Puis elle quitterait ce bungalow — il n'était plus nécessaire d'avoir deux chambres. Elle avait pris sa décision. Il ne fallait plus faire semblant, se donner l'illusion de la vie sans vivre vraiment. Elle se connaissait assez pour savoir que ce qu'elle désirait ne pouvait pas lui être néfaste. Elle en convaincrait Brad, d'une manière ou d'une autre.

Cette nuit passée dans l'avion avait fait du mal à Diane, Brad en était persuadé. Il avait senti le souffle de la jeune femme s'accélérer, comme le sien, quand il l'avait caressée. Cela l'avait à la fois excité et terrifié.

Que se serait-il passé si le vieux Josh Farrel ne les avait pas interrompus ? Cette question ne cessa de tourner et retourner dans sa tête tandis qu'il regagnait l'aérodrome.

Il était déterminé : quel que fût le désir qu'il avait d'elle, il demeurerait sage. Pas question de lui faire courir le moindre risque.

L'esprit ailleurs, agissant tel un automate, il inspecta le Baron centimètre par centimètre. Les dégâts étaient minimes, vu la violence de la tempête qu'ils avaient essuyée. L'antenne endommagée représentait le problème majeur. Le reste n'empêcherait pas le Baron de voler, mais il était impossible de partir tant que la radio ne fonctionnait pas. Cela signifiait qu'il lui faudrait patienter au moins vingt-quatre heures.

Il décida de demeurer au terrain d'aviation jusqu'à l'atterrissage de Gwen, résistant à son besoin d'être auprès de Diane. Elle devait se reposer. Il n'avait pas le droit de la réveiller pour le simple plaisir d'entendre sa voix.

Les nerfs à vif, il se mit à arpenter le bâtiment de l'aérodrome. Il attendait Gwen plus tôt et s'étonnait de son retard. Quand il l'avait appelée, elle avait manifesté tant de soulagement qu'il se demandait pourquoi elle n'avait pas sauté immédiatement dans son avion sans se soucier de la météo.

Le temps se dégageait peu à peu. Brad se renseigna auprès des services météorologiques, qui l'informèrent que les conditions étaient meilleures partout. Rien n'empêchait donc Gwen de décoller.

Les minutes s'écoulant, Brad commença à s'inquiéter. Il scrutait le ciel toujours gris, lança quelques appels radio, en vain.

A une heure de l'après-midi, il ne put se contenir davantage et téléphona au motel. La chambre de Diane ne répondait pas. Sans doute la jeune femme dormait-elle profondément. Un peu avant 2 heures, il rappela. A chaque sonnerie, son estomac se nouait un peu plus.

Et s'il lui était arrivé quelque chose ? Une peur atroce, comme il n'en avait jamais éprouvé de sa vie, l'étreignit. Il refit le numéro du motel. Cette fois, il ne réussit même pas à obtenir la réception.

— Brad, je peux faire quelque chose pour vous ?

Son agitation et son angoisse avaient sans doute contaminé Josh Farrel, lequel avait consacré toute sa matinée à la lecture de la gazette locale, qu'il avait épluchée de la première à la dernière ligne avec force commentaires sur chaque article et entrefilet, y compris les petites annonces.

— Oui, répondit Brad sans même tenter de masquer sa peur. Pourriez-vous me ramener en ville ? Tout de suite ?

— Grimpez dans le pick-up. Si quelqu'un décide d'atterrir ici aujourd'hui, il n'aura qu'à attendre mon retour, marmonna le vieux Josh en enfonçant sa casquette sur son crâne dégarni.

Le trajet, dix kilomètres à peine, parut interminable à Brad. Il jaillit hors du véhicule avant même que Josh ait arrêté sa guimbarde devant le motel. Il était tellement tendu qu'il avait du mal à respirer.

Il courut jusqu'au bungalow de Diane, cogna à la porte. Pas de réponse.

Affolé, il colla son visage à la fenêtre pour essayer de voir à travers le fin voilage. Rien…

— Un problème avec la jolie jeune dame ? demanda Josh, qui était descendu de son véhicule.

— C'est ce que je voudrais bien savoir ! marmonna Brad par-dessus son épaule tout en se précipitant vers la réception de l'établissement.

Quand elle entendit la porte claquer, Mme Johnson sursauta et poussa un petit cri.

— Donnez-moi la clé du bungalow 37, vite ! ordonna-t-il, haletant.

— La jeune dame n'y est plus, monsieur.

Il lui fallut un moment pour comprendre ce que cette femme lui disait. Il la dévisagea avec stupéfaction.

— Savez-vous où elle est allée ? s'enquit-il enfin, complètement désarçonné.

Le rouge monta aux joues rebondies de Mme Johnson. Elle regarda Josh Farrel, qui entrait dans le hall, s'éclaircit la gorge, puis baissa le nez et se mit à tripoter nerveusement un crayon posé sur le comptoir.

— Eh bien, c'est-à-dire que… En réalité, il me semble qu'elle vous attend dans votre chambre, monsieur.

Le vieux Josh toussota et entreprit aussitôt de

faire la conversation à Mme Johnson, évoquant une petite annonce lue dans le journal. Brad n'entendait rien, il songeait au corps de Diane sous ses mains, au goût de sa bouche.

— Merci, madame, dit-il au bout d'un moment, du ton le plus neutre possible, en se détournant pour sortir.

Le regard de Josh se planta dans le sien.

— Alors, tout va bien ?

Brad ne put qu'acquiescer d'un hochement de tête. Il s'éloigna, conscient que l'hôtelière et le vieil homme le suivaient des yeux.

Un instant plus tard, il était devant son bungalow. Avec des doigts tremblants, il introduisit la clé dans la serrure et poussa la porte…

11

La lumière filtrant à travers les rideaux tirés dessinait sur les murs de complexes motifs abstraits. Brad repoussa la porte sans bruit, refermant ainsi sur Diane et lui le cocon tiède et sombre de la chambre.

Elle avait ôté et soigneusement replié la courtepointe fleurie et s'était étendue sur la couverture. Elle bougea dans son sommeil, roula sur le dos. Elle avait ouvert plusieurs boutons de son corsage, qui dévoilait la naissance de ses seins.

Brad demeurait immobile. Il la regardait, et un tel chaos régnait dans son esprit qu'il ne pouvait plus raisonner lucidement, encore moins prendre une quelconque décision.

Finalement, il s'approcha du lit et se pencha sur la jeune femme endormie pour mieux la contempler. Elle avait l'air tout à fait normale, ses joues étaient roses, sa respiration régulière. Comment était-il possible qu'elle fût si malade ?

Il savait pourquoi elle s'était installée dans son bungalow. Mais il ne pouvait pas l'accepter. Il se sentait écartelé entre un désir fou, capable de briser toutes les barrières qui voudraient les empêcher de s'unir, et la peur de poser les mains sur elle, de lui faire du mal.

Ce serait bien difficile de résister à l'attraction qu'elle exerçait sur lui, cependant il y était résolu. Il ne songerait désormais qu'à la protéger.

Malgré lui, toutefois, il toucha du bout du doigt une mèche rousse et vagabonde qui barrait la joue veloutée de Diane.

Ce léger attouchement suffit à la tirer de sa torpeur. Elle ouvrit les yeux et le dévisagea en silence.

Luttant contre l'envie de la prendre dans ses bras, il s'assit sur le bord du lit.

— Je vous attendais, murmura-t-elle d'une voix assourdie par le sommeil, qui le bouleversa.

Elle se redressa contre les oreillers, s'étira et lui sourit.

— Comment va le Baron ?

— Ça va… Mais je m'inquiète pour Gwen, elle n'est pas encore arrivée.

— Je sais…

S'agenouillant sur le lit, elle tendit la main et lui frôla la joue.

— Je l'ai appelée pour lui demander de ne venir que demain.

Un long frisson le parcourut.

— Diane… je ne crois pas que ce soit une bonne idée.

Elle s'assit sur ses talons ; ses yeux étaient immenses et étrangement lumineux dans la pénombre qui s'épaississait autour du lit.

— Vous ne voulez pas que nous soyons ensemble, Brad ? Vous ne voulez pas que nous fassions l'amour ?

L'espace d'un instant, il en eut le souffle coupé.

— Mais bien sûr que je le veux ! Je vous aime. Et c'est pourquoi je suis terrifié à l'idée de… de vous blesser, de…

Elle lui prit la main et la pressa sur son sein, à l'endroit où battait son cœur.

— C'est lui, là, dans ma poitrine, qui me blesse. Toi, mon amour, tu ne peux pas me faire de mal, mais tu peux soigner ma solitude, mon désespoir.

Il y avait tant de désir et de tendresse sur son

visage qu'une digue se rompit au tréfonds de Brad. Comment refuser quoi que ce soit à cette femme qu'il adorait ?

Il l'attira contre lui, couvrant sa gorge de baisers. Elle s'accrocha à lui, l'homme qu'elle aimait, tandis qu'il la couchait sur le lit. Une pensée, claire, aiguë comme un rai de lumière, pénétra son esprit. De tous les choix qu'elle avait faits, celui-ci était le plus juste.

Elle avait presque du mal à croire que Brad était là, étendu auprès d'elle. Une flamme d'un bleu étourdissant brûlait dans ses yeux. Il prit son visage entre ses mains. Elle devina son angoisse avant même qu'il formule sa question.

— Mon amour… tu es sûre ?

— Chut… tout va bien, murmura-t-elle, comme il l'avait fait un autre soir pour elle.

Elle pouvait l'arrêter d'un mot, d'un geste, mais elle voulait lui appartenir, devenir une part de lui.

Son regard bleu caressait sa bouche, glissait lentement sur ses seins, son ventre, ses cuisses. Et partout il allumait le feu ardent de la vie.

Il l'étreignait avec précaution, pourtant ses muscles étaient bandés, tendus à se rompre. De l'acier sous une peau de velours. Il refusait encore de se laisser aller, par peur de la blesser.

Mais, ce soir, il n'y avait pas de place pour la peur. Ce soir, il n'y avait que l'amour.

Elle se pressa contre lui, glissa la main sur son torse, ses reins…

— Diane…, murmura-t-il.

Elle lui mordilla le cou.

— Je veux te toucher, Brad, te caresser partout… Et toi, tu veux me caresser ?

— Oh, mon amour…

Il y eut le bruissement des vêtements qu'on ôte d'une main impatiente, le froissement des draps frais qu'on ouvre. La lueur pâle du crépuscule dans la chambre frôla le corps magnifique de Brad, le transforma en statue de bronze lisse et luisante.

Ils n'avaient que faire de la pudeur, ils étaient bien plus loin, bien plus haut. Et Diane enfonçait ses ongles dans les boucles brunes de Brad, pour l'attirer plus près, encore plus près.

— Doucement, mon amour…, murmura-t-il. Je veux que ça ne finisse jamais, que ça dure toujours.

Elle aussi, elle voulait que ça dure toujours.

Elle ouvrit son âme à sa belle voix grave, pour absorber ses paroles, comme elle ouvrait son corps au sien, pour s'imprégner du goût de sa peau, de la chaleur de son sang.

Mais ça ne suffisait plus. Elle noua ses jambes autour de ses reins, exigeant tout et davantage encore. Elle brûlait, le plaisir, la jouissance la consumaient.

Et quand ils retombèrent ensemble sur le lit dévasté, le temps s'arrêta pour les laisser reposer. Les larmes de Diane avaient mouillé le visage de Brad. La tête posée sur le cœur de la jeune femme, il l'écoutait vivre.

Alors, rassuré, il s'endormit. Elle sourit et, dans la chambre obscure, ce sourire heureux fut comme un soleil.

La lune s'était levée, glissant ses doigts d'argent entre les rideaux pour venir effleurer l'épaule nue de Diane. Brad posa un baiser sur le haut de son bras et remonta précautionneusement la couverture sur elle.

Elle dormait, sa chevelure rousse éparse sur l'oreiller. Il joua un instant avec ces mèches soyeuses. Avait-il déjà éprouvé un pareil bonheur ?

Elle avait vaincu ses résistances, apaisé ses craintes, aussi simplement et totalement qu'elle avait compris son chagrin, dès le début. Faire l'amour avec cette femme ne ressemblait à rien qu'il eût vécu ou même imaginé. Il avait le sentiment d'être un autre homme, comme si son existence venait de commencer.

Il ne bougeait pas, heureux de la regarder dormir. Soudain, elle marmonna quelques mots incompréhensibles, tendit le bras vers lui. Il l'étreignit, aussitôt bouleversé, affolé par son ineffable douceur.

Leurs corps s'épousaient à la perfection. Même dans le sommeil, elle répondait à son désir, ses lèvres baisaient son cou, son torse, glissaient jusqu'à son ventre.

Frémissant, le souffle court, il referma sa main sur la nuque gracile. Diane eut un petit rire ravi, releva la tête. Ses yeux brillaient comme des émeraudes.

— J'ai encore envie de faire l'amour, murmura-t-elle. Et tu n'as pas intérêt à refuser.

Il la souleva, la coucha sur lui.

— Qui a dit que je voulais refuser ?

Même endormi, Brad semblait habité par un étrange instinct de protection, comme si elle était un trésor infiniment précieux qu'il devait préserver de tout et de tous, y compris de lui-même.

Cette nuit, ils n'avaient formé qu'un seul être. Peut-être Brad avait-il deviné ses désirs les plus fous, ses fantasmes, ou bien peut-être l'amour qui les unissait ne connaissait-il pas de barrières, de secrets. Elle avait appris tous les délices que ce corps d'homme promettait et, ce faisant, elle s'était découverte.

Raisonnablement, elle n'aurait sans doute pas dû abaisser toutes ses défenses avec lui ni trahir son vœu de ne pas imposer son fardeau à un homme. Pourtant, c'était advenu et elle ne regrettait rien. Elle avait vécu des moments divins. C'était plus et mieux que ce dont elle avait rêvé.

Une seule chose l'effrayait : il était clair à présent qu'elle aimait cet homme de toute son âme. Et, désormais, elle avait davantage peur pour lui que pour elle. Comment l'aider à supporter sereinement tout ça ?

Grâce aux discussions de l'association de soutien, elle savait qu'une sexualité normale ne pouvait en aucune manière provoquer une crise cardiaque. D'ailleurs, le traitement qu'elle suivait lui permettait de connaître le plaisir.

Elle soupira. Voilà la réalité qui revenait, sournoise, têtue. Lentement, Diane se redressa et abandonna le lit douillet. Dans la salle de bains, l'eau du robinet était tiède et avait un léger goût de soufre.

Grimaçant, elle avala ses médicaments puis s'approcha de la petite fenêtre aux carreaux recouverts d'une mince pellicule de givre. Une écharpe de lumière rosâtre s'étirait déjà dans le ciel.

L'aube…

Leur nuit était finie. Il y avait fort à parier que Gwen arriverait très tôt. Et qu'elle serait folle d'inquiétude. Diane eut soudain envie de se recoucher auprès de Brad, de se cacher avec lui sous les couvertures et de s'engloutir de nouveau dans le bonheur de l'aimer.

Au lieu de ça, résignée, elle ouvrit la douche à fond. L'eau frappait comme autant d'aiguilles ses épaules et ses seins gonflés. Elle se savonna rapidement, se rinça et se sécha.

Elle se sentait un peu nauséeuse. Le carrelage était frais sous ses pieds et il ne faisait pas très chaud dans la pièce, pourtant elle avait l'impression que son corps était bouillant. Elle s'appuya au lavabo et s'obligea à respirer profondément.

Ce n'était pas vraiment nouveau. Très souvent,

le matin, après une douche chaude, elle éprouvait cette sorte d'étourdissement.

D'un revers de main, elle essuya le miroir embué et contempla son visage trop pâle, encadré de mèches humides qui pendaient tristement. Elle reconnaissait parfaitement les signes de sa détérioration physique, elle les avait observés l'un après l'autre durant l'agonie de sa mère. Il fallait à tout prix les dissimuler à Brad.

Détournant le regard, elle se raidit, résolue à ne pas céder à la faiblesse qui l'envahissait, et s'enveloppa dans une grande serviette de bain.

Brad était réveillé lorsqu'elle regagna la chambre encore plongée dans la pénombre. Allongé sur le côté, il l'observa avec une extrême attention.

— La douche est à toi ! dit-elle d'un ton joyeux, comme s'ils avaient déjà une longue habitude du quotidien, comme si ses forces n'étaient pas en train de l'abandonner.

— Fantastique ! répliqua-t-il, entrant aussitôt dans son jeu, avec sa sensibilité coutumière.

Il se glissa hors des draps, souple et prompt tel un félin. Elle s'obligea à ne pas regarder son corps si beau, si athlétique, dont elle se rappelait chaque courbe, chaque ligne.

— J'en ai pour un instant…

Il l'embrassa sur le front et disparut dans la salle de bains. Bientôt, elle l'entendit chantonner sous la douche.

Elle n'avait pas beaucoup de temps. Quand il la rejoindrait, elle voulait être habillée, maîtresse d'elle-même. Ils allaient devoir parler, et ce ne serait pas facile.

Elle ramassa ses vêtements, qui gisaient sur le sol et le fauteuil près du lit. Les images de leurs caresses, de leurs baisers flambaient dans sa mémoire. Quoi qu'il advienne désormais, elle aurait au moins ces souvenirs-là.

Elle était vêtue de pied en cap et s'acharnait à discipliner quelque peu sa chevelure lorsque Brad réapparut, une serviette nouée autour de ses hanches étroites.

Franchement, c'était scandaleux d'être si beau. Quand il dénoua la serviette, elle se détourna et regarda par la fenêtre.

— Diane, il nous faut discuter de... de cette nuit.

Elle pivota avec lenteur et fut soulagée de constater qu'il avait enfilé son jean. Elle s'assit au bord du lit et il s'accroupit devant elle, posant les mains sur ses genoux.

Elle lisait tant de questions dans ses yeux bleus. Mais elle n'avait pas de réponse.

— Tu souhaites, j'espère, que nous ayons beaucoup de nuits semblables, dit-elle. Moi, en tout cas, je le souhaite.

— Oh, Seigneur, moi aussi…

Il la serra dans ses bras avec tant de force et de tendresse qu'elle se sentit absolument protégée de tout, à l'abri. Elle appuya sa joue contre son torse nu qui sentait bon le savon. Elle voulait rester là pour toujours.

— Moi aussi, murmura-t-il à son oreille, je rêve d'un million de nuits comme celle-ci. Et nous les aurons, mon amour ! Quand nous serons de retour à Chicago, tu entreras à l'hôpital. Tu passeras en tête de la liste d'attente, on te greffera un nouveau cœur, et, ensuite, l'avenir nous appartiendra.

Le choc fut si violent qu'il donna à Diane la force de le repousser. Elle le dévisagea, interloquée.

— Comment sais-tu tout ça ?

— Jason m'a expliqué.

Il lui prit les mains, les serra fortement entre les siennes.

— Il n'a trahi aucun secret — il m'a simplement fait part des problèmes qui se posent. Je lui ai demandé comment il m'était possible de t'aider.

Et il m'a répondu qu'il tenait à t'hospitaliser, car il a la conviction que c'est la meilleure solution.

— Entrer à l'hôpital ne signifie pas que je trouverai automatiquement un donneur, Brad. As-tu seulement songé que si j'avais écouté ses conseils voici quelques semaines, nous ne nous serions pas rencontrés ? Nous n'aurions pas eu notre nuit…

La compréhension s'inscrivit dans les yeux de Brad, qui prirent la couleur de la mer au crépuscule.

— Qu'essaies-tu de dire, Diane ? murmura-t-il en lui broyant les doigts. De quoi as-tu peur ?

— J'ai peur de mourir !

La vérité avait jailli de ses lèvres avant qu'elle puisse l'étouffer dans sa gorge, dans son âme. S'écartant d'un mouvement brusque, elle se redressa.

— Me croyais-tu sereine, tellement aveuglée par mon propre optimisme que je n'avais jamais affronté la sinistre réalité de ma maladie ? reprit-elle. Les gens meurent, à l'hôpital, en attendant une transplantation. Ça se produit tous les jours. C'est arrivé à Donald Reeves.

Le silence s'abattit sur la chambre. Brad attendit qu'elle finisse.

— S'il ne me reste que ces quelques mois, poursuivit-elle avec passion, je veux les vivre pleinement. Tu ne comprends donc pas ça ?

Il l'attira de nouveau contre lui, avec une infinie douceur.

— Ce que je comprends, c'est que, justement, tu ne t'autorises pas à vivre vraiment. Tu t'agites, tu fais semblant — et tu compromets ton avenir par peur !

Elle entendit le désespoir vibrer dans sa belle voix grave. Cela la déchira, entamant sa détermination plus qu'aucun autre argument ne l'avait fait jusque-là.

— Quand tu seras greffée, tu reprendras possession de ta vie, Diane ! Nous n'aurons plus seulement quelques mois à nous, mais des années et des années !

Etouffant un sanglot, elle secoua la tête.

— Brad, je…

Un coup frappé à la porte l'interrompit.

— C'est Gwen, murmura-t-elle avec gratitude.

Elle alla ouvrir et tomba dans les bras de Gwen, l'embrassant avec une fervente affection.

— Ma chérie, j'étais malade d'inquiétude ! Quand Brad m'a appelée…

Elle se tut soudain en le découvrant planté au milieu de la pièce, en jean et torse nu.

— Je dérange peut-être ? lança-t-elle avec son ironie coutumière, qui, ce matin, parut à Diane particulièrement réconfortante.

Son regard s'attarda sur le lit saccagé, sur le visage de Brad puis sur celui de Diane.

— Finalement, je vais peut-être m'offrir une autre tasse de café.

— Nous venons avec toi, rétorqua Diane, incapable de surmonter tout à fait son angoisse. Je suis affamée. Tu dois avoir faim, toi aussi, Brad.

Endossant de nouveau son armure de bonne humeur, Diane lui adressa un sourire éblouissant. Mais, cette fois, il n'entra pas dans le jeu.

Les traits figés dans une expression sévère, il enfila sa chemise et se chaussa.

— Tu n'as qu'à prendre le petit déjeuner avec Gwen, moi, je retourne à l'aérodrome. L'antenne pour le Baron arrivera bientôt et je veux superviser son installation.

Il se tenait loin d'elle, mais elle n'avait pas besoin de le toucher pour sentir la colère et la frustration qui émanaient de lui.

— Je passerai chez toi dès mon retour à Chicago, ajouta-t-il.

Là aussi, elle comprit fort bien le sens caché de ces paroles, de cette menace. Leur discussion avait peut-être été interrompue, cependant il était déterminé à ne pas en rester là.

Levant le menton, elle planta son regard dans le sien.

— Parfait... En attendant, je ferai un saut chez toi pour prévenir Pam que tu ne tarderas plus.

Pour le provoquer, elle s'approcha, prit son visage entre ses mains et l'embrassa sur la bouche.

— A bientôt...

Il se figea, interdit. Puis, brusquement, il l'enlaça et lui donna un baiser si passionné que, quand il la relâcha, elle avait les jambes en coton.

— Oui, à très bientôt..., murmura-t-il.

Sur quoi, saluant Gwen d'un hochement de tête, il quitta la chambre. Pendant quelques instants, l'atmosphère de la pièce sembla vibrer de son énergie, de sa vigueur d'homme.

— Eh bien ! marmonna Gwen en émettant un sifflement admiratif. J'ai l'impression qu'il s'est passé quelque chose d'important entre vous deux. Tu veux m'en parler ?

Diane haussa les épaules d'un air désemparé.

— Pas maintenant... Il faut d'abord que je mette un peu d'ordre dans mes idées.

Comme d'habitude, Gwen respecta sa décision sans la moindre objection. Pareille à une mère poule veillant sur sa couvée, elle s'occupa du petit déjeuner de Diane et, aussitôt que le Cessna fut prêt à décoller, l'installa confortablement dans l'avion.

Durant le vol, Diane bavarda avec Gwen, mais toutes ses pensées tournaient autour de Brad. Ses paroles la hantaient. Elle les jugeait blessantes, injustes. Dérangeantes.

Elle ne voulait pas mourir. Si la possibilité se présentait, elle se ferait opérer. Mais il lui avait paru vital de gérer sa maladie à sa manière.

Sa mère avait agi de même, subissant deux valvuloplasties et un triple pontage. Le dernier séjour de Margaret à l'hôpital avait été une tentative désespérée de réparer une fois de plus son pauvre cœur. L'opération avait échoué et Margaret était morte.

En réalité, Diane était-elle comme son père ? Comme lui, mettait-elle en parallèle son ultime tentative de survie — une transplantation — avec la dernière opération de sa mère ? S'attendait-elle aussi à ne pas sortir de l'hôpital vivante ?

En dépit de ses déclarations, de ses actes, du courage qu'elle affichait, était-elle trop terrifiée pour aller au bout de ce qui devait être fait ?

Reprendre possession de sa vie… C'étaient les

mots de Brad, et ils résonnaient sans trêve dans son esprit. Avant de le rencontrer, elle ne songeait qu'à profiter du moment présent, un jour après l'autre, et à prétendre que tout allait très bien ainsi.

Pouvait-elle abdiquer le peu de contrôle qu'elle détenait encore sur son corps ? Pouvait-elle renoncer à la liberté de s'asseoir dans le parc, sur son banc, de regarder Pam faire de la bicyclette, de s'abandonner aux caresses de Brad ? Et si son attente se révélait vaine ?

Quand le Cessna se posa à Pell, Diane n'avait encore aucune réponse. Refusant d'écouter Gwen, qui la suppliait de rentrer chez elle pour se reposer, elle prit sa voiture et se rendit chez Brad.

Un vent glacial soufflait du lac, mais Diane ne ressentait pas le froid. Elle ouvrit même le col de son manteau, car la sueur mouillait les cheveux qui bouclaient sur sa nuque.

Mme Martin, la gouvernante, l'attira vivement dans le vestibule et referma la porte.

— On gèle dehors ! Allons, donnez-moi votre manteau.

Diane le lui tendit, soulagée de se débarrasser du vêtement de gros lainage qui lui semblait peser une tonne.

— Ça va, Diane ? Vous êtes toute pâle. Que diriez-vous d'une bonne infusion ?

— Oui, merci, vous êtes gentille...

Elle suivit à pas lents la gouvernante jusqu'à la cuisine et se percha sur un tabouret devant le comptoir. Elle était à bout de forces.

Etait-elle à ce point obsédée par Brad durant ces dernières semaines qu'elle n'avait pas remarqué les signes ? Ils ne trompaient pas, pourtant.

Bien sûr, elle avait noté qu'elle se fatiguait plus vite qu'à l'ordinaire, mais elle n'avait pas de difficultés respiratoires vraiment alarmantes.

Or, à présent, elle avait trop chaud, son corps était tellement moite que ses vêtements collaient à sa peau. La nausée ne la quittait pas, c'était comme un caillou au creux de son estomac. Dans l'espoir de l'apaiser un peu, elle but quelques gorgées de la camomille que Mme Martin posa devant elle.

— Où est Pam ? Je suis venue l'embrasser avant le retour de son père.

— Elle est dans sa chambre, elle dort.

Mme Martin eut un rire qui secoua son ample poitrine.

— Ces deux derniers jours, elle participait à une retraite avec les guides. Elle ne savait même pas que son père était absent, je le lui ai annoncé ce matin. Je crois que toutes ces demoiselles n'ont pas fermé l'œil de tout le week-end ! Nous avions prévu de faire des courses aujourd'hui, mais elle n'est pas encore réveillée.

La gouvernante jeta un regard à la pendule murale, puis se retourna vers Diane.

— Dites, est-ce que cela ne vous ennuierait pas de rester ici un petit moment pendant que je cours au supermarché ? Comme ça, Pam pourra continuer à se reposer.

— Mais oui, bien sûr, allez-y.

Dès que Mme Martin fut partie, Diane s'allongea avec soulagement sur le canapé du salon. Elle se sentit aussitôt un peu mieux, cependant elle était toujours en sueur.

Certes, elle était têtue, mais pas stupide. Elle n'avait pas signalé sa fatigue grandissante à Jason et elle devait maintenant l'en informer sans tarder, dans la mesure où s'y ajoutait cette sorte de fièvre pernicieuse. Il serait sans doute obligé de modifier une nouvelle fois son traitement.

Soupirant, elle se remit debout, en proie à un léger vertige. Rien de franchement neuf, se dit-elle pour se rassurer, tout en se dirigeant vers le vestibule pour appeler Jason.

Soudain, elle entendit un cri étouffé.

Pam !

Dans sa précipitation, Diane heurta rudement le chambranle de la porte. Demain, elle aurait un joli bleu. Alors qu'elle se dirigeait vers l'escalier, sa respiration devint sifflante, haletante, comme si elle venait de courir le marathon. Elle avait l'impression que sa peau brûlait, mais, alors qu'elle s'apprêtait à monter, elle était glacée et tremblait de tous ses membres.

Entre les balustres délicatement ouvragés de la rampe de chêne, elle distingua Pam, assise sur la dernière marche, qui pleurait doucement, la figure posée sur ses genoux.

Il fallait absolument rejoindre la fillette.

Mais les marches paraissaient si hautes, et elle pouvait à peine soulever ses pieds. Pantelante, l'estomac révulsé, elle réussit néanmoins au prix d'un effort surhumain à grimper l'escalier et se laissa tomber au côté du petit corps recroquevillé de Pam.

L'enfant releva la tête. Ses yeux étaient brouillés par les larmes et le sommeil.

— Diane, c'est... toi ! dit-elle entre deux hoquets, en se blottissant contre la jeune femme.

— Que... qu'y a-t-il, Pam ? s'enquit Diane d'une

voix hachée, tout en refermant sur la petite des bras tremblants.

— J'ai… j'ai encore eu un cauchemar, bredouilla Pam, c'était Lisa qui s'en allait. J'ai… j'ai peur que tout le monde s'en aille, que tout le monde me quitte.

Diane comprit immédiatement le désarroi de la fillette. A neuf ans, elle avait connu tant d'abandons, de pertes. D'abord sa mère, puis ses grands-parents, Lisa enfin.

Une vague d'amour la submergea. Elle étreignit l'enfant de toutes ses faibles forces.

— Tout va bien, Pam. Je suis là…

Soudain, une voix retentit dans le vestibule.

— Que se passe-t-il ?

Avec une agilité surprenante pour son poids, Mme Martin grimpa les marches quatre à quatre. Pam, en reniflant, dit qu'elle avait eu un cauchemar, mais que maintenant c'était terminé.

La gouvernante, qui n'avait pas pris le temps d'ôter son parka, ne l'écoutait pas. Elle dévisageait Diane.

— Pam, ordonna-t-elle, cours chercher un gant mouillé pour Mlle Maxwell. Elle n'est pas bien…

Pam s'écarta de la jeune femme et se redressa d'un bond.

— Diane, tu es toute blanche !

— Dépêche-toi, Pam ! insista Mme Martin.

Tandis que la petite fille s'élançait vers la salle de bains, la gouvernante se pencha sur Diane et lui saisit doucement les mains.

— J'ai perdu mon Thomas il y a cinq ans d'un infarctus. Je sais reconnaître les symptômes. J'appelle une ambulance.

Diane ouvrit la bouche pour protester. A ce moment, Pam reparut avec un gant de toilette.

— Tiens… Ça va aller, hein, Diane ? Tu ne vas pas me quitter, toi aussi ?

Ses yeux avaient la couleur de la mer à la fin du jour. Les yeux de son père.

Diane avait réussi à abuser tout le monde. Elle s'était abusée elle-même. Mais elle ne pouvait pas tromper cette petite fille.

Elle regarda Mme Martin et esquissa un léger hochement de tête. Puis elle attira Pam contre elle.

— Je vais… je vais faire un petit voyage… aux urgences… Comme toi, quand tu es tombée… Mais ne t'inquiète pas, bientôt j'irai mieux. Et… sinon, on en parlera, toi et moi. D'accord ?

— D'accord…, répondit Pam d'une voix tremblée.

Puis, sans rien ajouter, elle referma ses bras frêles autour de Diane. Celle-ci posa sa joue sur les boucles brunes et soyeuses de la fillette, et commença à attendre…

12

Ce fut le Dr Arnold, et non Jason Daniels, qui tira le rideau blanc isolant le box où l'on avait installé Diane dans le service des urgences.

— Bonjour, Diane. Alors, quel est le problème ?

Elle lui adressa un faible sourire.

— A vous de me le dire. Faut-il changer le traitement, à votre avis ?

— Nous allons voir...

Il jeta un coup d'œil aux données inscrites sur le tableau accroché au pied du lit.

— Le Dr Daniels en a quasiment terminé avec le triple pontage qu'il effectuait cet après-midi. Il sera là dans un moment. En attendant, je pense que nous allons faire une petite radio.

Elle était passée par là suffisamment souvent pour se couler sans difficulté dans le moule de l'hôpital, plaisantant amicalement avec les infirmières et les autres membres du personnel. Dans la mesure où elle était étendue, elle avait moins de mal à respirer et se sentait moins brûlante, moins fiévreuse.

Elle savait que, jusqu'au retour de Brad, Pam était en de bonnes mains avec Mme Martin. Elle avait aussi prié l'infirmière de prévenir Gwen et M. Maxwell. Maintenant, elle n'avait plus qu'une chose à faire : attendre.

Une heure plus tard, Jason, toujours revêtu de sa blouse de chirurgien, pénétra dans le box, suivi de trois assistants.

— Je te transfère immédiatement dans l'aile Est.

— Bonjour, Jason…

L'humour était sa seule défense contre la coulée de glace qui se répandait soudain dans ses veines. C'était dans l'aile Est que sa mère était morte. Refusant de se laisser envahir par ces pensées négatives, elle regarda Jason droit dans les yeux.

— Je suppose que modifier le traitement ne sera pas suffisant, cette fois, reprit-elle.

— Nous verrons. Aujourd'hui, tu passeras un électrocardiogramme, demain un angiogramme. Tu connais la routine, Diane.

Si Gwen avait été là, elle lui aurait reproché sa

rudesse. Diane se borna à esquisser un sourire triste.

— Repose-toi…, poursuivit-il, s'adoucissant quelque peu et lui posant la main sur l'épaule dans un geste rassurant. A tout à l'heure.

Le déménagement jusqu'à l'aile Est fut effectué avec une efficacité et une rapidité exemplaires. Une fois installée dans sa chambre, Diane s'abandonna totalement aux mains expertes des infirmières.

L'une d'elles lui enroula autour du bras le manchon du tensiomètre électronique qui se mettrait en marche toutes les cinq minutes. Une autre lui plaça des électrodes sur la poitrine, reliées à un moniteur qui enregistrait son rythme cardiaque, que les infirmières pouvaient contrôler sur un écran, dans leur bureau situé à l'étage.

Jason avait raison. Elle connaissait la routine. Maintenant, elle devait simplement admettre qu'il était finalement arrivé, cet instant tant redouté, qu'elle s'était acharnée à repousser — l'instant où elle perdrait tout contrôle sur sa propre vie.

Pourtant, étrangement, il y avait bien longtemps qu'elle ne s'était pas sentie aussi maîtresse d'elle-même.

Malgré les allées et venues du personnel qui entrait dans la chambre toutes les cinq minutes pour l'examiner ou la soumettre à quelque nouveau test, elle céda à l'insidieuse fatigue qui la tenaillait depuis tant de jours et sombra dans un sommeil mouvementé.

Ses rêves étaient assurément bien plus agréables que les moments de veille. Elle revivait sa nuit d'amour avec Brad quand, tout à coup, une infirmière la réveilla pour une prise de sang. Quand elle referma les yeux, elle retrouva son rêve au moment précis où elle l'avait laissé, comme s'il était là à l'attendre, tapi dans un coin de son esprit.

Ensuite, ce fut le grincement de la porte qui la réveilla. Comme dans une sorte de brouillard, elle vit l'expression horrifiée qui ravinait les traits de son père. Son pauvre père… Une fois de plus, il devait subir ce cauchemar.

Elle s'arracha un sourire.

— Ce n'est pas aussi grave que ça en a l'air, dit-elle d'un ton léger.

— Mon Dieu, je t'avais pourtant recommandé de ne pas monter dans cet avion !

Fulminant, il s'assit au bord du lit et agrippa la main de sa fille comme si, en la tenant ainsi, il pouvait la préserver de la souffrance et de la maladie.

— Regarde où cette folie t'a menée !

Elle avait tant réfléchi ce matin, sondé si profondément son âme, qu'elle comprenait mieux à présent la colère de son père et l'acceptait plus aisément.

— Papa, cette crise couvait depuis des semaines. Même si j'étais restée chez moi ces deux derniers jours, ça n'aurait rien changé.

Ces deux derniers jours, cependant, avaient ébranlé les fondations de son existence et tout bouleversé ; si bien que, maintenant, elle était capable de tolérer la peur de son père, au lieu de la fuir.

— Diane, je peux t'emmener d'ici et...

Elle lui serra plus fortement la main.

— Non, papa.

Il était terrifié — elle le lisait dans ses yeux. Huit ans s'étaient écoulés depuis la mort de son épouse, pourtant ce drame l'obsédait encore tellement qu'il ne parvenait pas à le dissocier de ce qui arrivait aujourd'hui à Diane.

— Je ne supporte pas d'être à ce point impuissant ! murmura-t-il, et l'émotion creusait sur son visage de nouvelles rides qui accusaient chacune de ses soixante années. Seigneur, je ne veux pas te perdre toi aussi !

— Alors, sois avec moi, papa. Ensemble, nous essaierons de surmonter notre peur.

Elle ne savait pas que lui dire d'autre. Mais elle savait qu'elle avait désespérément besoin de lui, de son soutien, pour trouver la force d'affronter ce qui l'attendait.

Au bout d'un long moment, il fixa sur elle un regard égaré, presque opaque.

— Que vas-tu faire, Diane ?

— Tout ce qu'il faudra pour survivre.

Ce fut comme s'ils étaient soudain propulsés hors du temps, dans une sorte de communion mentale où la terreur du père se mêlait à la volonté toute neuve de la fille, tissant ainsi les premiers fils d'un fragile lien. En cet instant de vérité, leurs différends s'effaçaient, balayés par la solide tendresse qui les unissait.

— Papa, j'ai besoin que tu sois là et que tu sois fort, murmura-t-elle encore.

Baissant la tête, il posa son front sur leurs mains jointes. Diane sentit les larmes de son père sur sa peau. Oubliant tous les malentendus qui les avaient séparés, elle caressa longuement ses cheveux grisonnants.

Ils étaient toujours dans la même posture lorsque la porte s'ouvrit.

— Je suis venue dès que j'ai appris la nouvelle, dit Gwen, qui portait un énorme bouquet de ballons rouges.

M. Maxwell se leva et alla se camper devant la fenêtre. Gwen prit sa place sur le lit.

— Chérie, que dit Jason ?

— Le Dr Daniels me fait subir toute la panoplie des tests et analyses divers, et ce avec son amabilité coutumière.

Elle fronça les sourcils d'un air mauvais, tentant d'imiter l'expression de Jason.

Le rire de Gwen fut comme un vent frais dans cette chambre à l'atmosphère trop lourde.

— Ah, ma pauvre chérie, quand on est le meilleur, il n'est pas nécessaire d'avoir du charme. Quoique cet homme-là puisse en avoir quand il le faut… Je t'ai apporté la seule chose qu'on ne t'empêcherait pas de garder dans cette pièce. Je te procurerai quelques aiguilles, comme ça, si Jason devient trop odieux, tu n'auras qu'à lui faire exploser les ballons à la figure.

Elle attacha les longues ficelles qui retenaient les ballons au bras d'un fauteuil près de la fenêtre.

— Et maintenant, que va-t-il se passer ? s'enquit-elle d'une voix plus sourde.

Diane considéra le visage ravagé de son père. Il

s'arracha avec peine une ombre de sourire, mais c'était un début et, pour l'instant, la jeune femme s'en contentait.

— Eh bien, je vais faire ce qu'il faut pour me rétablir. Si cela implique que je doive rester ici pour attendre une transplantation, je resterai.

Gwen battit des cils ; elle avait les yeux humides.

— Je suis fière de toi, ma grande. Je pense que c'est la meilleure solution. Brad sait-il ce qui est arrivé ?

Brad... Le seul fait de songer à lui ranima le courage de Diane. Quoi qu'il advienne, elle était sûre qu'il la soutiendrait, que son amour la sauverait.

Il y avait encore entre eux bien des questions, mais, si la chance leur souriait, ils auraient le temps d'y répondre.

Pourquoi diable Diane ne répondait-elle pas ? Brad consulta sa montre pour la énième fois. Elle aurait dû être rentrée chez elle depuis des heures.

Lui était toujours bloqué dans le Wisconsin ; l'avion qui apportait les pièces de rechange avait eu des ennuis de moteur et avait été forcé de faire demi-tour. Il ignorait quand on lui en enverrait un autre.

L'estomac noué par l'angoisse, il composa son propre numéro et marmonna un juron entre ses dents. Ça sonnait occupé. Bouillant d'impatience, il recommença, encore et encore. Finalement, la gouvernante décrocha.

Il perçut dans la voix de Mme Martin, une femme d'ordinaire impavide, une note d'affolement qui le glaça.

— Pam va bien ? demanda-t-il d'un ton rude.

— Oui, mais cette charmante Diane Maxwell était là tout à l'heure. Je crois qu'elle a une attaque. Elle…

Les mots suivants furent perdus pour Brad ; la terreur explosait sous son crâne, le sang battait follement à ses oreilles. L'espace d'une seconde, il sentit la peau satinée de Diane sous ses doigts, la saveur sucrée de ses lèvres… Tremblant, il ferma les yeux. Il avait eu peur pour elle à juste titre.

Tant bien que mal, il réussit à calmer Mme Martin et à lui faire raconter toute l'histoire de façon à peu près cohérente. Tandis qu'il composait le numéro de l'hôpital, un avion apparut dans le ciel et commença sa descente vers la piste.

La standardiste de l'hôpital l'informa poliment

que Diane Maxwell subissait des examens et n'était pas en mesure de recevoir des appels téléphoniques. Lorsqu'il demanda à parler au Dr Jason Daniels, on lui répondit que le chirurgien était en salle d'opération. Il tenta ensuite de joindre Air Survie, mais il ne put obtenir Gwen.

Il était complètement paniqué. Pas moyen de savoir ce qui se passait. Bon sang, il devait rejoindre Diane !

Il refusa de laisser le mécanicien installer la nouvelle antenne. Chaque fraction de seconde était essentielle désormais, et il ne se fiait qu'à lui pour effectuer la réparation vite et bien.

En un temps record, il décollait et faisait route à pleine vitesse vers l'aérodrome de Pell. Il n'avait jamais été un casse-cou, même lorsqu'il pilotait des jets de l'armée — dont les pilotes avaient pourtant la réputation d'être des têtes brûlées —, mais, aujourd'hui, il se félicitait d'avoir appris quelques trucs bien utiles.

Quand il arriva en vue de la piste, il déclara à la tour de contrôle qu'il avait une urgence et reçut le feu vert pour un atterrissage prioritaire.

Dès qu'il eut posé le Baron, il laissa son avion aux bons soins des mécaniciens, sauta dans sa voiture et, le pied au plancher, prit la direction de l'hôpital.

Il avait l'impression que son être se déchiquetait et partait en lambeaux, lentement mais inexorablement. Il fallait qu'il retrouve Diane — les dernières paroles qu'ils avaient échangées étaient dures, pleines de reproches. Il devait lui faire comprendre que sa colère était née de la peur et de l'amour.

Que, après une nuit qui lui avait rendu le sentiment d'être pleinement vivant, il ne pouvait pas concevoir l'idée de la perdre.

Mais il y avait plus encore. Il était un autre homme, même s'il n'avait pas de mots pour l'expliquer. Il voulait lui dire merci. Il voulait l'aimer.

Son désespoir était tel que, pendant un instant, les bruits et les odeurs de l'hôpital le laissèrent indifférent. Néanmoins, lorsqu'on lui communiqua le numéro de la chambre de Diane et qu'on l'autorisa à lui rendre visite, toutes ses anciennes terreurs s'emparèrent de lui. Une avalanche de souvenirs déchirants le submergea soudain.

Les portes de l'ascenseur se refermèrent derrière lui, et il donna un coup de poing contre la paroi de la cabine, luttant pour dominer son émotion. Dans ces lieux où la vie et la mort se livraient un combat permanent, il n'était qu'un parmi tant d'autres. Sa peur n'était rien, comparée à celle que Diane devait endurer.

Lorsqu'il atteignit la chambre, il avait réussi à puiser en lui les ressources nécessaires pour présenter à Diane un visage confiant.

Devant lui, dans le couloir, il vit Gwen qui faisait nerveusement les cent pas devant une porte close. Sans doute devina-t-elle les sentiments qu'il éprouvait, car elle se précipita vers lui et l'entoura de ses bras.

— Du calme, Brad. Jusqu'ici tout va bien. Diane est en bas, elle subit d'autres examens.

— Que s'est-il passé ?

Soudain, une voix posée, très sèche, s'éleva derrière lui.

— Je ne pourrai pas vous le dire avant d'avoir tous les résultats des analyses.

Brad se retourna d'un bond, prêt à bombarder le Dr Daniels de questions, mais il en fut empêché car le chirurgien poursuivit :

— Il est probable qu'il s'agit d'une aggravation notable de son état. Je serai sans doute obligé de modifier le traitement. Ça ne la guérira pas, mais ça nous laissera un peu plus de temps pour lui trouver un autre cœur.

Brad était interloqué. Comment Jason pouvait-il être aussi froid, aussi détaché ? C'était de Diane qu'il parlait ! Il se raidit pour maîtriser les tremblements qui agitaient ses genoux.

Il y avait une chose qu'il voulait absolument savoir.

— Est-il possible que cette attaque ait été déclenchée par... par une activité qu'elle aurait eue et qui...

Jason darda sur lui un étrange regard.

Brad cherchait ses mots, bafouillant lamentablement :

— C'est-à-dire... une activité inhabituelle, comme... voyager dans mon avion ou...

Il n'eut pas le courage de continuer, paralysé par la lueur de compréhension qui s'allumait dans les yeux de Jason. Celui-ci se tourna vers Gwen. Ce qu'il lut sur son visage confirma vraisemblablement ses soupçons car, lorsqu'il regarda de nouveau Brad, ses sourcils noirs cachaient presque ses prunelles.

— Les patients souffrant de cardiomyopathie peuvent faire tout ce qu'ils se sentent capables de faire, Brad. Très souvent, ils ne se rendent même pas compte que leur état empire. Il faut une fatigue inhabituelle ou des difficultés respiratoires sévères pour les pousser à consulter.

Brad se rappela comment, après l'amour, Diane avait sombré dans un profond sommeil. Il avait posé la joue sur son sein pour se rassurer en écoutant battre son cœur. Il avait cru que ces battements étaient normaux, mais ce n'était pas vrai et ça ne le serait jamais.

— Et maintenant ? s'enquit-il d'une voix enrouée.

— J'attendais ça depuis un moment... Personnellement, je considère que Diane s'illusionne depuis au moins trois semaines en essayant de masquer son épuisement, de retarder son entrée à l'hôpital. Quoi qu'il en soit, vous ne devez pas vous sentir responsable de ce qui est arrivé. En aucune manière...

— Allez parler à Diane, intervint Gwen. Je suis certaine que tout ira bien à présent.

Tout irait bien... Comment était-ce possible alors que Diane gisait immobile sous le drap blanc ? Sa pâleur, sa fragilité emplirent Brad d'une indicible terreur. Il s'assit sans bruit dans le fauteuil près du lit, se tordant les mains pour les empêcher de trembler.

Jason lui avait expliqué qu'elle serait lasse après les examens, mais il ne s'attendait pas à la voir ainsi, reliée à ces moniteurs et ces transfuseurs.

Cela le ramena aux jours cauchemardesques qu'il avait passés au chevet de sa sœur. Non, c'est différent, lui souffla une voix impérieuse. Diane ne va pas mourir.

Il se répéta ces mots inlassablement, le regard rivé au visage de Diane. Il était plus sage, plus humble que naguère, un an auparavant. Il savait qu'il ne pouvait pas décréter la guérison de la jeune femme. Il pouvait seulement joindre ses forces aux siennes et prier.

Le soir, une paix dont il ne se souvenait pas descendit sur l'hôpital. Lorsqu'il veillait sa sœur, il détestait la nuit. Avec Diane, dans la chambre sombre, il lui semblait être dans leur monde à eux, comme lorsqu'ils avaient fait l'amour.

Une étrange sérénité grandissait en lui, tandis qu'il attendait. Seule la petite lumière verte du moniteur lui rappelait pourquoi il était là.

Finalement, les cils de Diane battirent. Avant même qu'elle ouvre les yeux, il se pencha pour lui poser un baiser sur la bouche.

— Hello, mon amour… C'est moi.

Elle garda les yeux clos, trop lasse pour soulever ses paupières, qui lui paraissaient de plomb, mais un petit sourire retroussa ses lèvres.

— Je rêvais de toi…

Sa voix était si faible qu'il dut s'approcher pour l'entendre. Une joie indicible jaillit du plus profond de lui.

— J'espère que c'était un joli rêve, murmura-t-il avec un rire ravi.

Elle chercha sa main et entrelaça ses doigts aux siens avec une vigueur qui le surprit et lui donna de l'espoir.

— Merveilleux…, dit-elle avec un soupir en passant le bout de sa langue sur ses lèvres sèches. Je te le raconterai demain. Nous allons rester ici un moment… jusqu'à ce que je sois rétablie.

Il la regarda glisser de nouveau dans le sommeil, sans même chercher à résister ; il la regarda respirer, contemplant le drap blanc qui se soulevait et s'abaissait régulièrement. Ses quelques instants de lucidité avaient suffi à le rassurer, ses paroles avaient quelque peu apaisé la peur qui le tenaillait depuis qu'on lui avait appris qu'elle était hospitalisée.

Ils étaient ensemble. Ils le seraient encore demain,

et tous les autres jours, pendant tout le temps nécessaire pour que Diane — et lui — aient une seconde chance.

Jason examina une nouvelle fois les résultats de l'angiogramme. C'était bien ce qu'il redoutait. L'état de ses artères s'était dégradé pour atteindre un seuil critique. Désormais, le temps pressait.

On frappa à sa porte, qui s'ouvrit aussitôt. Gwen ne s'embarrassait jamais de cérémonies. Jason s'empressa de plaquer sur ses traits son masque de froideur professionnelle. S'il ne faisait pas très attention, elle ne manquerait pas de deviner la vérité.

— Ne t'avise pas de te conduire comme ça avec moi, Jason Daniels ! lança-t-elle d'une voix sifflante. Tu peux jouer ce jeu-là avec George et même avec Brad. Mais pas avec moi ! Pas après tout ce que nous avons vécu ensemble.

Il se redressa, fâché contre lui. A l'évidence, il n'avait pas été assez rapide et lui avait laissé percevoir son désarroi. Mais il s'efforcerait d'adoucir le choc dans toute la mesure du possible.

La meilleure manière de contrer Gwen quand

elle était de cette humeur-là, c'était de la désarçonner — s'il y parvenait.

— Ne me fais pas ça ! répéta-t-elle, tremblante. Ne me traite pas comme les autres !

— Cela me serait impossible, Gwen.

Il s'approcha et se campa devant elle, résistant au besoin de la toucher.

— Tu l'as dit toi-même, nous avons vécu beaucoup trop de choses ensemble. Et ce n'est pas fini, je le crains. L'angiogramme de Diane montre une détérioration encore plus grave que je le supposais.

— Mais elle va rester à l'hôpital maintenant, rétorqua Gwen avec fougue.

A l'entendre, on aurait cru que cela résolvait tous les problèmes. Malheureusement, il n'en était rien.

— C'est certainement un atout, répondit-il avec le plus de douceur possible.

— Tu ne m'abuses pas, alors n'essaie pas d'être gentil, protesta-t-elle, ravalant ses larmes. Quelles sont ses chances ?

Elle secoua la tête.

— Non, ne me réponds pas, reprit-elle immédiatement. Puis-je au moins t'accompagner pour lui annoncer la nouvelle ?

Gwen était dans une telle détresse que, quand ils se dirigèrent vers l'aile Est, elle se laissa prendre par le bras.

Soudain, Jason la sentit se raidir. Diane venait lentement à leur rencontre dans le couloir, soutenue par son père. Elle envoya un baiser à Gwen du bout des doigts et adressa à Jason un grand sourire.

— Bonjour, vous deux. L'infirmière m'a conseillé de marcher un peu.

Elle montra le petit moniteur cardiaque portatif, fixé à sa robe de chambre.

— Bien sûr, avec cet engin-là, je ne peux pas dépasser le bout du couloir, mais c'est déjà ça. Et papa me sert de béquille.

M. Maxwell regarda Jason avec une sorte de résignation. Il n'avait pas encore vraiment confiance, mais c'était un pas dans la bonne direction.

— Brad est-il là ? s'enquit le chirurgien. J'aimerais vous parler à tous.

Ce serait pénible, et Diane aurait besoin de tout le soutien possible. Pourtant, malgré son état, elle était littéralement rayonnante.

— Il était là cette nuit. Ce matin, l'infirmière l'a renvoyé chez lui pour qu'il se repose un peu. Il m'a téléphoné après le déjeuner. Il ne tardera plus à présent.

Par-dessus l'épaule de Diane, le chirurgien vit soudain une infirmière qui courait vers eux, tenant le relevé sur papier rose du moniteur cardiaque. Elle le lui fourra dans les mains, puis poussa doucement Diane vers sa chambre.

— Mademoiselle Maxwell, il faut retourner vous coucher.

Diane demeura calme, tandis que Gwen et M. Maxwell blêmissaient.

— Ne vous inquiétez pas, dit Jason. Allez dans la chambre, je vous rejoins.

Dans le bureau des infirmières, Jason étudia avec soin le relevé, qui ne servit, hélas, qu'à confirmer le résultat des examens. Lorsqu'il regagna la chambre de sa malade, Brad était assis à côté du lit et serrait les mains de Diane dans les siennes. M. Maxwell, effondré dans un fauteuil, semblait anéanti.

Jason avait la ferme intention de sauver Diane, et il comptait bien leur en donner l'assurance. Ils avaient tous grand besoin d'espoir.

Sans même la voir, il devina que Gwen se tenait près de la porte. Il sentait son regard fixé sur lui.

— Je suis content que vous soyez tous là, dit-il en s'immobilisant au pied du lit. Diane, tu fais de la tachycardie, ce qui explique que ton cœur bat de façon irrégulière. Je vais te mettre sous amnioterone. C'est le médicament idéal pour ce problème. Ça ne le résoudra pas, mais ça nous donnera du temps. Un pour cent des patients y sont allergiques, néanmoins, nous n'avons pas le choix. Je démarre le traitement immédiatement.

Le silence qui suivit cette déclaration était si profond, si lourd, que Jason eut du mal à ne pas se laisser démonter. Il se sentait toujours très proche des malades candidats à une transplantation et de leurs familles. C'était tout particulièrement le cas avec Diane. Durant la maladie de sa mère, elle était encore une adolescente, courageuse et aimante. Et le sang de Gwen coulait dans ses veines.

Diane balaya la pièce du regard et esquissa un sourire. Jason en eut la gorge nouée. Margaret Maxwell avait eu ce sourire-là en acceptant de subir l'ultime opération susceptible de la sauver. Jason avait échoué, cependant il était sûr d'avoir fait tout ce qui était médicalement et humainement possible.

Néanmoins, il avait parfaitement compris la peur de George Maxwell après que la maladie de Diane s'était déclarée. Les insuffisances cardiaques héréditaires étaient malheureusement assez banales.

Il s'était efforcé de préparer George et Gwen à cette éventualité, mais nul ne pouvait accepter qu'une belle jeune femme débordante de vitalité fût frappée par un aussi cruel destin.

— Jason, je savais déjà ce que j'aurais à affronter. Je suis prête à présent à faire tout ce qu'il faudra, à rester ici et à suivre tous les traitements nécessaires.

Inclinant la tête sur le côté, Diane adressa à Brad un sourire d'une ineffable douceur.

— Tous ceux qui me sont chers sont ici, auprès de moi. Sauf Pam. J'espère que tu pourras me l'amener, Brad.

— Tu ne parviendras pas à la tenir à distance. Nous sommes tous ensemble avec toi.

Le regard qu'ils échangèrent était si intime que Jason se détourna. Ce moment leur appartenait.

C'est alors qu'il croisa les yeux interrogateurs de Gwen fixés sur lui. Oui, songea-t-il, ils étaient tous ensemble. Et, quand ce serait terminé, il espérait bien qu'ils seraient tous heureux.

Quelques jours plus tard, Pam rendit visite à Diane. Celle-ci redoutait un peu sa venue. Les souvenirs de sa tante Lisa, de l'hôpital et de tout ce que cela représentait devaient être bien pénibles pour une enfant aussi jeune. Brad lui-même en était encore affecté, même s'il combattait énergiquement ce traumatisme pour demeurer à son côté.

Elle demanda qu'on la laissât seule quelques minutes avec la fillette. Pam n'avait pas connu la torture morale qu'avait endurée son père, cependant il y avait de la peur dans ses yeux bleus et une multitude de questions.

Brad s'inclina et quitta la chambre. D'un geste, Diane encouragea Pam à se percher sur le bord du lit.

— Est-ce que ton papa t'a expliqué pourquoi je suis à l'hôpital ? s'enquit-elle en prenant la main potelée de l'enfant.

— Oui, il m'a dit qu'on allait t'opérer du cœur.

— C'est vrai, mon cœur est très malade. A tel point qu'il est impossible de le soigner. Alors, je dois avoir un nouveau cœur — on appelle ça une transplantation. Je risque de rester ici très longtemps. Mais je ne veux pas que tu aies peur. Ça ne signifie pas que je te quitte, Pam.

Le front de la fillette se plissa.

— Il faut que tu aies le cœur de quelqu'un d'autre, alors ? Mais qui va t'en donner un ?

Que pouvait-on dire à une enfant de neuf ans ? Se remémorant les paroles du révérend Charles Black, elle ouvrit les bras et Pam vint aussitôt s'y nicher.

— Ma chérie, la vie est un cadeau merveilleux. Quelquefois, quand une personne tombe très malade, qu'elle a un accident et qu'elle meurt, la famille décide de donner ses organes pour que d'autres gens aient la possibilité de continuer à vivre.

— On offre le cœur, par exemple ?

— Oui, le cœur ou les reins, ou encore le foie, tout ce qui est susceptible de sauver une vie. Il faut que ces familles aient beaucoup de courage et de compassion pour accomplir un tel geste.

— Tu crois que quelqu'un fera ça pour toi ?

— Je l'espère, répondit Diane, soutenant le regard solennel de la fillette. Et si cela se produit, je remercierai ce quelqu'un chaque jour, jusqu'à la fin de mon existence.

— Moi aussi…, murmura Pam en l'étreignant de toutes ses forces de petite fille.

Ne voulant pas que Pam la voie pleurer, Diane lui demanda de rejoindre son père dans le couloir.

Un quart d'heure après, Brad pénétra dans la chambre. Sans prononcer un mot, il s'étendit auprès d'elle sur le lit et l'entoura précautionneusement de ses bras.

— Mme Martin a raccompagné Pam à la maison.

Il lui caressa les cheveux.

— Pam m'a parlé de votre conversation.

Elle entendit le chagrin dans sa voix grave, le sentit vibrer dans tout son corps. Ce serait peut-être la dernière chose qu'elle accomplirait, mais elle le délivrerait de cette peine si lourde.

Un peu plus tard, Gwen et M. Maxwell arrivèrent. Avec un soupir, Brad se redressa et s'assit dans le fauteuil à côté du lit, sans lâcher la main de Diane.

— Alors, ma chérie, comment te sens-tu aujourd'hui ? lança Gwen.

Comme toujours, on pouvait compter sur elle pour alléger l'atmosphère. Car, même si M. Maxwell commençait à accepter la présence de Brad dans la vie de sa fille, il lui avait jeté en entrant un regard sombre.

— Bien… Jusqu'ici, le nouveau traitement me réussit.

— Tu es autorisée à recevoir plus de deux visiteurs à la fois ? s'enquit M. Maxwell d'un ton revêche.

— Oui, papa, j'ai le droit de voir ma famille quand je le désire. Et je suis contente que vous soyez tous là.

Désarçonné, M. Maxwell se laissa tomber dans un fauteuil devant l'écran du moniteur. Gwen adressa un clin d'œil à Diane, puis lui donna les dernières nouvelles d'Air Survie. Au bout de quelques minutes, Brad et elle discutaient de sponsors éventuels, et M. Maxwell lui-même se livrait à quelques commentaires, d'ailleurs pertinents.

Ce serait ainsi que s'écouleraient ses journées tant qu'elle attendrait un éventuel donneur. Ce ne serait pas si terrible, au fond.

Oui, tout irait bien, songea-t-elle en serrant la main de Brad. Elle devait juste être patiente.

Sauf que… elle ne se sentait pas bien, tout à coup. Elle avait l'habitude de cette sensation d'étourdissement. Cela lui était déjà arrivé, mais cette fois… ce n'était pas pareil.

Ne voulant pas inquiéter les autres, elle ne dit rien, mais dégagea quand même sa main de celle de Brad, au cas où il lui faudrait appeler l'infirmière.

Et, soudain, ce fut trop tard pour appeler qui que ce soit. Elle allait s'évanouir. Il lui fallait peut-être mettre sa tête sur ses genoux. En principe, ça arrêtait le malaise.

Elle chercha à se pencher en avant, mais elle partait à la renverse. La pièce rapetissait, s'obscurcissait. Elle capta pourtant le regard horrifié de son père.

La petite lumière sur l'écran du moniteur était de plus en plus faible, bientôt ce ne fut plus qu'un point.

Et puis, plus rien…

13

Le chariot rouge fit irruption dans la pièce au moment où Brad se penchait vers Diane. Subitement, elle fut entourée d'infirmières et de médecins. Tout se déroulait si vite qu'il se retrouva coincé entre le lit et le mur, craignant de bouger et de gêner les praticiens, refusant d'abandonner Diane, terrifié par ce qui se passait sous ses yeux.

Gwen et George Maxwell furent poussés dans le couloir sans ménagement. Brad était hébété. Un instant plus tôt, tout allait bien. Et voilà qu'à présent il était au milieu d'une nuée de blouses blanches, impuissant.

L'appel incessant de l'intercom résonnait lugubrement dans sa tête : « On demande le Dr Hart, chambre 224. On demande le Dr Hart, chambre 224… »

Il revivait son cauchemar, mais, cette fois, c'était Diane qui se mourait. La terreur irradiait dans tous ses muscles, ses nerfs. Il essaya de prononcer le nom de la femme qu'il aimait, mais il avait la bouche plus sèche que de l'étoupe.

— Diane !

Un médecin qu'il n'avait jamais vu auparavant avait crié tout en appuyant de toutes ses forces sur la poitrine de Diane.

— Diane !

L'homme semblait vouloir lui écraser la cage thoracique.

— Non ! s'écria Brad en s'avançant malgré lui.

Le médecin lui jeta un regard par-dessus son épaule.

— Sortez-le d'ici !

Quelqu'un l'agrippa par le bras, l'éloigna du corps prostré de Diane, pâle et nacré comme de l'ivoire. Ses cheveux déployés sur l'oreiller immaculé ressemblaient à des flammes rousses. Brad tenta de se dégager, de revenir auprès d'elle. Il fallait qu'il fasse quelque chose !

— Ecartez-vous ! vociféra quelqu'un.

Avant qu'on le pousse rudement dans le couloir, il eut le temps de voir les fils du défibrillateur qu'on plaçait sur la poitrine de Diane.

Un cri s'éleva. C'était Diane qui criait. Brad s'appuya contre le mur, épouvanté.

Gwen, les joues ruisselantes de larmes, le regarda avec effroi. Il ne put esquisser un geste vers elle. Ce fut l'expression de défaite inscrite sur le visage ravagé de M. Maxwell qui le ramena brusquement à la réalité.

Il lui posa la main sur l'épaule.

— George, elle vit !

D'instinct, il savait qu'il disait la vérité. La porte de la chambre se rouvrit et une infirmière apparut.

— Son état est stabilisé, le pire est passé.

Gwen enfouit sa figure dans ses mains, secouée par des sanglots de soulagement. M. Maxwell pressa la main de Brad. II tremblait violemment.

Brad respira à fond. Les griffes acérées de la terreur relâchaient peu à peu leur emprise. Elle vivait… C'était là l'essentiel, tout le reste semblait dérisoire.

Les membres de l'équipe d'intervention quittaient un à un la chambre. On emporta le chariot rouge. Impulsivement, Brad s'avança comme pour le retenir, mais George Maxwell le précéda et empoigna l'infirmière par la manche.

— Pourquoi partez-vous ? On aura peut-être encore besoin de ces appareils !

— La crise est passée, monsieur. Voyez par vous-même.

Elle ouvrit la porte, et ils aperçurent Diane, un masque à oxygène sur la bouche. Une infirmière était à son chevet. L'écran du moniteur affichait de nouveau un tracé normal.

— Pour l'instant, vous ne pouvez pas entrer dans la chambre. Je vous préviendrai lorsqu'elle sera de nouveau en état d'avoir des visites.

Sur quoi, elle referma la porte, les laissant tous trois désemparés, en proie à un pénible sentiment de vide.

— George, allons-nous-en, dit doucement Gwen en prenant le bras de M. Maxwell.

Il la regarda d'un air égaré, les yeux rougis, les lèvres tremblantes.

— C'est comme pour Margaret, Gwen…, gémit-il. Ce sera comme pour Margaret.

Il se laissa entraîner, les épaules voûtées, les jambes flageolantes. En quelques minutes, il avait vieilli de dix ans.

Brad ne se résignait pas à partir, à s'éloigner de cette chambre. Il appuya ses paumes contre le mur, songeant que Diane était de l'autre côté, qu'elle luttait pour survivre. Il ne pouvait rien faire pour elle, sinon tenter de lui transmettre son amour, sa force, sa foi. Le ressentait-elle ? Ressentait-elle toute cette tendresse qui cherchait à l'atteindre ?

Il avait besoin d'agir, ou au moins de comprendre ce qui s'était passé. Au bout d'un moment, lorsqu'il commença à se persuader qu'elle était tirée d'affaire, il se mit en quête de Jason.

Il le trouva, encore revêtu de sa blouse et de son bonnet de chirurgien, dans la salle jouxtant le bloc opératoire. Il parlait à une femme au visage creusé par l'angoisse. Brad se demanda si le même désespoir apparaissait dans ses yeux.

Jason paraissait extrêmement nerveux. Tandis qu'il saluait la femme et s'éloignait à grands pas, il remarqua Brad et lui adressa un signe de la tête, sans toutefois ralentir son allure. Brad le suivit.

Finalement, Jason daigna se tourner vers lui.

— Je suis au courant pour Diane. J'achevais une opération délicate quand ça s'est produit. L'équipe m'a tenu informé minute par minute. Comme vous le savez, son état est à présent stabilisé. Je monte la voir.

— Que s'est-il passé ? Elle allait bien et l'instant d'après…

Il s'interrompit, comme si les mots refusaient de franchir ses lèvres.

— … elle était mourante.

Jason ouvrit une porte et poussa Brad à l'intérieur d'une petite pièce où un autre médecin se reposait. Celui-ci leur jeta un regard et sortit.

— Asseyez-vous, Brad. Il faut que je vous explique certaines choses.

L'estomac noué, Brad se laissa tomber sur le canapé de cuir vert sombre.

— Je vais être franc avec vous, pour le bien de Diane. A mon avis, cet arrêt cardiaque a été provoqué par le traitement. Rappelez-vous, j'ai évoqué une possible réaction allergique. Malheureusement, il semble que Diane ne supporte pas ce médicament.

Un médicament qui devait pourtant leur donner un peu de répit. La terreur transperça Brad comme une lame de glace.

— Mais… si elle ne le supporte pas, que va-t-il se passer ? Combien de temps nous reste-t-il au juste ?

— Voilà comment les choses fonctionnent…

Jason se pencha, plantant son regard dans celui de Brad.

— J'ai deux autres patients qui attendent une transplantation. Ils ne sont pas du même groupe sanguin et ils n'ont pas la même masse musculaire. Le centre de transplantation classifie chaque malade en fonction de certains critères : la gravité de son état, le fait qu'il est hospitalisé ou non, etc.

— Alors, elle... elle vient juste d'être inscrite sur la liste ? balbutia Brad. Quand elle était chez elle, on ne la considérait pas comme une candidate à la greffe ?

— Non, elle figure sur cette liste depuis plus de un an, depuis que sa cardiomyopathie s'est déclarée, en fait. Mais, à ce moment-là, la maladie n'avait pas causé de dégâts suffisants pour admettre Diane à l'hôpital. Voici trois mois environ, j'ai noté une nette aggravation, d'où ma suggestion de l'hospitaliser. Elle n'en a pas vu la nécessité. Elle menait une vie à peu près normale et considérait que d'autres patients étaient bien plus gravement atteints.

Jason eut ce froncement de sourcils qui lui donnait toujours l'air sarcastique.

— Maintenant, pour elle, il y a urgence, ajouta-t-il.

— Elle est donc en tête de liste ? lança Brad d'un ton pressant.

— Ce n'est pas si simple. Quel que soit l'état de Diane, si l'on transfère dans mon service un malade venant d'un autre hôpital, que ce malade soit en soins intensifs, que son état soit jugé encore plus critique que celui de Diane... Et si un cœur se trouve disponible, qu'il puisse convenir à ce malade et à Diane, eh bien ce sera ce malade-là qu'on greffera.

Brad bondit sur ses pieds.

— Mais on ne peut pas la laisser mourir !

— Je ne veux laisser mourir personne...

Jason se redressa lentement. Ils étaient à peu près de la même taille, et Brad lut dans le regard habituellement ironique du chirurgien une profonde émotion.

— Ça ne dépend pas de moi..., reprit-il. Tout est entre les mains des coordinateurs qui doivent affronter des familles affligées, parfois hostiles, tout en songeant que le temps joue contre eux, que chaque seconde perdue rend les organes moins stables, moins viables. Tout est entre les mains de la banque régionale d'organes et des ordinateurs. Mais Diane a un atout — elle est menue. Ceux qui attendent une transplantation sont surtout des personnes plus corpulentes — et essentiellement des hommes. Ce fait peut, avec de la chance, raccourcir son attente.

Le chirurgien haussa les épaules d'un air las, soupira.

— Je souhaiterais pouvoir faire plus, reprit-il.

Eduquer les gens, afin que les familles ne soient pas aussi farouchement opposées au don d'organes.

— Comme moi..., murmura Brad, baissant soudain la garde. Comme moi, répéta-t-il d'une voix rauque, bourrelé de remords. J'espère simplement que les autres sont plus intelligents, plus avisés que moi.

— Que vous est-il arrivé ?

Le ton, impérieux, exigeait une réponse.

— Voici un an, ma jeune sœur Lisa a été heurtée par une voiture juste devant moi. Quelques jours après, on l'a déclarée cliniquement morte. Elle avait une carte de donneur, aussi on m'a demandé l'autorisation de prélever ses organes. J'ai refusé.

Brad s'interrompit, livide. Un flot de bile amère lui monta à la bouche.

— Je n'ai pas pu, je n'acceptais pas... J'ai exigé d'autres examens, d'autres médecins. Quand j'ai enfin admis la vérité, il était trop tard.

Il se haïssait tellement qu'il s'attendait à lire du mépris dans le regard de Jason. A sa grande surprise, le chirurgien opina avec sollicitude.

— C'est une part du problème avec les dons d'organes. Les gens ne comprennent pas ce qu'est la mort cérébrale. C'est particulièrement difficile quand on est en plein drame. Auparavant, lorsque le cœur d'un être humain cessait de battre ou que ses poumons ne fonctionnaient plus, il n'y avait pas de doutes, pas de questions. Maintenant, nous possédons des machines capables durant un certain laps de temps de maintenir le rythme cardiaque et les fonctions respiratoires, si bien que le patient paraît toujours vivant. Néanmoins, une fois que le cerveau est détruit, il n'y a plus de vie.

Jason fit quelques pas dans la pièce pour permettre à Brad d'assimiler ses paroles.

— Vous avez vu votre sœur reliée à un poumon artificiel et elle paraissait sans doute plus vivante que Diane pendant son arrêt cardiaque. Elle avait l'air de dormir. Alors ce que disaient les médecins importait peu. Une seule chose comptait pour vous : votre sœur, si jeune, si énergique, ne pouvait pas être morte puisqu'elle respirait encore, que sa peau était tiède quand vous la touchiez.

Brad l'écoutait avec une intensité presque douloureuse, malheureusement les paroles de Jason ne lézardaient même pas les murs de culpabilité qui l'enfermaient.

— J'apprécie beaucoup ce que vous me dites, mais cela n'excuse pas ma faute.

— Je n'avais pas l'intention d'excuser quoi que ce soit, rétorqua Jason, retrouvant son ton habituel, froid et professionnel. Je vous explique seulement une réalité qui se produit chaque jour dans tous les hôpitaux de ce pays. C'est une réalité que des milliers de personnes ont vécue, comme vous, et vivront encore.

Brad hocha la tête avec tristesse.

— Mon erreur n'a plus d'importance à présent, dit-il en soupirant. Tout ce qui compte, c'est Diane. Expliquez-moi comment il m'est possible de l'aider.

— Sait-elle que vous avez refusé qu'on prélève les organes de votre sœur ?

— Oui…, murmura Brad d'une voix éraillée, tant le souvenir de son aveu lui était pénible. Je suis tombé amoureux d'elle avant de connaître son état de santé. Si je croyais en un châtiment divin, alors je penserais que ceci est ma punition. Mais ce n'est pas le cas, ajouta-t-il en redressant les épaules. Je crois en vous, en votre compétence, et je crois en Diane. Et je suis certain que la force de mon amour nous fera vaincre tout ça.

Un sourire étira les lèvres de Jason, comme une faille dans son masque impénétrable de grand cardiologue.

— Eh bien, vous avez votre réponse, Brad. Voilà

tout ce que vous pouvez faire pour aider Diane : gardez la foi et soyez patient.

La patience n'avait jamais été la vertu majeure de Gwen. Elle s'agita sur le canapé de la salle d'attente et cligna des yeux. Une seule lampe brûlait sur une table basse et on n'y voyait presque rien. Elle reconnut cependant Jason, immobile sur le seuil, comme s'il attendait qu'elle se réveille. Depuis combien de temps était-il là à la regarder ?

Elle se redressa, essayant d'adopter une posture plus digne. S'approchant, il lui tendit une tasse de café.

— Bois ça, tu sembles en avoir besoin. Où sont les autres ?

Avec un soupir, elle avala une gorgée. Le café était exactement tel qu'elle l'aimait : deux sucres et une goutte de lait. C'était drôle que Jason n'ait pas oublié.

Il se laissa tomber à côté d'elle et étira ses longues jambes, calant les pieds sur la table devant eux.

— George se repose dans une chambre qu'on a mise à sa disposition, répondit-elle. Brad est rentré chez lui pour passer un petit moment avec sa fille. Il va revenir.

— Vous ne pouvez pas continuer de cette façon, Gwen. Vous n'avez pas bougé d'ici depuis des jours. Vous risquez de rester là pendant des semaines, peut-être des mois, avant qu'on trouve un donneur.

Quand il était assis tout près d'elle, aucune nuance de son expression n'échappait à Gwen. Même si leur relation s'était soldée par un échec, elle avait toujours admiré ses dons, et en premier lieu sa compétence professionnelle.

Lui aussi avait de la peine, elle le sentait. Il devait repenser à la mort de la mère de Diane ; cette tragédie les avait tous affectés, mais jusqu'ici Gwen n'avait pas mesuré à quel point Jason en avait été marqué.

— Je voudrais te demander de me promettre que nous ne perdrons pas Diane. Mais je sais que tu ne le peux pas. Tu vois, dit-elle, levant sa tasse, comme pour lui porter un toast, je me souviens encore de ce que doit faire ou ne pas faire une épouse de chirurgien.

Une étrange fragilité mouilla le regard de Jason. Emue, Gwen se laissa prendre la main.

— Je veux que tu te souviennes… Mais seulement des bons moments, bien sûr, ajouta-t-il avec son petit sourire en coin. Il me semble que nous devrions essayer de recommencer.

Interloquée, elle manqua renverser son café. Jason saisit la tasse et la posa sur la table.

— Je sais que le moment n'est pas vraiment bien choisi, mais les petites heures de la nuit, dans un hôpital, ont un curieux effet sur les gens. C'est peut-être parce que, pendant le jour, il y a dans l'air une effervescence, une charge émotionnelle qui interdisent l'introspection. Le soir, le calme revient et on s'accorde le temps de réfléchir.

Il pressa doucement la main de Gwen.

— Ces derniers jours, j'ai beaucoup pensé à nous, ajouta-t-il.

— Jason..., murmura-t-elle, recouvrant enfin sa voix.

— Non, s'il te plaît, laisse-moi terminer.

Il n'avait plus ce ton sec et tranchant qu'elle supportait si mal. Elle le regarda vraiment, pour la première fois depuis des années. Non, il ne jouait pas son jeu habituel. Cet homme la voulait vraiment, sincèrement.

— Tout le monde commet des erreurs, poursuivit-il. Et quelquefois la vie vous accorde une seconde chance. J'ai compris depuis longtemps que ma faute majeure, dans notre mariage, c'était d'avoir été trop dominateur. Ma carrière passait avant tout. Tes besoins étaient, au mieux, secondaires. Je suis toujours dominateur, mais comme l'affirme l'adage, la sagesse vient avec l'âge. Je t'ai toujours admirée, Gwen, j'ai toujours tenu à toi. Quand je me suis rendu compte à quel point tu comptais pour moi, il était trop tard.

Le charme de cet homme était légendaire. Elle ne devait pas l'oublier ni le laisser entamer ses défenses.

— C'est à *moi* que tu parles, Jason, rétorqua-t-elle d'un ton délibérément sarcastique. N'essaie pas de me dire que tu t'es langui de moi pendant toutes ces années.

Il eut la bonne grâce de prendre un petit air penaud. Cependant il demeurait digne et grave. Une puissante combinaison…

— Je te l'ai souvent répété, je n'ai jamais cherché à t'abuser, Gwen. Tu étais mariée avec Ed, et tu nageais en plein bonheur. J'ai eu des aventures agréables. Ma carrière m'absorbait totalement, m'obligeait à aller toujours de l'avant. J'étais satisfait.

Il lui lâcha la main.

— Il m'a fallu beaucoup de temps pour comprendre

que je n'étais pas heureux, ajouta-t-il. Je l'ai compris quand tu as perdu Ed.

Il hésita, mais, pour une fois, elle ne réagit pas en l'entendant prononcer le nom de son second mari. Elle désirait l'écouter jusqu'au bout.

— Quand tu as perdu Ed, reprit-il à voix basse, j'ai recommencé à penser à nous deux. Je souhaitais — je souhaite — une seconde chance. Je ne veux pas remplacer Ed, je ne veux rien de ce que tu as partagé avec lui. Je veux retrouver ce qui était à moi autrefois. Reste-t-il de notre union une pierre sur laquelle nous pourrions reconstruire quelque chose, Gwen ?

Elle ravala la riposte ironique qui lui montait aux lèvres. Comment osait-il lui parler ainsi, alors qu'elle se tourmentait tellement pour Diane ? C'était déloyal. Cet homme était arrogant, trop intelligent, trop habile. Et bien trop habitué à être obéi par le personnel de l'hôpital. Elle le connaissait intimement depuis l'âge de seize ans, et elle n'avait pas l'intention de lui faciliter les choses.

— Ça te ressemble bien de t'attaquer à une pauvre fille en détresse, répondit-elle avec autant de désinvolture qu'elle le put.

— Cela signifie-t-il que tu penseras à ce que je t'ai dit ?

— Peut-être, pendant les rares moments où je ne tremblerai pas pour Diane.

Heureusement pour elle, il faisait sombre dans la pièce et Jason ne pouvait pas voir ses joues empourprées.

— Tu n'as pas besoin de trembler, Gwen. Mon équipe et moi-même nous en chargeons. En attendant, je veux te donner autre chose à quoi réfléchir…

Elle devinait ce qui allait arriver, pourtant elle ne se déroba pas. Quand il se pencha pour l'embrasser, elle ferma les yeux. En une fraction de seconde, tout lui revint — ses lèvres, sa peau, sa chaleur.

Au tréfonds d'elle-même, la digue qui retenait ses souvenirs se rompit. Cette belle bouche pouvait inventer des caresses, des voluptés ineffables qu'il valait mieux ne pas se remémorer pour l'instant.

Elle le repoussa avec un petit sourire.

— Fin de la démonstration…

Il lui pinça gentiment le menton.

— Tu m'as manqué, Gwen. Maintenant, rentre chez toi. Pour le moment, Diane ne risque rien.

Il se leva et s'éloigna d'un pas plus vif, plus

élastique, comme si une nouvelle vitalité l'habitait. Il était vraiment trop sûr de lui !

Elle se redressa à son tour et le suivit dans le couloir. Elle le vit échanger quelques mots avec Brad, qui le salua et entra dans la chambre de Diane.

L'attente commençait à peine — pour eux tous. Mais à présent, pour Gwen, une petite lueur brillait dans la grisaille. La perspective de redécouvrir cet homme complexe qu'était Jason la séduisait assez.

Bon sang, elle déraillait ! Il avait semé en elle cette idée folle, et voilà qu'elle se mettait à germer.

Mais elle prendrait tout son temps avant de se décider…

Diane ne savait que faire. Elle avait ouvert les yeux pour découvrir Brad affalé dans le fauteuil qu'il avait tiré tout contre le lit. Le soleil filtrant à travers les stores caressait son visage aux traits vigoureux, ses joues noires de barbe. Il paraissait épuisé. Il était magnifique.

Elle ne l'avait pas vu depuis qu'elle avait émergé des ténèbres — déroutée, effrayée, affolée par le masque à oxygène qui lui couvrait la bouche. A ce moment-là, elle l'avait à peine reconnu. Il n'était qu'une vague silhouette parmi les autres, qui lui parlaient, arrangeaient les bouteilles de sang accrochées au-dessus d'elle, l'auscultaient.

Elle se rappelait simplement les mots de Jason : elle ne supportait pas son nouveau traitement.

Elle n'ignorait pas ce que cela signifiait. Le temps filait à toute vitesse. Elle ne devait plus perdre un seul instant.

Brad avait étendu un bras sur le lit. Elle le caressa, savourant avec délice la douceur de sa peau. Il tressaillit, battit des paupières.

— Bonjour, belle au bois dormant..., murmura-t-elle avec un petit rire.

Il la dévisageait avec une telle stupeur qu'elle rit de nouveau.

— J'ai dit : bonjour...

Tremblant, il lui prit le visage.

— Diane, tu as l'air... superbe !

— Jason m'a donné un autre médicament. Ça semble marcher. Je vais bien à présent.

Elle passa les doigts sur ses joues râpeuses.

— Toi, en revanche, tu devrais rentrer et te raser.

— Je ne veux pas te quitter.

— Tu n'as pas à rester auprès de moi pour que

je sois sûre de tes sentiments, Brad. Pendant toutes ces heures, j'ai perçu ta présence, ton amour, ta force.

C'était vrai. Elle savait qu'il était là, qu'il l'appelait dans le noir.

Il enfouit sa figure dans les boucles rousses de la jeune femme et, très doucement, elle posa une main sur sa nuque.

— Je veux que tu mènes ta vie pendant que j'attends un donneur éventuel.

A ces mots, elle le sentit frémir. Elle ne voyait pas son regard, mais elle y devinait un désespoir sans bornes. Le désir d'effacer cette peine flamba en elle comme un feu clair. Ce serait peut-être son dernier acte, mais elle vaincrait ce chagrin.

Elle lui baisa tendrement le front.

— Brad, je veux que tu…

— Non, ne parlons pas de moi. C'est de toi que j'ai envie de parler, mon amour. De nous, en fait.

Il se redressa, prit une inspiration.

— Diane Maxwell, accepterais-tu de faire de moi le plus heureux des hommes en devenant…

Elle l'arrêta d'un doigt sur ses lèvres. Avec l'instinct que donne l'amour, elle avait compris ce qu'il s'apprêtait à dire — et elle ne pouvait pas le laisser poursuivre.

— Pas maintenant, Brad…

Perdue dans l'eau bleue de son regard, elle avait bien du mal à ne pas flancher.

— Ce n'est pas le moment ni l'endroit…

— Je pensais ça avant, mais tu m'as convaincu du contraire.

Elle devinait à quoi il songeait et se sentit rosir. Fermant un instant les yeux, elle s'abandonna au souvenir des heures enchantées qu'ils avaient volées au destin.

— J'ai tant de choses à attendre, à espérer, tant de choses à vivre. Profitons de chaque jour qui passe, en commençant par aujourd'hui.

Elle caressa sa belle bouche qui s'était durcie jusqu'à ce qu'il lui sourie de nouveau.

— Sauve-toi à présent. Va t'occuper un peu de tes clients. Et ce soir, quand tu reviendras, amène Pam.

Il resta là un moment, à la dévisager, puis il l'embrassa et sortit de la chambre.

Demeurée seule, elle contempla longuement cette pièce qui serait tout son univers durant les prochaines semaines, voire les prochains mois. Bientôt, ces machines sophistiquées et ces murs verdâtres lui deviendraient familiers, presque aimables. C'était ce que sa mère disait toujours, lors de ses interminables séjours à l'hôpital.

Respirant tranquillement, Diane pressa une main sur son cœur — ce cœur trop dilaté et amolli par la maladie pour continuer à battre longtemps.

Elle ne se révoltait plus contre cette injustice. Elle avait trouvé la paix. Peu importaient les cartes que la vie vous réservait ; l'essentiel, c'était de jouer avec ces cartes-là, le mieux possible. Sa mère le lui répétait souvent.

C'était ce que Diane croyait faire jusqu'au moment où elle avait rencontré Brad. Elle avait alors compris qu'elle s'illusionnait : elle ne continuait pas à marcher sur son chemin, elle fuyait.

Maintenant, elle ne pouvait plus fuir, ni son cœur défaillant ni, surtout, Brad.

Elle prendrait chaque jour, chaque moment comme un don du ciel. Elle savourerait l'attente, au lieu de la redouter.

Elle affronterait l'inconnu avec courage. Sa mère disait ça aussi, et Diane se le répéta longuement. L'attente commençait…

14

— Ce sera peut-être pour aujourd'hui, papa…

Brad, qui allait pousser la porte de la chambre, s'immobilisa et considéra le petit visage anxieux de Pam. Depuis six semaines qu'elle venait régulièrement à l'hôpital le mercredi et le samedi, pour une visite d'une heure, elle n'avait jamais manifesté sa peur.

Grâce à Diane, qui restait sereine et remontait le moral de tout le monde. Elle refusait d'admettre qu'elle s'affaiblissait de jour en jour et que ses chances s'amenuisaient. Cependant, même Pam avait remarqué l'aggravation de son état.

Comme sa fille baissait le nez, il s'accroupit devant elle et lui prit le menton.

— Pam, regarde-moi.

Les épais cils noirs battirent comme des ailes de papillon, dévoilant des yeux que l'angoisse assombrissait.

— Papa, c'est tellement long ! Diane attend depuis des semaines. Elle a l'air vraiment malade maintenant. Avant, elle n'avait pas cet air-là. J'ai peur, acheva-t-elle d'une voix tremblante, au bord des larmes.

Pour être honnête, lui aussi était effrayé. Jour après jour, semaine après semaine, il enfouissait ses craintes au plus profond de lui. Imitant la bonne humeur de Diane, il dissimulait ses sentiments véritables derrière un masque de franc optimisme. Il devait être fort, pour elle.

Et il devait être fort pour sa petite fille.

— Pam, je ne peux pas te promettre que Diane ira mieux aujourd'hui ou demain ; ça ne se produira peut-être jamais.

Il lui prit la main et la serra fortement. Il lui avait juré naguère que Lisa se rétablirait ; il ne répéterait pas la même erreur.

— Mais je te promets, ajouta-t-il, que, quand elle rentrera à la maison, elle s'installera chez nous. Avec nous.

Il l'étreignit tendrement, puisant une force nouvelle dans ce corps menu qui s'abandonnait contre lui avec tant de confiance.

— Quand est-ce qu'elle viendra, papa ?

Oui, quand ? Mais, surtout, sortirait-elle d'ici ?

— Je ne sais pas, répondit-il. Cependant, nous tous, nous devons montrer à Diane que nous croyons dur comme fer que cela arrivera. Tous, toi et moi, M. Maxwell et Gwen, et le Dr Daniels, nous faisons le maximum pour aider Diane. Mais, c'est vrai, ma chérie, qu'il est dur d'attendre.

En réalité, depuis un mois, l'attente était presque devenue une souffrance physique. A deux reprises, il lui avait demandé de l'épouser, mais elle l'avait interrompu. Il ne renonçait pas pour autant. S'il y avait au monde deux êtres capables de comprendre la fragilité de l'existence, du bonheur, c'étaient bien eux.

Vivre pleinement, tel était leur credo. Ou du moins, rectifia Brad, faire de son mieux.

Il se redressa et poussa doucement Pam, qui arborait maintenant un visage plus serein, dans la chambre familière. Ces quatre murs représentaient désormais pour Brad l'essentiel de son univers.

Et, dans cet univers-là, il n'y avait pas de place pour les doutes et les angoisses qui s'emparaient de lui dès qu'il franchissait cette porte. La crainte de ne jamais trouver un donneur ou d'entendre sonner le beeper qu'il portait en permanence dans sa poche.

Deux semaines auparavant, Jason avait remis ce petit appareil à Brad, Gwen et M. Maxwell. Il les avait posément informés que le signal pouvait se déclencher pour deux raisons — soit ils avaient un cœur à transplanter, soit tout était fini.

Quand ils entrèrent dans la chambre, Diane, adossée à ses oreillers, bavardait avec Bud Ryan, qui lui avait rendu visite dans son fauteuil roulant. Bud attendait, lui aussi. Il était entré à l'hôpital trois semaines avant Diane, mais il semblait plus solide, en meilleure forme.

Brad étudia attentivement le visage de la jeune femme. Elle avait vraiment maigri. Les médicaments lui donnaient la nausée et elle avait perdu tout appétit. Sa peau semblait presque translucide et l'on distinguait une myriade de fins vaisseaux bleutés sur ses tempes et ses mains. Elle lui avait toujours paru fragile, mais à présent son air de porcelaine délicate l'effrayait.

Pam grimpa sur le lit pour l'embrasser. Par-dessus les boucles brunes de la fillette, les yeux verts de Diane se fixèrent sur Brad. Ils pétillaient. Une simple pichenette pouvait peut-être la briser en deux, mais son esprit demeurait indomptable.

— Eh bien, je vais vous laisser avec votre famille, déclara Bud. En revenant dans mes appartements, je passerai voir Frank.

— Donnez-lui mon bonjour, rétorqua Diane, un peu essoufflée, en caressant distraitement les cheveux de Pam. Si je me sens bien, demain, je demanderai qu'on m'emmène chez lui.

— D'accord... A demain, si ce n'est pas le grand jour ! conclut Bud, hilare, en faisant rouler son fauteuil — équipé d'un transfuseur et d'un moniteur — jusqu'à la porte.

Bud, Frank, Diane... Tous trois attendaient un cœur. Selon les statistiques, l'un d'eux mourrait.

Quand on y songeait, la maigreur de Diane, sa fatigue prenaient une signification terrifiante.

Se carrant plus confortablement contre ses oreillers, elle écoutait avec une extrême attention Pam lui relater par le menu ses diverses activités depuis le samedi précédent.

Soudain, Brad ressentit une douleur aiguë le transpercer ; il lui sembla bientôt qu'elle l'envahissait tout entier. Il ne ferait peut-être plus jamais l'amour à cette femme. Ils ne verraient peut-être jamais Pam grandir, se marier, leur donner des petits-enfants. Tous ces moments de joie qui illuminaient l'existence étaient pourtant là, à portée de sa main.

Soudain, la porte s'ouvrit et il se détourna. C'était George Maxwell, or il n'aurait aucun mal à deviner ce que dissimulait le sourire de Brad.

— Tu as l'air fatiguée, Diane, dit M. Maxwell avec son habituelle brusquerie.

— Oui, un peu, répondit-elle avec un soupir.

Cet aveu étonna Brad. Il réagit très vite.

— George, cela ne vous ennuierait pas d'emmener Pam manger une glace à la cafétéria ? Je voudrais parler à Diane quelques minutes, en tête à tête.

— D'accord, papa ? ajouta Diane. Hmm... J'aimerais bien manger une glace moi aussi. A tout à l'heure, ma chérie..., murmura-t-elle en embrassant la fillette sur le front.

Pam considéra le père de Diane d'un air circonspect. Elle était habituée à être choyée par les adultes et se méfiait de la rudesse de M. Maxwell.

— Mange une glace au chocolat pour moi, d'accord, papa ? ajouta Diane.

Le souffle lui manqua soudain, et elle tenta de le masquer par un petit rire, mais Brad comprit que M. Maxwell n'était pas dupe car ses mâchoires se crispèrent. Cependant, il ne fit aucun commentaire.

— Bon, à tout à l'heure. Allons-y, Pamela, dit-il d'un air bourru, tout en poussant la fillette hors de la chambre.

— Je crois que papa l'aime bien… Il a toujours eu un faible pour les petites filles qui ont du cran, remarqua Diane.

— Je parie que tu étais comme elle, autrefois.

Il s'assit sur le lit et glissa précautionneusement son bras autour d'elle, veillant à ne pas déranger les tuyaux et les fils, pour qu'elle puisse appuyer sa tête sur son épaule.

Elle ne pesait pas plus lourd qu'une plume.

— En fait, mon père voulait un fils… avant que la maladie de maman ne les empêche d'avoir d'autres enfants… Du coup, jusqu'à l'âge de quinze ans… j'ai été un vrai garçon manqué.

Sa voix si douce, hachée, le déchirait.

— J'aurais aimé te connaître à cette époque.

— Non… je ne t'aurais pas plu… Je portais un appareil dentaire… j'avais les cheveux orange… En plus, j'étais maigre… et plate comme une planche à repasser. Je… je suis une fleur tardive, comme on dit.

Il avait mal partout, dans chaque fibre de sa chair et jusqu'à la moelle de ses os.

— Et quelle jolie fleur..., rétorqua-t-il en riant.

Il cacha son visage dans la chevelure rousse et mousseuse, et ferma les paupières de toutes ses forces pour repousser l'atroce douleur.

— Je t'aime, Diane...

Il était tellement bouleversé que les mots jaillissaient de ses lèvres comme une eau vive.

— Je t'aime, répéta-t-il.

Il voulait, il avait besoin de le dire, encore et encore, pour qu'elle comprenne, qu'elle ait une petite idée de ce qu'elle représentait pour lui.

En réponse, elle frotta doucement sa joue contre son bras. Il retint son souffle.

— Tu sais... je ne me rappelle pas exactement... quand j'ai pris conscience... que je t'aimais. Il me semble... que cet amour était là, en moi... depuis toujours.

C'était la première fois qu'elle lui faisait cet aveu. Il se remit à respirer, lentement, avec précaution.

— Je suis vieux jeu, figure-toi..., dit-il, s'éclaircissant la gorge et s'empressant de poursuivre avant qu'elle lui impose le silence. Je considère que deux êtres qui s'aiment doivent se marier. Et toi, qu'en penses-tu ?

Elle renversa un peu la tête pour mieux le voir.

Ses yeux étaient immenses dans son visage pâle et émacié. Il eut l'impression de se noyer dans ce regard. Tout ce qu'il avait jamais désiré, tout ce qui lui était indispensable se trouvait là, au creux de son bras. Et on pouvait le lui ôter à tout instant.

Diane s'en allait doucement. Il le savait, et elle aussi. Jamais il n'avait éprouvé une telle angoisse.

— Si j'avais le pouvoir de te donner une part de moi, je le ferais, reprit-il, résistant au besoin de la serrer contre lui, de la protéger de tout ce qui la menaçait. Je serais prêt à tout pour te garder éternellement auprès de moi.

— Continue simplement de m'aimer, répondit-elle, levant une main avec peine pour lui effleurer la bouche. Embrasse-moi, Brad. Tu me reposeras ta question demain, et je te répondrai.

Maîtrisant son émotion, il l'embrassa. Elle ouvrit les lèvres et répondit à son baiser avec tant de douceur qu'il en fut bouleversé jusqu'au fond de l'âme. Il aurait tant voulu prendre le mal qui la rongeait dans son propre corps.

Mais Diane avait raison : il ne pouvait que l'aimer et garder courage — quoi qu'il advienne.

Il la berça ainsi dans ses bras jusqu'à ce qu'elle

s'endorme. Ce fut seulement lorsque l'infirmière vint renouveler la perfusion qu'il se résigna à la recoucher précautionneusement et à se redresser.

Ses cheveux roux semblaient flamboyer sur l'oreiller. Brad avait l'impression que, d'instant en instant, elle devenait plus livide. L'idée de la quitter l'épouvantait. Et si c'était leur dernière nuit ? Leur dernier baiser ?

Il serra les poings, repoussant de toute son énergie cette odieuse terreur. Il ne devait croire qu'en une chose : il y aurait un lendemain pour eux. Et demain, elle lui donnerait sa réponse. Ensuite, ils vivraient au jour le jour, tant que le destin le leur permettrait.

On était déjà demain. Jason se pinça la racine du nez et jeta un coup d'œil à sa montre.

Une heure du matin… Il aurait dû être dans son lit, mais il ne parvenait pas à dormir. Trop nerveux… Il regarda de nouveau les trois dossiers posés sur son bureau.

Frank Hawks, Bud Ryan, Diane Maxwell.

Pour chacun d'eux, le temps pressait. L'un d'entre eux, ou peut-être deux, mourrait, et il ne pouvait rien y faire, sinon utiliser toutes les techniques, tous les traitements qu'offrait la médecine pour freiner l'évolution de la maladie. Frank portait un pacemaker. Diane prenait des médicaments qui…

Soudain, le téléphone sonna. Il sursauta, les nerfs tendus à se rompre. Un coup de fil à cette heure de la nuit, ça ne signifiait qu'une seule chose : une urgence.

— Dr Daniels ! cria-t-il dans le récepteur.

— C'est Joanne, je crois que nous avons un cœur. Dans le sud de l'Illinois. Je viens d'avoir la banque d'organes. Le donneur est de sexe masculin, groupe B rhésus négatif, vingt-six ans, un mètre soixante-dix, soixante-douze kilos.

Les yeux de Jason se fixèrent sur l'un des dossiers. Diane… C'était le bon groupe sanguin. Le donneur n'était pas trop corpulent.

— Electroencéphalogramme plat depuis plus de huit heures, poursuivit Joanne. Le médecin l'a déclaré cliniquement mort et la famille a accepté de donner tous les organes.

— La cause du décès ?

— Il a eu un accident de voiture dans un carambolage monstre au sud de l'Etat, voici deux mois environ. Il souffrait d'un sérieux traumatisme crânien, mais s'était suffisamment rétabli pour qu'on le renvoie chez lui la semaine dernière. Hier, il est revenu à l'hôpital en se plaignant d'une violente migraine. Hémorragie cérébrale. Quelques heures après son admission, c'était fini.

Jason réfléchissait à toute allure, les doigts crispés sur le combiné.

— Je connais l'hôpital, Gwen et moi y avons transporté du sang au moment du carambolage, justement. C'est un établissement modeste, je doute qu'ils aient déjà vécu une situation semblable. Savent-ils comment il faut préparer le corps ?

— Je l'ai expliqué point par point au chef de clinique.

Chère Joanne, toujours si efficace. C'était d'ailleurs pour cette raison qu'elle appartenait à son équipe.

— Avant de vous appeler, j'ai demandé tous les examens de laboratoire. Aucun problème. Le cœur est viable.

— Alors, on y va. Commandez une ambulance qui vous attendra au pied de l'avion pour vous amener à l'hôpital et vous ramener à l'aérodrome. Je veux que le Dr Arnold et vous soyez prêts sur-le-champ. Gwen vous retrouvera à Pell.

Il contacta Gwen par l'intermédiaire du beeper. Puis il ordonna qu'on prépare le bloc opératoire ainsi que la chambre stérile où l'on gardait les transplantés après l'opération.

Il n'était plus temps de s'interroger, de s'angoisser. Il y avait un travail à accomplir.

Il n'alerterait pas George Maxwell avant que David Arnold lui ait confirmé que le cœur était bien celui qu'il fallait à Diane. L'espace d'une seconde, il eut pitié de George, de la terreur qui allait s'emparer de lui quand il entendrait sonner son beeper. Mais les choses ne se passeraient pas comme pour Margaret, et George finirait par le comprendre.

Tout à coup, Gwen fit irruption dans le bureau.

— Diane ? balbutia-t-elle d'une voix éraillée.

— Elle va bien.

— Alors on a un cœur ?

Il prit ses mains glacées dans les siennes.

— Oui... Le donneur est dans cet hôpital où nous avons livré du sang après cet accident sur l'autoroute. David et Joanne seront à Pell dans quelques instants. Tout est arrangé... A votre retour ici, une ambulance vous attendra.

Elle écarquilla les yeux.

— Tu veux que je me charge de cette mission ?

— Qui conviendrait mieux que toi ? Tu connais l'aérodrome et tu es un excellent pilote. Tu te sens capable de le faire ? ajouta-t-il en la dévisageant.

— Bien sûr ! Je veux le faire. Pour ce travail, je suis la meilleure.

Elle se dégagea, levant le menton d'un air de défi.

— Je te rapporterai ce cœur ici même en un rien de temps.

— Alors, nous nous reverrons après l'opération.

Une larme roula sur la joue de Gwen. Elle hésita puis, avec brusquerie, embrassa Jason sur la bouche.

— Tu es le meilleur chirurgien que je connaisse, murmura-t-elle. Il y a tant de choses de toi que je n'ai pas oubliées.

Malgré ces paroles, ce timide baiser, Jason n'essaya même pas de la retenir. Il se contenta de la regarder s'éloigner de son pas vif et dansant. Il savait ce qu'elle essayait de lui dire, mais, ce soir, il devait se caparaçonner, étouffer en lui tout sentiment, même avec Gwen.

Il se plongea de nouveau dans le dossier de Diane, visualisant tout ce qui allait se produire,

envisageant tous les incidents possible
en bout, il lui faudrait être parfaitem
de lui.

Il ferma les paupières, s'abîmant en lui-même. Tant qu'il n'aurait pas l'opinion définitive de David et Joanne, ce serait la routine habituelle. Ensuite, dès qu'il aurait une certitude, il préparerait Diane.

Gwen était si nerveuse qu'elle faillit ne pas vérifier que l'heure à sa montre était bien exacte. Or, ce soir, rien n'était plus important que le temps.

Le Dr Arnold et Joanne Baker l'attendaient à Pell. Il portait une glacière rouge et blanc, le conteneur standard pour le transport des organes. L'estomac de Gwen se tordit. Penser au trésor que cette banale glacière de pique-nique renfermerait bientôt était confondant.

Mais, d'abord, il fallait les emmener tous là-bas.

D'ordinaire, quand elle pilotait son Cessna la nuit, il lui semblait être investie d'une puissance quasi surhumaine ; cette fois cependant, elle se sentait effrayée, toute petite. Tant de choses dépendraient d'elle durant les prochaines heures, et aussi de

David Arnold. C'est lui qui examinerait le cœur du donneur et qui prendrait l'ultime décision.

Ça pouvait très mal tourner. Gwen se secoua. Elle ne devait pas laisser ces idées noires s'insinuer dans son esprit.

Quand ils atterrirent, l'ambulance les attendait sur la piste, à six kilomètres de l'hôpital municipal que Gwen avait visité moins de deux mois auparavant. Jusqu'ici, tout se déroulait comme prévu.

Le trajet jusqu'à l'hôpital se passa sans incident ; il n'était pas nécessaire de faire hurler les sirènes ni de rouler à toute allure sur l'étroite route de campagne. On réservait tout ça pour le retour.

Plusieurs médecins les accueillirent dans le hall, excités par la perspective d'assister pour la première fois à un prélèvement d'organe. Ils informèrent David qu'une équipe se trouvait déjà en salle d'opération. Ils prenaient les reins pour deux receveurs hospitalisés, l'un à Peoria et l'autre à Gary. Joanne se précipita vers le bloc opératoire, tandis que le médecin qui s'était occupé du donneur discutait avec David. Gwen, elle, s'installa dans la salle d'attente.

Elle savait ce qui allait se passer maintenant. Le Dr Arnold se rendrait dans la salle d'opération, il consulterait le moniteur cardiaque fixé au-dessus de la tête du donneur, il examinerait les radios, les rapports de l'anesthésiste. Si tout était normal, il ausculterait le cœur. Alors, seulement, il prendrait sa décision.

La pièce où Gwen se trouvait était paisible et douillette, comme on l'imaginait pour la salle d'attente d'un petit hôpital de province, avec ses murs crème ornés de paysages automnaux et de bouquets peints sur soie.

Ici, les médecins se déplaçaient sans doute encore pour visiter leurs malades à domicile. C'était si différent des hôpitaux ultramodernes des grandes villes. Mais, là comme ailleurs, on s'acharnait à sauver des vies humaines.

Une infirmière vint lui offrir un café, qu'elle refusa. Impossible d'avaler quoi que ce soit. Elle se mit à faire les cent pas. Y avait-il un problème ? Pourquoi tardait-on ainsi ? Etait-ce bon ou mauvais signe ?

Enfin, Joanne apparut sur le seuil et fit le signe de la victoire. Gwen en oublia littéralement de respirer.

— C'est bon… Le Dr Arnold est en train de prélever le cœur. Nous avons quatre heures devant nous. L'avion est-il prêt ?

Un tel soulagement submergea Gwen que les larmes lui montèrent aux yeux. Elle les essuya d'un revers de main et se précipita vers le téléphone pour appeler l'aérodrome et demander une nouvelle vérification du Cessna. On ne pouvait pas se permettre la moindre défaillance.

Joanne, elle, téléphona à Jason.

Dans quatre heures, Diane renaîtrait à la vie.

Diane se réveilla en sursaut, éclaboussée de lumière. Son esprit était tellement englué dans le sommeil qu'elle crut d'abord à un cauchemar. Les infirmières allumaient toutes les lampes dans la chambre. Et pourquoi Jason se tenait-il sur le seuil ? Ce n'était pas l'heure de la visite.

— Nous avons un donneur, déclara-t-il sans autre préambule.

Elle se figea, interdite. Les mots qu'elle attendait depuis si longtemps la terrifiaient soudain. Elle ne pouvait pas croire que cela arrivait enfin ! Elle n'était pas prête !

Puis une étrange sérénité l'envahit, balayant tous ses autres sentiments. Du plus profond d'elle-même montèrent une confiance, un courage sans faille qu'elle absorba comme une eau claire. C'était ce qu'elle avait tant espéré, son avenir. Il fallait qu'elle le fasse sien.

Elle écouta attentivement Jason lui expliquer comment on allait la préparer pour l'opération. Elle l'avait déjà entendu raconter tout ça aux malades de l'association, mais à présent, c'était réel. Elle serait emmenée au bloc opératoire et anesthésiée avant l'arrivée du cœur à l'hôpital.

Tout en écoutant, elle adressa un remerciement silencieux à la famille qui, en ce moment de joie pour elle, était dans l'affliction. Ces gens lui offraient la vie. Grâce à leur compassion et à leur générosité, grâce aussi au talent de Jason, elle recommencerait à vivre.

Et, pour elle, cela signifiait une chose merveilleuse — Brad et elle seraient ensemble.

Elle songeait encore à lui lorsqu'il franchit la porte de la chambre, quarante-cinq minutes plus tard. Le Valium se diffusait déjà dans ses veines, pour la calmer. Elle flottait dans un monde tiède et paisible, situé quelque part entre le rêve et la réalité. Mais elle était encore assez consciente pour capter le coup d'œil que se lancèrent Brad et M. Maxwell.

Ces deux hommes portaient en eux tant de chagrin. M. Maxwell pleurait son épouse, et Brad se torturait à cause de Lisa. Diane ne voulait plus qu'ils souffrent.

— Papa..., murmura-t-elle.

Il s'approcha vivement du lit, penchant sur elle son corps massif.

— Merci d'être là, papa. Tu m'as aidée... plus que tu le penses... Je n'aurais pas supporté tout ça sans toi.

Il hocha la tête, et, pour la première fois, au fond de son regard si triste, brilla une petite lueur d'espoir. Les paroles de sa fille ne lui feraient pas oublier la perte de son épouse, mais la guérison de Diane allégerait son fardeau. Alors, peut-être, pourraient-ils former de nouveau une vraie famille.

Elle tourna les yeux vers Brad et prit sa main tandis que les infirmiers qui l'avaient allongée sur un chariot l'emmenaient dans le couloir plongé dans la pénombre. Brad marchait à côté d'elle, pressant doucement ses doigts.

Au bout du couloir, devant les doubles portes battantes, on les laissa seuls un instant.

— Brad, tout ira bien, murmura-t-elle en essayant de sourire.

— J'ai attendu ce moment pendant des semaines, et maintenant je...

Il n'acheva pas sa phrase. Il appuya délicatement son front contre celui de Diane.

— Je t'aime, ne l'oublie pas.

L'un des infirmiers s'approcha.

— Mademoiselle, il faut y aller…

Mais elle serra plus fort la main de Brad.

— Veux-tu… veux-tu faire une chose pour moi ?

— Oui, bien sûr…, murmura-t-il en lui effleurant les lèvres.

— Délivre-toi de tes remords… du passé… de Lisa. Pour moi.

Il était si près d'elle qu'elle vit l'émotion inonder son regard. Elle avait toujours la faculté de deviner ses sentiments. Même à présent, alors qu'elle s'éloignait lentement du réel, elle savait ce qu'il éprouvait.

— Oui, je le ferai pour toi, chuchota-t-il.

Soudain, ses yeux étaient d'un bleu absolument pur. Ils ne reflétaient plus qu'un amour infini.

Diane poussa un soupir heureux et lui lâcha la main. Les portes se refermèrent derrière elle. L'âme empreinte de Brad, de son amour et de sa force, elle sombra finalement dans les ténèbres.

Quand le chariot eut disparu, ce fut comme si toutes les défenses de Brad s'écroulaient d'un coup.

Il se tourna vers le mur et y appuya la joue, en quête d'un peu de fraîcheur. Il essaya d'inspirer, mais il lui semblait qu'une patte griffue lui broyait sauvagement la poitrine.

Rien de ce qu'il avait connu jusqu'ici, même avec Lisa, ne l'avait préparé à cette terrifiante douleur. Les larmes lui brûlaient les paupières, lui mordaient la gorge. La peur et l'espérance se bousculaient dans son esprit en un insupportable tourbillon.

Maintenant, il ne se révoltait plus contre le destin, mais lui adressait la plus humble des suppliques. Jusqu'à la fin de ses jours, il ferait tout ce que la vie exigerait de lui, pourvu que Diane sorte saine et sauve de cette opération.

Brad s'écarta du mur et se mit à longer le couloir. D'instinct, il se dirigea vers la chapelle de l'hôpital. Jason l'avait dit, l'attente allait lui paraître interminable.

Il lui faudrait le courage de traverser les heures à venir, de soutenir George Maxwell et Gwen. Mais surtout Diane. Une fois déjà, du fond de son inconscience, elle avait senti la puissance de son amour. Cette nuit, entre toutes les nuits, il fallait que cet amour l'accompagne…

15

Jason consulta la pendule. 4 h 30 du matin. Tout allait bien.

A 3 h 30, Joanne lui avait confirmé que le cœur convenait et que le prélèvement serait achevé dans une demi-heure. A partir de là, le compte à rebours commençait.

C'était à 4 heures que Jason avait pénétré dans la salle d'opération. Diane était anesthésiée, et l'équipe la préparait pour l'intervention. Les transfuseurs étaient en place, reliés au bras droit de la patiente, immobilisé sur le côté de la table. Le tensiomètre transmettait ses informations à un moniteur installé en hauteur dans un coin de la salle. Diane était déjà sous respiration artificielle.

Le Dr Cheryl Buckles et une infirmière avaient terminé de nettoyer le champ opératoire — depuis la gorge de Diane, jusqu'à ses genoux — et l'enduisait de Betadine, qui teintait sa peau en orange.

L'anesthésiste était installé au bout de la table, séparé du champ opératoire par un drap stérile fixé entre deux transfuseurs. Il contrôlait en permanence les fonctions vitales de Diane.

La routine ; chacun était à son poste, calme et efficace.

L'infirmière contourna la table pour aider Cheryl à tendre un plastique imprégné de Betadine sur toute la surface du champ opératoire, qui fut ensuite délimité avec des draps stériles de couleur bleue. La tête de Diane, qui reposait sur un boudin en éponge, était complètement recouverte. Il ne restait plus d'elle qu'un corps anonyme.

Le patient était ainsi délibérément déshumanisé, afin que chaque membre de l'équipe chirurgicale puisse se concentrer sur sa tâche sans la moindre hésitation, sans être perturbé par des sentiments personnels.

Jason regarda de nouveau la pendule. 5 heures. L'avion d'Air Survie devait approcher de Pell avec la glacière et son précieux chargement : le cœur dormant dans son cocon de glace. Depuis qu'on l'avait séparé du corps du donneur, des milliers et des milliers de cellules mouraient à chaque minute. Il resterait transplantable durant trois heures encore. Un quart du temps dont ils disposaient était déjà écoulé.

Gwen vérifia sa montre. 5 heures. Pour la énième fois, elle coula un regard vers la glacière rouge et blanc que tenait Joanne. Elle ne l'avait pas lâchée un instant.

Savoir ce qui se trouvait dans ce banal conteneur faisait vibrer les nerfs de Gwen comme des cordes de violon. Ce n'était pas un simple cœur. C'était la vie de Diane. Ses espérances et ses rêves d'avenir.

La responsabilité qui pesait sur ses épaules et la confiance inattendue que Jason lui avait manifestée lui nouèrent soudain la gorge. Elle s'obligea à respirer profondément. Elle avait accompli ce genre de mission une bonne douzaine de fois auparavant, mais elle n'était pas impliquée de façon aussi personnelle. Elle devait se dire, se répéter que c'était un vol habituel, ni plus ni moins.

Brusquement, les lumières de Chicago apparurent, brillant en haut des buildings et le long des rues. Chassant ses doutes et ses angoisses, Gwen ne fut plus de nouveau qu'un pilote aux commandes de son appareil.

Calmement, elle pressa sur le bouton de la radio.

L'infirmière, le téléphone à la main, annonça :

— L'avion d'Air Survie arrive en vue de Pell.

Jason vérifia l'heure. 5 h 22.

— Allons-y.

Saisissant le bistouri, il incisa avec précaution la poitrine de Diane, depuis la gorge jusqu'à l'estomac, atteignit le sternum. Sans lever les yeux, il tendit la main et Cheryl plaça dans sa paume un instrument qui ressemblait à une scie, laquelle trancha dans l'os comme dans du beurre. A l'aide d'un écarteur, Cheryl ouvrit lentement le thorax.

Jason recula d'un pas.

— Bien, Cheryl, incisez le péricarde.

Il l'observa avec attention, décidant dans un coin de son esprit qu'elle avait devant elle un brillant avenir de chirurgien.

Quand le péricarde fut retiré, il découvrit exactement ce à quoi il s'attendait — un cœur deux fois plus gros que la normale et qui palpitait de façon frénétique. Il n'aurait pas tardé à cesser de battre.

Il fit une suture sur la crosse de l'aorte, deux

sur l'oreillette droite, puis inséra une canule reliée au dérivateur.

5 h 57. Ils étaient prêts.

Brad refusait de regarder l'heure une fois de plus. Sinon, il deviendrait fou ! Au lieu de ça, il se campa devant la fenêtre pour contempler le ciel. La nuit était claire, la lune toute ronde. Très loin, quelque part, masquées par l'astre nocturne et les lumières de la ville, des milliards d'étoiles parsemaient l'infini, et chacune brillait courageusement dans les ténèbres.

Brad essaya de se concentrer sur cette idée, mais finalement il n'y tint plus et jeta un coup d'œil à la pendule. Où était Gwen dans cette nuit tranquille ? Avait-elle atterri sans encombre ?

Mille problèmes possibles tournoyaient dans son esprit. Et si la météo était mauvaise, là-bas dans l'Illinois ? Si l'avion était retardé par un orage ? S'ils avaient des ennuis de moteur ? Si…

Il s'écarta de la fenêtre, agacé. L'étau glacé de la peur lui serrait le ventre.

Toute sa vie était comme suspendue dans le vide, entre le bonheur et un désespoir absolu, et il ne pouvait rien faire du tout, hormis attendre.

Il ne parvenait pas à détourner son esprit du passé. Les souvenirs atroces, insupportables, de l'accident de Lisa, de sa mort, l'envahissaient. Il ferma les yeux et s'abandonna à cette vague amère.

La rage, la stupeur, le refus, le chagrin, le remords jaillirent du plus profond de son âme, où ils étaient si longtemps demeurés enfouis, obscurcissant ses jours, hantant ses nuits.

Diane avait raison. Il devait se libérer. Il croyait avoir surmonté toute cette douleur, mais il comprenait à présent qu'il s'y était cramponné, poussé par le désir pervers de se punir.

Il laissa ce désespoir sortir de lui, couler comme du sable entre ses doigts. Et avec la souffrance, les regrets, toutes les émotions stériles glissèrent hors de lui. Et il eut le bonheur de découvrir qu'un seul sentiment demeurait dans son cœur — l'amour. Son amour pour Lisa, la mémoire de tout ce qu'ils avaient vécu ensemble et qui, à jamais, lui appartiendrait.

Il n'y avait plus en lui d'abîme, de faille. Car son amour pour Diane l'emplissait tout entier.

— Cette attente est pire que tout...

La voix de M. Maxwell le tira brusquement de ses pensées. Il se retourna et vit le père de Diane debout au milieu de la salle d'attente. Pendant la majeure partie de la nuit, il était demeuré prostré dans un fauteuil, silencieux, si bien que Brad l'avait presque oublié.

Ses yeux rougis et son teint cendreux témoignaient de ses angoisses, de son désespoir.

Il rejoignit Brad devant la fenêtre.

— Il y a tant de choses que je regrette, murmura-t-il d'une voix rauque. Tant de choses que j'aurais dû faire et dire à Diane. Je donnerais n'importe quoi pour revenir en arrière et tout recommencer.

Sa respiration était sifflante et semblait lui cisailler la gorge.

— Je n'aurai peut-être jamais l'occasion de réparer, ajouta-t-il.

Il fixa sur Brad un regard qui implorait sa compréhension et un peu de compassion.

Le Brad d'autrefois eût été tellement torturé par le sentiment de son propre échec qu'il eût été dans l'incapacité de trouver des paroles de réconfort. Mais plus maintenant.

— Diane a besoin de vous, dit-il posément, elle veut que vous fassiez partie de sa vie, de notre vie. Vous devez vous délivrer du passé, ne pas le laisser entacher l'avenir.

— Seigneur, vous ne comprenez donc pas ! On

me demande d'accepter gaiement l'idée qu'on est en train d'arracher le cœur de ma fille ! On aimerait que je m'en réjouisse ! Mais je ne peux pas ! Je suis épouvanté ! J'ai regardé ma femme mourir à petit feu, j'étais complètement impuissant, et ça m'a tué à moitié. Et maintenant Diane…

Sa figure se crispa.

— C'est sa dernière chance, ajouta-t-il. Vous comprenez ? *Sa dernière chance.* Et si l'opération échoue ?

— Arrêtez avec vos « si » !

Brad n'avait pas l'intention de parler si rudement, mais, en cet instant, il se refusait à écouter la moindre parole négative.

Serrant les dents, il reprit plus doucement :

— Diane n'est pas dans la même situation que sa mère. Ces dernières années, la médecine a accompli des progrès considérables. J'ai lu de nombreux articles scientifiques sur le sujet. La transplantation cardiaque est une technique parfaitement au point. C'était l'unique solution pour Diane et, quant à moi, j'admire son courage.

Il posa les mains sur les épaules de M. Maxwell.

— Acceptez-le et soyez à ses côtés. Moi, j'y serai,

je l'accompagnerai jusqu'au bout du chemin. Elle aura besoin de nous tous.

— Vous ne saisissez pas. Quelquefois... quelquefois...

M. Maxwell avala péniblement sa salive. Une larme roula sur sa joue.

— Quelquefois l'angoisse est plus forte que l'amour, ajouta-t-il à mi-voix.

Il ne parlait pas pour Diane. Cette nuit, c'était la mort de son épouse qu'il revivait.

— Même ainsi, auriez-vous renoncé à un seul des moments que vous avez partagés avec Margaret ? murmura Brad.

Il planta son regard dans celui de M. Maxwell. Il y eut un silence, lourd d'émotion.

— Non, murmura enfin le vieil homme. A aucun...

— C'est exactement ce que je ressens. Chaque instant que je passe avec Diane m'emplit de bonheur. Je me sens plus vivant, plus complet... Et je vais vous dire autre chose, ajouta-t-il avec conviction. Je sais que cette opération va réussir. Ce sera un tel succès que Diane et moi aurons des années et des années devant nous. Vous ne vous débarrasserez pas comme ça de Pam et de moi, George. Vous feriez mieux de vous y habituer !

— Vous êtes aussi têtu que Diane ! grommela M. Maxwell, et Brad fut soulagé de lui retrouver son air bourru. Elle ressemble à sa mère, vous savez. Vous avez de la chance.

Ils se regardèrent, et Brad songea qu'ils étaient finalement parvenus à communiquer. Quelque peu rasséréné, le père de Diane retourna s'asseoir, mais cette fois, au lieu de se cacher dans l'ombre, il s'installa dans un fauteuil au milieu de la salle.

Brad se remit à scruter le ciel toujours obscur. Gwen était là, quelque part. Peut-être avait-elle déjà atterri.

A présent, ce n'était plus la peur qui menaçait Brad. L'ennemi, désormais, c'était le temps…

Le chauffeur savait qu'ils luttaient contre le temps. L'ambulance filait comme le vent dans la pâle lueur de l'aube, ses gyrophares allumés. Gwen jeta un coup d'œil par-dessus son épaule. Sur la banquette arrière, entre David et Joanne, reposait la glacière rouge et blanc avec son précieux chargement.

David consulta sa montre.

— Plus vite, ordonna-t-il.

Gwen s'agrippa à son siège, tandis que le chauffeur déclenchait la sirène. Le véhicule s'élança sur l'autoroute à une vitesse vertigineuse. Le hurlement de la sirène leur déchirait les tympans, se répercutait dans leurs nerfs déjà tendus, mais ça n'avait pas d'importance. Les voitures s'écartaient, ils fonçaient droit devant eux. Ils eurent bientôt traversé la banlieue, puis atteignirent Evanston et prirent la direction de l'hôpital du Parc.

L'ambulance pila net devant l'entrée des urgences. Gwen vit une infirmière, dans le hall, qui décrochait un téléphone. David leva une main et dessina un cercle avec son pouce et son index : c'était le signal.

La sonnerie du téléphone suffit à Jason. Avant que l'infirmière ait prononcé un mot, il commanda à son assistant d'enclencher le cycle de dérivation. Le tube partant de l'oreillette droite amena le sang, légèrement bleuâtre à présent, dans les cylindres métalliques et plats de la machine. Là, le sang fut oxygéné et refroidi puis refoulé dans le corps de Diane. Le cœur malade eut encore quelques palpitations, puis il s'arrêta. Il n'y eut plus sur les moniteurs qu'un tracé absolument plat.

Maintenant, il fallait agir avec une rapidité et

une précision absolues. Quoique Jason sût que le cœur du donneur était déjà dans les murs de l'hôpital, il attendit. Il n'accomplirait rien d'irréversible avant que la glacière soit là, dans la salle d'opération.

Les portes s'ouvrirent et le Dr Arnold entra à grands pas, la glacière rouge et blanc à la main. Malgré leur calme parfait et leur professionnalisme, tous les membres de l'équipe poussèrent un discret soupir de soulagement.

A cet instant, Jason se pencha sur le champ opératoire pour exécuter la première incision.

Gwen et Joanne pénétrèrent ensemble dans la salle d'attente. Aussitôt, M. Maxwell se leva d'un bond. Brad, toujours devant la fenêtre, se figea.

Gwen traversa vivement la salle et étreignit affectueusement M. Maxwell. Joanne, elle, s'adressa à Brad :

— Le cœur est arrivé, nous sommes dans les temps. Je vais assister à l'opération et je reviendrai un peu plus tard vous expliquer comment ça se passe.

Quand elle eut disparu, M. Maxwell demeura immobile, hébété, tandis que Brad s'approchait de Gwen. Il lui prit le bras et le serra de toutes ses forces.

— Merci… Tout ira bien à présent. Je sais que Jason fera du bon travail.

Elle hocha la tête, pénétrée, elle aussi, d'une foi absolue en Jason. Et elle avait désormais la certitude qu'elle était prête à vivre de nouveau avec lui. Mais ce serait à certaines conditions, qu'il n'imaginait peut-être pas, car elle était devenue maîtresse de son existence et ne lui permettrait plus de la régenter. Il affirmait qu'il avait bien compris la leçon. Dans le cas contraire, elle lui apprendrait combien il était gratifiant et doux de marcher côte à côte, en vrais compagnons de route.

Pour l'instant, bien sûr, il ne pensait pas à leur relation future. Toute son attention, tout son génie étaient concentrés sur Diane. Car, littéralement, il tenait la vie de la jeune femme entre ses mains.

Jason avait toujours un instant de panique quand le cœur était retiré de la poitrine. Il regardait cette cavité béante et tout son être se révulsait. Il se disait : « Non, ce n'est pas possible, ça ne peut pas marcher ! »

Comme d'habitude, cette angoisse se dissipa

aussitôt. Il tourna les yeux vers la table où le Dr Arnold avait débarrassé le greffon de l'enveloppe qui le protégeait pour le déposer dans un récipient empli de sérum physiologique.

— Prêt…, déclara-t-il à mi-voix.

David apporta le récipient. Jason souleva le cœur, froid et ferme, et le plaça dans la poitrine de Diane.

Dès lors, l'opération progressa rapidement. Jason ajusta les loupes qui lui permettraient d'accomplir ce travail d'orfèvre ou plutôt de dentellière, et commença. Anastomoses : oreillette gauche, droite ; artère pulmonaire ; aorte…

Cheryl et David se tenaient à ses côtés, prêts à l'assister. L'infirmière l'alimentait constamment en sérum physiologique glacé pour maintenir le greffon parfaitement immobile et endormi sous la chaleur des lumières aveuglantes du bloc.

Le nouveau cœur de Diane ne devait être relié qu'aux principaux vaisseaux sanguins, pas aux nerfs. Elle n'éprouverait plus jamais de douleur dans la poitrine, même en cas d'infarctus.

Mais elle n'aurait pas d'infarctus. Plus maintenant.

Car ce cœur était parfait. Il semblait fait pour

Diane, et Jason n'eut même pas à retoucher l'aorte pour l'aboucher à celle de la jeune femme.

Un soupçon d'inquiétude effleura son esprit, pourtant libre de toute émotion.

— C'est presque trop beau pour être vrai. Quelque chose m'a échappé ? marmonna-t-il, sans s'adresser à quelqu'un en particulier.

— Rien du tout ! répondit David avec enthousiasme. On ne pouvait pas rêver meilleur mariage donneur receveur.

— Alors, voyons comment ça fonctionne...

Sur son ordre, l'assistant entreprit de réchauffer lentement le sang oxygéné qui circulait de la machine aux coronaires. Ce sang, riche et rouge, afflua au cœur, le nourrissant et le tirant en douceur de son profond sommeil de glace.

Le moment de vérité était arrivé.

Tous contemplaient fixement le champ opératoire. Jason se rendit compte qu'il retenait sa respiration. Puis il relâcha son souffle. Le cœur avait commencé à battre.

Avec une certitude aveugle, absolue, Jason sut qu'il continuerait à battre durant des années. Cette conviction ne se fondait pas sur un désir personnel, mais sur l'évidence clinique qu'il avait devant lui.

Soudain, les pulsations s'affaiblirent. David saisit le défibrillateur, au cas où il faudrait donner un léger choc électrique pour réguler le rythme cardiaque. Mais Jason le retint d'un geste.

— Attendez, ce ne sera sans doute pas nécessaire.

Il avait à peine prononcé ces mots que le cœur eut un soubresaut ; ses battements redevinrent forts et réguliers.

Il avait hiberné durant trois heures et trente-six minutes, et maintenant, il accomplissait normalement son travail.

Diane avait un cœur tout neuf.

Jason poussa les portes du bloc opératoire et ôta le masque qui lui protégeait la bouche. Il avait le cou et les épaules endoloris, crispés. Quand il s'agissait d'un pontage ou d'une autre opération, il laissait généralement le Dr Arnold ou le Dr Nolan terminer, mais pour les transplantations, il restait toujours jusqu'à la fin, jusqu'à ce qu'on ait refermé la cage thoracique. Il y avait maintenant un certain temps que son nouveau cœur palpitait dans la poitrine de Diane.

Lorsqu'il entra dans la salle d'attente, bondée

à cette heure, toutes les têtes se tournèrent vers lui. Il se dirigea vers la fenêtre où se tenaient M. Maxwell, Gwen et Brad.

— Si j'avais pu concevoir moi-même un cœur pour Diane, j'aurais choisi celui-là. C'est mieux que tout ce dont je rêvais, c'est parfait.

Pour la première fois depuis des heures, il esquissa un sourire.

— Dans quelques minutes, ajouta-t-il, on conduira Diane en unité de soins intensifs. Vous ne serez pas autorisés à pénétrer dans la chambre, mais vous pourrez la voir à travers la vitre.

Brad lui serra la main. Les mots étaient inutiles. L'émotion qui brûlait dans ses yeux en disait assez. M Maxwell s'effondra sur une chaise et cacha son visage dans ses mains. Jason s'approcha et, à mi-voix, lui suggéra de suivre Brad, pour constater par lui-même que Diane allait bien.

Quand les deux hommes eurent quitté la salle, Jason se tourna vers Gwen. Des larmes ruisselaient sur ses joues.

— C'est parfait, tu dis ?

Pleurant et riant en même temps, elle s'avança vers lui. Se préparant à une pique ou une remarque sarcastique, il haussa les épaules.

— Tu me connais, Gwen…

— Et comment !

Nouant les bras autour de son cou, elle l'embrassa.

Dans l'état d'épuisement où il était, Jason n'était pas disposé à laisser échapper une chance pareille. Maintenant, il n'était plus nécessaire de se maîtriser. Oubliant les gens qui les entouraient, il attira Gwen contre lui et lui rendit son baiser avec passion. Il y avait longtemps, si longtemps qu'il en avait envie. Il retrouvait enfin sa vraie vie.

La longue attente était terminée et l'opération avait réussi. George Maxwell, en voyant sa fille, s'était écroulé, vaincu par l'émotion. Joanne avait appelé Sandi, du groupe de soutien aux transplantés, qui l'avait emmené boire un café pour bavarder un peu avec lui.

Brad demeurait immobile, les paumes pressées sur la vitre qui le séparait de Diane, comme s'il espérait ainsi parvenir à l'atteindre, à la toucher. Elle était d'une pâleur mortelle et avait les yeux révulsés. Elle semblait à peine vivante.

Hier encore, les aiguilles enfoncées dans ses veines et le tube qui la reliait au poumon artificiel auraient ranimé en lui une tempête de terribles souvenirs.

A présent, ce n'était plus qu'un écho lointain, une émotion bien plus puissante avait pris toute la place : l'espoir. Il brûlait de caresser ses cheveux, de lui murmurer des mots d'amour à l'oreille.

Deux infirmières restaient en permanence à son chevet, contrôlant les appareils, et la tournant sur le côté droit, puis gauche, toutes les trente minutes afin de lui tapoter le dos.

George Maxwell et Gwen revinrent et, l'un après l'autre, ils furent autorisés à pénétrer dans la chambre. Ils appartenaient à la famille. Ce n'était pas le cas de Brad.

Ensuite, Gwen emmena George, qui était exténué, prendre un peu de repos. Mais Brad, lui, ne pouvait pas se reposer. Il devait attendre que Diane reprenne conscience. Quand elle ouvrirait les yeux, il fallait qu'il soit là. C'était essentiel.

Des heures plus tard, étourdi par la fatigue et la faim, il se rendit à la cafétéria de l'hôpital et engloutit rapidement un en-cas dont il ne sentit même pas le goût.

Il repartit en courant et se campa de nouveau devant la vitre. Une infirmière le força à s'asseoir avant qu'il s'effondre. Elle lui apporta une chaise, qu'il accepta de mauvaise grâce. Dès qu'il se posa sur le siège, il s'endormit.

Ce fut la même infirmière qui le réveilla. Se frottant les paupières, il jeta un coup d'œil à la pendule. Neuf heures s'étaient écoulées depuis que Diane était sortie de la salle d'opération.

— Elle revient à elle… Nous allons arrêter le poumon artificiel.

Fébrile, il enfila la blouse stérile, le bonnet, le masque et les gants qu'on lui avait finalement remis, l'autorisant ainsi à approcher Diane. Il pénétra dans la pièce et s'immobilisa près de la porte, attendant que l'infirmière lui fasse signe d'avancer.

Diane reprenait peu à peu conscience, et il était évident qu'elle cherchait à dire quelque chose. Brad dut recourir à toute sa volonté pour ne pas se précipiter vers le lit, écarter l'infirmière et prendre Diane dans ses bras.

— Qu'essaie-t-elle de dire ? demanda-t-il, incapable de se contenir.

— Je ne sais pas, rétorqua posément l'infirmière. Mademoiselle Maxwell… Tout va bien… Vous êtes en unité de soins intensifs, ajouta-t-elle d'une voix forte, en détachant bien les syllabes.

Diane battit des paupières et regarda le plafond.

Brad eut l'impression qu'une vague chaude se levait en lui, balayant les derniers vestiges de sa peur, et le laissant aussi léger qu'un ballon d'enfant.

Diane était à présent tout à fait réveillée, elle respirait normalement et essayait toujours de parler.

— Mademoiselle Maxwell, un instant. Je vous enlève la canule.

Le petit gémissement que poussa Diane quand on lui ôta la sonde respiratoire eut raison de Brad. Impulsivement, il fit un pas en avant. Elle avait prononcé un mot, il en était certain.

Que voulait-elle leur dire ? Qu'elle souffrait ?

Il frémissait d'impatience, mais l'infirmière lui bloquait toujours le passage. Enfin, après avoir rectifié la position de Diane pour qu'elle soit plus à son aise, elle se retira dans un coin de la pièce.

Malgré le masque qu'il portait, Diane le reconnut immédiatement et ses yeux brillèrent. Ils étaient d'un vert si limpide que Brad faillit fondre en larmes.

Maintenant qu'il était là, tout près d'elle, il avait peur de la toucher, de lui faire mal. Mais l'amour chassa vite cette crainte. Il se pencha, posa sa main sur la sienne et approcha l'oreille de sa bouche.

— Diane, mon amour, qu'essaies-tu de dire ?

— Ma réponse... Oui...

16

Diane était restée seule.

Enfin, pas exactement seule, rectifia-t-elle. Elle se souvenait de deux infirmières qui l'observaient derrière la grande vitre. Et, durant les dernières quarante-huit heures, une équipe avait constamment contrôlé son état et ses progrès ; on la tournait et la retournait dans son lit, on lui tapotait le dos, on lui remplaçait ses perfusions.

Jason était venu avec David Arnold et Joanne Baker. Et, bien sûr, elle avait eu la visite de sa famille ; une seule visite très brève.

Quand elle avait vu Gwen, le bonnet de chirurgien cachant ses cheveux noirs et le visage disparaissant à moitié sous un masque, elle s'était rendu compte qu'elle avait exactement le même regard que Margaret, sa mère. Il exprimait la tendresse et la compassion, et il y avait tout au fond une petite flamme joyeuse que Diane n'avait encore jamais remarquée.

Les yeux de son père, en revanche, étaient gonflés et rougis par les larmes, mais sa main était ferme et vigoureuse. Il avait juste eu le temps de lui marmonner qu'il était heureux que tout ait si bien marché.

Et puis Brad était venu. Elle ferma les paupières pour mieux savourer ce souvenir : Brad penché sur elle, qui la pressait de parler. Alors elle avait parlé.

C'était si facile de lui dire oui, puisque ce oui était sur ses lèvres depuis qu'elle avait repris suffisamment conscience pour comprendre qu'elle était vivante.

Une indicible gratitude l'habitait. Désormais, elle pouvait mordre dans la vie à belles dents, et la partager avec Brad et Pam.

Elle voyait à présent l'existence sous un jour différent ; elle en mesurait pleinement la valeur. Elle en vivrait chaque instant, palpitant ou tranquille, passionnant ou ennuyeux. Chaque heure lui serait précieuse.

Elle se cramponna à cette pensée pour supporter les soins incessants des infirmières. Elles étaient enjouées et patientes. C'était Diane qui s'énervait, prête déjà à sortir et à reprendre le cours de sa vie.

On lui injectait des doses massives de stéroïdes pour neutraliser son système immunitaire et prévenir tout phénomène de rejet. Parallèlement, on la bourrait d'antibiotiques pour empêcher une quelconque infection.

Enfin, un beau jour, on lui enleva les deux sondes placées dans sa cage thoracique. Elle savait que le Dr Daniels lui expliquerait bientôt le type de traitement qu'elle devrait suivre tout au long de son existence. La plupart de ces informations lui étaient déjà familières, grâce au groupe de soutien, mais, maintenant, puisqu'elles la concernaient, elles prenaient une autre signification.

Elle avait hâte de discuter avec Jason. Il lui rendait visite quotidiennement, mais ils n'avaient pas eu l'occasion de parler vraiment. De même, les brefs entretiens qu'on l'autorisait à avoir avec Brad, Gwen et son père étaient assez déconcertants, car elle ne voyait que leurs yeux. Ainsi, les sentiments de son père étaient pour elle une énigme complète.

Elle jeta un coup d'œil à la pendule du couloir. 11 h 40. Quand son brillant chirurgien se déciderait-il à apparaître ?

Il arriva quelques minutes avant 1 heure de l'après-midi.

— Vous avez pris votre temps, docteur Daniels !

Elle éclata de rire et s'arrêta net, stupéfaite. Elle n'était pas essoufflée !

Il fronça les sourcils d'un air sardonique.

— Alors, comment te sens-tu aujourd'hui ?

— Bien..., dit-elle, incrédule, partagée entre la surprise et la joie. Vraiment, je me sens bien.

Hochant la tête, il tira un fauteuil près du lit. Ce fut un autre sujet d'étonnement pour Diane. En principe, il ne s'asseyait jamais pendant les visites.

Tout à coup, la peur l'envahit.

— Il y a un problème ? s'enquit-elle d'un ton qu'elle voulait léger mais qui trahissait son angoisse.

— Au contraire... Tout va très bien.

Il parlait sèchement, comme à son habitude, ce qui la rassura.

— Aujourd'hui, poursuivit-il, nous commençons le traitement que tu suivras toute ta vie. Nous supprimons les doses massives de stéroïdes par voie intraveineuse pour te donner une dose plus faible de prednisone. En même temps, nous te mettons aussi sous Imuran et Cyclosporine. Ces médicaments empêcheront ton organisme de rejeter ce nouveau cœur.

Jason se pencha et prit la main de Diane entre les siennes.

— Tu comprends combien c'est important ? ajouta-t-il.

Etonnée par sa gravité, elle opina en silence.

— Je veux que tu comprennes encore autre chose, Diane. Une transplantation, ce n'est pas une opération comme les autres. On ne se contente pas de revoir le chirurgien deux ou trois fois, et puis adieu... Les médecins comme moi n'en ont jamais fini avec leurs patients. C'est d'ailleurs l'une des raisons pour lesquelles je suis attaché à ce métier : on noue des relations durables avec ses malades. Je suis responsable des soins postopératoires qui te seront donnés.

Il se pencha un peu plus vers elle et continua.

— Je suis responsable de toi, de ton autonomie future. Chaque jour, pendant le reste de ton existence, tu devras contrôler ta température et ton poids, suivre un régime alimentaire, prendre de l'exercice et avaler tes médicaments aux heures prescrites. Ta santé dépend de tous ces facteurs et de la manière dont tu les géreras.

Elle réfléchit un instant, puis lui sourit.

— La plupart des gens que je connais grimpent sur leur balance chaque jour, ils font de la gymnastique et s'efforcent de se nourrir sainement, alors je ne serai pas très différente d'eux. De plus, j'ai un grand sens de l'organisation. Je me confectionnerai un tableau pour la prise des médicaments, et je l'emporterai partout avec moi jusqu'à ce que je n'en aie plus besoin, que ça devienne une seconde nature. C'est un prix bien faible à payer pour rester en vie, dit-elle en plantant ses yeux dans les siens.

Les sourcils broussailleux se relevèrent et Diane devina le fameux sourire en coin, derrière le masque stérile.

— Vraiment, je retrouve beaucoup de Gwen en toi. Elle t'a annoncé la nouvelle ?

Ce brusque changement de sujet la désarçonna.

— Tu ne leur accordes que deux minutes chaque fois… Personne n'a le temps de me dire quoi que ce soit. Raconte-moi ce qui se passe, insista-t-elle, intriguée.

— Demain à la première heure, nous te sortons de ce caisson d'isolation, répliqua-t-il d'un air évasif. Tu pourras discuter un peu plus longtemps avec ta famille.

Il lui tapota la main et se leva.

— Je suis très content de toi..., ajouta-t-il.

Venant de Jason, c'était un grand compliment.

Comme promis, le lendemain, on la transféra dans une vraie chambre. Il y avait même une fenêtre, ainsi qu'une télévision en face du lit.

Du coup, elle se sentit encore plus en forme. Elle était de retour dans le monde des vivants. Ses visiteurs ne seraient plus forcés de porter un masque et une blouse stériles. C'était un pas de plus vers une vie normale.

Mais il n'y avait rien de normal ni d'ordinaire dans l'expression de Gwen lorsqu'elle fit irruption dans la pièce vers midi. Elle resplendissait littéralement.

— Ton père et Brad arpentent le couloir comme des lions en cage tellement ils sont impatients de te voir, mais j'ai insisté pour passer la première !

Avec un petit rire ravi, elle se laissa tomber de façon très théâtrale dans le fauteuil à côté du lit.

— Je ne pouvais pas attendre une minute de plus... Il fallait que je te montre ça !

L'énorme diamant qui ornait la main gauche de

Gwen et qui réfléchissait la lumière jetait de tels feux que Diane en cligna des paupières.

— Il est magnifique ! s'exclama-t-elle en prenant la main de Gwen pour admirer la pierre. Il est gigantesque !

— Absolument. Cet homme est incroyable, non ? dit Gwen, une vive rougeur colorant ses pommettes, lui donnant l'air d'une petite fille. Il dit que c'est pour racheter tout ce que je n'ai pas eu à dix-huit ans. A l'époque, il m'avait offert une alliance en plaqué or, à vingt dollars. Entre l'université, l'internat, il n'a jamais eu la possibilité de me faire un vrai cadeau. Et puis après, on s'est séparés. Alors…

Elle fit tourner la bague autour de son doigt.

— Je devrais avoir honte de porter une chose pareille, mais je suis trop heureuse pour m'en soucier, ajouta-t-elle.

Front contre front, elles se mirent à pouffer comme deux gamines.

— A quand le mariage ? s'enquit Diane.

— Dès que tu sortiras de l'hôpital.

Gwen sourit d'un air rêveur.

— La première fois, ce fut mémorable, ajouta-t-elle. On recommence avec la même passion, mais avec la maturité qui nous permettra de durer. La vie est drôle, parfois...

Oui, pensa Diane, la vie est drôle... Quand Gwen la quitta, elle se prépara à recevoir son père. Ce ne serait pas facile, elle le savait.

Il entra avec une mine solennelle, bien différente de l'expression réjouie de Gwen. Se penchant, il l'embrassa sur le front.

— Comment te sens-tu, ma chérie ? demanda-t-il doucement, sans la regarder en face.

— Très bien, papa.

Désireuse de creuser une brèche dans le mur qu'il était en train d'élever de nouveau entre eux, elle prit l'initiative.

— Assieds-toi, papa, et dis-moi ce qui te préoccupe.

— Rien, rien..., marmonna-t-il en détournant la tête. Finalement, il se décida à prendre place dans le fauteuil.

— Je suis simplement heureux que tu ailles mieux, reprit-il. Qu'est-ce qui pourrait me préoccuper ?

— Papa, regarde-moi.

Il lui lança un bref coup d'œil, puis se concentra sur un point juste au-dessus de son épaule droite.

— Regarde-moi, papa !

Avec réticence, il s'exécuta.

— Tu as l'air d'avoir recouvré des forces, déclara-t-il d'un ton où perçait une note d'incrédulité.

— Je me sens forte. Maintenant dis-moi ce qui ne va pas.

— Je… je ne me suis pas très bien comporté, commença-t-il à voix basse, tout en tripotant le bord de la couverture. J'ai encore du mal à accepter le fait que tu n'as plus ton propre cœur… Est-ce que cela t'ennuie ? demanda-t-il, se résignant enfin à soutenir le regard de Diane.

— D'avoir le cœur de quelqu'un d'autre ? Non, cette idée ne m'effleure pas.

Elle lui prit la main et la pressa affectueusement.

— Je suis tellement heureuse d'être en vie, papa, et j'éprouve tant de gratitude envers ces inconnus qui m'ont sauvée par leur générosité, leur amour de l'humanité. Mais c'est mon cœur, à présent. Le mien… Crois-moi, papa, je t'en prie. Je suis la même… La seule différence, c'est que je vais bien.

Il la dévisagea longuement, en silence, et Diane retint son souffle, attendant sa réponse.

— Oui, je peux accepter ça…, murmura-t-il

enfin. Tu ressembles trait pour trait à ta mère, ajouta-t-il en l'embrassant de nouveau.

Comme si cette pensée lui était trop douloureuse, il se redressa.

— Je m'en vais avant que Brad défonce la porte. C'est un homme bien, Diane. Je suis content que tu l'aies rencontré. Je reviendrai demain.

Quand il quitta la chambre, il avait l'air plus serein et se tenait plus droit. Ils avaient progressé, songea Diane. Demain, ils feraient un autre pas, puis un autre encore, jour après jour.

Mais à présent elle ne voulait plus penser qu'à Brad. Un instant plus tard, il apparut sur le seuil et, en deux enjambées, fut auprès d'elle et la serra dans ses bras, enfouissant son visage dans sa chevelure.

— Jason a quasiment pris notre température avant de nous laisser entrer, murmura-t-il à son oreille.

Il se redressa légèrement, la regarda.

— J'aimerais te rappeler notre dernière conversation..., ajouta-t-il.

Il avait recouvré son sourire à fossettes.

— Ma réponse est toujours oui, murmura-t-elle, et il lui sembla rayonner de bonheur.

Lui prenant la main, il la pressa contre sa joue.

— Quand ?

— Si tout va bien, ils me laisseront sortir dans deux semaines environ. Ensuite, pendant un moment, je serai obligée de subir une biopsie hebdomadaire pour contrôler qu'il n'y a pas de rejet. Après, les examens deviendront bimensuels, puis mensuels et enfin trimestriels. Mais, quand nous en serons aux biopsies bimensuelles, je voudrais que nous nous mariions, dans ta maison, et que nous partions en lune de miel.

— Cela me semble parfait..., rétorqua-t-il avec un rire heureux. Où souhaiterais-tu la passer, cette lune de miel ? Tu ne pourras peut-être pas beaucoup voyager ?

— Ne t'inquiète pas pour ça. Je connais un endroit idéal.

Toute rose de plaisir, elle caressa du bout du doigt sa bouche si tendre, si merveilleuse.

— Je vais tout arranger. Ce sera une surprise.

— Je meurs d'impatience, mon amour...

— Le temps passera vite. J'ai encore quelques progrès à accomplir.

Le lendemain, ces mots lui revinrent à la mémoire, comme une raillerie, lorsque le kinésithérapeute lui fit faire ses premiers pas. Jusqu'à cette courte promenade autour de la chambre, elle s'était sentie plutôt solide, mais elle la termina épuisée, bien soulagée de regagner son lit. Elle sombra aussitôt dans un profond sommeil.

Le jour suivant, ce fut un peu plus facile, et cela continua ainsi. Elle progressait lentement mais sûrement. Une semaine exactement après son opération, Jason la soumit à sa première biopsie.

Elle acceptait sans réserve la perspective de devoir subir cet examen jusqu'à la fin de sa vie, cependant, lorsqu'on poussa son fauteuil roulant dans la salle du laboratoire, elle avait les nerfs à vif. Ce n'était pas la peur de souffrir qui la tourmentait ainsi, mais l'importance capitale de cette analyse. Bientôt, elle saurait si son organisme avait toléré ou non ce cœur étranger qu'on lui avait greffé.

Pratiqué sous anesthésie locale, l'examen n'excéda pas quinze minutes. Ensuite, Diane endura quatre interminables heures d'angoisse dans l'attente des résultats.

— C'est parfait, il n'y a aucun signe de rejet.

Pour la jeune femme, c'étaient les paroles les plus douces que Jason eût jamais prononcées.

Brad, lui, poussa un cri de joie et, se penchant, embrassa Diane à pleine bouche.

— Dans combien de temps pourrai-je la ramener à la maison ?

Elle lui pressa la main pour lui signifier qu'elle comprenait : quand il parlait de la maison, il s'agissait de sa superbe demeure victorienne surplombant le lac.

— Dans une semaine, j'envisage de renvoyer Diane dans ses foyers et de partir moi-même en lune de miel, rétorqua Jason avec une étonnante bonne humeur.

La semaine passa comme un rêve. Pam vint lui rendre visite deux fois et, lui tenant la main, l'accompagna dans sa promenade le long des couloirs. Diane s'entraînait avec acharnement pour atteindre bientôt les trois kilomètres qu'elle devait parcourir quotidiennement.

Le dernier jour, la biopsie fut pratiquée très tôt le matin, sur ordre de Jason. Cette fois, Diane affichait un calme olympien. Elle était désormais familiarisée avec cet examen, il n'y avait plus à s'inquiéter.

Dès que les effets du tranquillisant qu'on lui avait administré furent dissipés, elle se leva et prépara ses affaires. Lorsque Brad arriva, elle était habillée et l'attendait de pied ferme.

— Jason t'a déjà donné les résultats de la biopsie ? demanda-t-il, étonné.

— Non, mais je suis certaine que tout va bien. Je rentre à la maison, répliqua-t-elle en se blottissant dans les bras qu'il lui ouvrait.

Hélas, l'expression de Jason, lorsqu'il pénétra dans la chambre quelques minutes plus tard, anéantit son bel enthousiasme. Les jambes flageolantes, elle s'assit sur le lit.

— Diane, il y a un problème de rejet.

Elle entendit ce qu'il lui disait, les mots lui parvinrent, cependant elle refusa d'en accepter la signification. Cela l'obligerait à renoncer à tout — à son bonheur, à ses espoirs…

— Je suis préoccupé, continua-t-il, mais pas vraiment alarmé. Presque tous les patients ont le même problème lors des premières biopsies. Nous allons te donner de fortes doses de stéroïdes pendant trois jours. Ce traitement a généralement d'excellents résultats. Ensuite, nous pratiquerons une nouvelle biopsie dans sept jours. L'infirmière arrive pour te mettre sous perfusion.

Sur quoi, Jason quitta la pièce, mais ses paroles demeurèrent en suspens dans l'air, se répercutant dans l'esprit de Diane, de plus en plus sinistres, jusqu'à ce qu'elle ne puisse plus les nier. La vérité explosa en elle, consumant tout son courage, lâchant la bonde à toutes ses terreurs.

Elle se mit à sangloter éperdument. Malgré les bras vigoureux de Brad qui l'entouraient tel un rempart, elle tremblait et gémissait. Elle se cramponna à lui, nouant les mains sur sa nuque, comme pour se fondre en lui.

Elle croyait que la peur était bannie pour toujours de sa vie, pourtant, elle était de nouveau là. Elle empestait l'atmosphère, distillait son venin.

— N'attendons pas… Marions-nous maintenant, dans la chapelle de l'hôpital, murmura-t-elle, voulant exaucer au moins une petite part de son rêve. Pam sera là, et…

Il l'interrompit avec un long baiser. Lui caressant le visage, il l'obligea à le regarder.

— Mon amour, tu es l'être le plus courageux que j'aie jamais connu. Tu vas t'en sortir ! Tu as entendu ce qu'a dit Jason. Cela n'a rien d'exceptionnel… Ce n'est qu'une petite pierre sur notre chemin. Après tout ce que nous avons franchi ensemble, ce n'est rien. Rien du tout…

Il lui baisa les paupières.

— De plus, je refuse d'être privé de ma lune de miel surprise, ajouta-t-il.

Il avait murmuré ces mots tout contre sa bouche, et elle les but sur ses lèvres, s'imprégnant de l'espérance qu'il lui rendait. Comme une fleur se ranime sous la pluie bienfaisante, son courage se réveilla au tréfonds d'elle-même.

De nouveau, elle voulait penser que c'était possible.

— J'aimerais te promettre que cette lune de miel est pour demain, répondit-elle avec un sourire tremblé.

Son regard bleu la fixait, franc et sincère, débordant d'amour.

— Diane, je ne te ferai jamais de promesse que je ne sois pas sûr de tenir. Mais je crois que nous aurons tout ce que nous désirons, malgré ce contretemps. Peux-tu y croire aussi ?

Une fois de plus, elle n'avait qu'une réponse à lui donner :

— Oui…

On demanda à Brad de sortir pendant qu'on plaçait Diane sous perfusion. Il en profita pour partir à la recherche de Jason, qu'il trouva dans son bureau, penché sur ses dossiers.

Le chirurgien leva la tête, et, d'un geste, l'invita à entrer.

— Je vous attendais…

— J'exige la vérité, Jason !

— Je vous ai dit la vérité. C'était à prévoir… Naturellement, j'aurais préféré que ça ne se produise pas. Mais j'ai la conviction que les stéroïdes résoudront le problème.

— Vous en êtes vraiment certain ? Il n'existe rien de plus efficace ?

Brad avait besoin de réponses, à la fois pour rester lucide et pour aider Diane.

Jason arborait son air sardonique, mais Brad ne se laissa pas impressionner. Il affronta son regard sans ciller.

— Brad… Si nous étions là-haut, pendant un vol, et qu'une urgence se présentait, je m'en remettrais à vous parce que vous êtes meilleur pilote que moi. En matière de finances, je ferais probablement de même. Mais, dans ce cas précis, je pense être mieux à même que vous d'établir un diagnostic. Pouvez-vous accepter que j'en sache un peu plus que vous en matière de médecine ? Ma parole, vous êtes comme ma fiancée !

Brad eut l'impression que le poids qui lui comprimait la poitrine s'allégeait quelque peu.

— Alors vous m'autorisez à la ramener à la maison dans une semaine ?

Jason s'adossa à son fauteuil, esquissant son fameux petit sourire.

— Disons que, dans une semaine, j'ai la ferme intention d'être un homme heureux et marié, pour la seconde et dernière fois.

Sept jours plus tard, Diane obtenait le feu vert du laboratoire au moment même où elle recevait un télégramme des nouveaux mariés. Ils passaient leur lune de miel dans la suite nuptiale du plus luxueux hôtel de Chicago et ne précisaient pas combien de temps ils resteraient dans leur nid d'amour.

Bien que les résultats de la biopsie fussent très positifs, Brad fut soulagé d'apprendre que Jason serait à portée de main en cas d'urgence. Bien sûr, il n'en parla pas à Diane. Il lui déclara simplement que c'était merveilleux de la ramener à la maison.

Comme ils approchaient du vieux manoir, Diane soupira.

— Rentrer à la maison… Ces mots sont extraordinaires…

Avec l'aide de Mme Martin, Pam avait peint en lettres capitales un énorme « Bienvenue » sur une banderole accrochée au-dessus de la porte. A l'intérieur, la rampe d'escalier était ornée de ballons de toutes les couleurs.

Pam prit la main de Diane pour la conduire à l'étage.

— On t'a installée dans la plus jolie chambre ! s'exclama-t-elle, surexcitée. C'est de là qu'on voit le mieux le lac.

Diane s'immobilisa sur le seuil de la pièce, contemplant la cheminée de marbre, la table en merisier, la coiffeuse. Elle s'avança jusqu'à la fenêtre et regarda le lac Michigan. Puis elle revint vers le lit à colonnes et caressa le quilt que la mère de Brad avait confectionné de ses mains.

— Cette chambre est ravissante, Pam. Je vais y être très heureuse. Pour l'instant…, dit-elle, tournant les yeux vers Brad et esquissant un sourire.

Ces mots ne quittèrent pas l'esprit de Brad durant les semaines qui suivirent. Par une sorte d'accord tacite, ils jugulaient leur désir, concentrant toute leur énergie sur les indispensables progrès à accomplir.

Chaque jour représentait une nouvelle victoire. La première fois qu'ils sortirent se promener tous les trois, Diane se contenta de faire le tour du pâté de maisons. Elle recommença le lendemain, avec plus de vigueur. Le troisième jour, lorsqu'elle rentra, elle ne ressentait quasiment aucune fatigue.

La biopsie suivante fut une borne importante sur le chemin, et qu'ils franchirent avec soulagement.

Les semaines s'écoulaient. Peu à peu, Brad cessa de couver Diane comme une mère poule ; il ne se rongeait plus les sangs lorsqu'elle conduisait sa voiture ou qu'elle emmenait Pam faire de la bicyclette dans le parc.

Le premier soir où il emmena Diane dîner dans un restaurant, quelqu'un dans la salle se mit à tousser. La panique les saisit et ils s'enfuirent à toutes jambes. Un refroidissement risquait d'avoir des conséquences dramatiques, voire fatales, à ce stade de la convalescence, et tous deux le savaient parfaitement.

Mais Diane se rétablissait chaque jour un peu plus, et, chaque jour, Brad la désirait davantage. Dès que leurs yeux se croisaient, que leurs mains se frôlaient, la fièvre s'emparait de lui. Regarder la télévision avec elle, tendrement enlacés sur le canapé, était une délicieuse torture.

Un mois passa ainsi, un autre commença. Chaque

nuit, Brad luttait contre l'envie de rejoindre Diane dans sa chambre. Les souvenirs de leurs caresses le hantaient. Ces images défilaient dans son esprit, si vivaces, si réelles, qu'il en gémissait parfois, seul dans son lit.

Il était prêt à tout pour Diane. Il s'était libéré de son passé parce qu'elle le lui avait demandé. Et, maintenant, il continuait à refouler sa passion pour lui offrir seulement ce dont elle avait besoin — son amour inconditionnel et son soutien.

Le jour où Diane devait subir un nouvel examen, on lui confia une mission pour Air Survie. La jeune femme le chassa avec un rire joyeux.

— File ! Depuis deux semaines, je me rends toute seule à l'hôpital. Dépêche-toi, et à ce soir..., ajouta-t-elle en lui posant un petit baiser sur les lèvres.

Il fut retardé par des intempéries et ne put atterrir à Pell, où la visibilité était trop mauvaise. Lorsqu'il atteignit enfin le manoir, bien après minuit, toutes les fenêtres étaient obscures, sauf celles de la cuisine et de sa chambre. Diane lui avait laissé un mot sur le comptoir pour le prévenir que son dîner était dans le réfrigérateur. Mais il n'avait pas faim. Pas de nourriture, en tout cas.

Sans bruit, il monta dans sa chambre, referma la

porte derrière lui. Et là, il se figea soudain, comme si un mur invisible se dressait devant lui.

Diane était assise près de la fenêtre, vêtue d'un déshabillé blanc, un livre ouvert sur ses genoux. Lorsqu'elle le vit, elle se leva et s'approcha. Ses pieds nus glissaient sur la moquette, silencieux et prestes. Son déshabillé était presque transparent et moulait voluptueusement les courbes de son corps. Sa chevelure rousse dansait sur ses épaules nues, et ses yeux verts brillaient comme des pierres précieuses. Elle n'avait jamais été plus belle.

Elle s'arrêta tout près de lui, mais il avait peur de la toucher. C'était à elle de faire le premier pas, le premier geste. Il n'entendait plus rien, tant le sang cognait à ses tempes.

Quand elle parla enfin, ce fut d'une voix sourde et pressante.

— Je t'attendais. J'ai une surprise pour toi…

Elle s'interrompit, lui sourit.

— Nous nous marions demain.

Elle prit le visage de Brad entre ses mains.

— Depuis la semaine dernière, reprit-elle doucement, je savais que si tout allait bien, je n'aurais plus que des visites bimensuelles à partir de maintenant. Je ne voulais pas te décevoir, au cas où ça ne marcherait pas, alors je ne t'ai pas prévenu. Mais je me suis arrangée avec le pasteur, une harpiste et un traiteur. J'ai convié nos amis et, ce soir, je leur ai confirmé l'invitation.

— Pourquoi ne m'as-tu rien dit ? dit-il, complètement dépassé.

— Parce que je voulais te faire un cadeau, répondit-elle tendrement. Même si cela ne se compare pas avec tout ce que tu m'as donné… Avant de te rencontrer, j'étais si seule, comme une naufragée sur son île, prisonnière de sa peur et de sa douleur. Tu m'as sauvée. Tu m'as montré tout ce que la vie avait à m'apporter. Tu m'as rendu le courage d'espérer.

Il plongea son regard dans le sien.

— Moi aussi, j'étais un naufragé, un prisonnier. Sans toi, je serais encore sur mon île. Tout seul.

— Alors nous nous sommes sauvés mutuellement. Quelle chance, n'est-ce pas, d'avoir découvert l'amour ensemble…

Incapable de se contenir plus longtemps, il lui effleura la joue, la gorge.

— Je t'aime tant, Diane.

— Je sais, murmura-t-elle contre sa bouche.

Oubliant tout, il l'étreignit. Il avait besoin de sentir son corps contre le sien, de couvrir son visage de baisers.

Elle noua les bras autour de ses reins, renversant la tête pour le regarder.

— J'ai un autre secret à te révéler, murmura-t-elle d'une voix où vibrait un rire de bonheur. Après la réception, Gwen nous emmènera dans son Cessna jusqu'à Lawrence Lake. Nous passerons notre lune de miel dans le motel de Mme Johnson. Cinq jours rien que pour nous…

Il ferma un instant les yeux, saisi de vertige.

— Et que ferons-nous pendant ces cinq jours ?

Il cessa littéralement de respirer en voyant la lueur provocante qui s'allumait dans les prunelles de Diane.

— Ceci, j'espère…

D'un seul mouvement, elle dégrafa son déshabillé, qui s'ouvrit. Elle était nue, comme il l'avait deviné. Et elle était magnifique. S'il ne la touchait pas, il en mourrait.

Tombant à genoux devant elle, il caressa ses seins ronds, son ventre si ferme. Sa peau avait toujours ce goût sucré qui le rendait fou.

Quand il se releva, elle cacha son visage au creux de son épaule.

— Nous pouvons faire l'amour tout de suite, là, sur ce tapis. Ou bien nous pouvons attendre notre lune de miel. Quand nous serons enfin seuls, toi et moi…

Il lui prit le menton pour l'obliger à le regarder. Ils souriaient tous les deux. Entre eux, jamais il n'y avait eu de place pour le jeu amoureux, ils étaient engagés dans un combat bien trop grave, contre la mort. Maintenant, ils respiraient un air de liberté.

Et Brad n'avait rien à lui refuser.

— Alors dépêche-toi de cacher ce joli corps, marmonna-t-il en refermant le déshabillé.

— Je le déplore encore plus que toi, figure-toi ! répliqua-t-elle en riant et s'éloignant d'un pas dansant. Souviens-toi… On n'a pas le droit de voir la mariée avant la cérémonie ! ajouta-t-elle en disparaissant dans le couloir obscur.

— Je dois être cinglé ! marmonna-t-il pour lui-même, en s'écroulant à plat ventre sur le lit.

Le lendemain, lorsque le traiteur arriva à 9 heures précises pour tout installer, il se rendit compte que Diane avait eu raison, comme toujours. C'était ainsi que les choses devaient se passer — il serait si bon, si excitant, d'attendre la fin des festivités, pour se retrouver en tête à tête.

Ce soir, il n'aurait aucune crainte, aucune appréhension. Grâce au petit intermède érotique de la veille, il savait à présent que Diane avait recouvré sa vigueur.

La cérémonie était prévue pour 11 h 30, après quoi il y aurait un lunch. Cette attente le rendrait fou !

Très élégant dans son smoking, il se tenait près de la porte pour accueillir les premiers invités. Pam était à son côté, vêtue d'une longue robe bleu ciel qu'il ne connaissait pas. Diane avait vraiment tout manigancé, songea-t-il, ravi.

Le bonheur imprégnait l'atmosphère de la vieille demeure. Il résonnait dans les voix des convives qui bavardaient en buvant du champagne. David Arnold était là, ainsi que Joanne Baker, Mme Martin accompagnée de trois de ses fils, les pilotes d'Air Survie, les infirmières de l'hôpital — tout le monde partageait la même joie.

Quand M. Maxwell franchit le seuil du manoir, il dévisagea longuement Brad.

— Vous avez beaucoup de chance, jeune homme, ne vous avisez pas de l'oublier ! grommela-t-il. Eh bien, Pamela, c'est donc toi l'hôtesse. Tu devrais me montrer le bar.

Très fière, elle s'empressa de prendre son futur

grand-père par la main et de l'emmener dans le salon.

Gwen et Jason arrivèrent quelques minutes plus tard.

— Où est Diane ? s'enquit Gwen sans préambule.

— Dans sa chambre. Elle ne m'a pas autorisé à l'approcher de toute la matinée.

— Bien sûr que non, grand benêt ! C'est le jour de votre mariage !

Sur cette déclaration, elle s'élança vers l'escalier.

Brad se tourna vers Jason et s'étonna. Son visage avait quelque chose de différent… Tout à coup, il comprit. Le chirurgien avait perdu son air sardonique.

— Le mariage vous va bien, Jason.

— Mmm…

Ce fut sa seule réponse. Il ne quittait pas l'escalier des yeux. Dès que Gwen réapparut, il s'avança vers elle et l'entoura de son bras, comme s'il avait absolument besoin de la toucher pour pouvoir respirer.

Comme Brad le comprenait…

— Elle est presque prête, annonça Gwen. Elle se bagarre avec ses cheveux, sans trop savoir comment les coiffer pour cacher ses joues trop rondes. C'est la seule chose dont elle se plaigne..., ajouta-t-elle. A cause des stéroïdes, elle a les joues plus rondes qu'avant...

— Personnellement, je trouvais son visage trop émacié, rétorqua Jason de son ton professionnel, toujours aussi tranchant. Elle est beaucoup mieux à présent.

— Le chirurgien a parlé ! s'exclama Gwen en l'embrassant. En fait, je suis d'accord avec toi. Elle n'a jamais été plus belle. Les gens qui considèrent les transplantés comme des invalides devraient la voir. Ils changeraient vite d'avis !

Brad, qui se remémorait la nuit précédente, opina. Il n'y avait plus rien de fragile chez la femme sensuelle et passionnée qu'il avait tenue dans ses bras.

Emu par ce souvenir, il consulta sa montre.

— Ce n'est pas encore l'heure ?

— J'adore les mariés impatients ! répliqua Gwen en coulant un regard malicieux en direction de Jason.

Elle s'éloigna d'un pas vif, et Brad la vit adresser quelques mots à la harpiste. Puis, flanquée de Pam, elle monta l'escalier quatre à quatre.

Un moment après, la musique retentit et le pasteur

vint se camper devant la cheminée. Jason et Brad prirent leur place. Quant à M. Maxwell, il se posta au pied de l'escalier pour attendre sa fille.

Et elle apparut... Un voile arachnéen couvrait ses boucles rousses, une robe de dentelle blanche moulait son corps superbe.

Bouleversé, Brad la regarda s'avancer...

Diane regarda ses invités. Ils étaient tous là, tous ses amis, ceux qui l'avaient aidée à parvenir jusqu'à cet instant.

La douce et tendre Pam, qui avait éveillé en elle un instinct maternel qu'elle ignorait posséder ou qu'elle avait refoulé, pensant que ce bonheur lui était interdit...

Gwen l'intrépide, qui avait eu l'audace de créer Air Survie et de se remarier avec son premier amour. A en juger par l'expression qu'ils arboraient, Jason et elle, cette union les comblait...

Puis Diane prit le bras de son père et, lentement, marcha vers l'homme qu'elle aimait. L'homme qui lui avait donné la volonté de vivre, de croire aux miracles, de se battre pour qu'ils s'accomplissent.

Elle l'aimait et elle le désirait. Mon Dieu, comme

elle le désirait ! Songer à la nuit qui les attendait lui fit accélérer le pas.

Et, enfin, elle fut à son côté et entrelaça ses doigts aux siens. La même joie se reflétait dans leurs yeux. La joie de savoir qu'ils allaient passer les quarante ou cinquante prochaines années à s'aimer…

DANS LA MÊME COLLECTION

Par ordre alphabétique d'auteur

MARY LYNN BAXTER	*La femme secrète*
MARY LYNN BAXTER	*Un été dans le Mississippi*
JENNIFER BLAKE	*Une liaison scandaleuse*
MEGAN BROWNLEY	*La maison des brumes*
CANDACE CAMP	*Le bal de l'orchidée*
CANDACE CAMP	*Le manoir des secrets*
CANDACE CAMP	*Le château des ombres*
CANDACE CAMP	*La maison des masques*
ELAINE COFFMAN	*Le seigneur des Highlands*
PATRICIA COUGHLIN	*Le secret d'une vie*
EMMA DARCY	*Souviens-toi de cet été*
SALLY FAIRCHILD	*L'héritière sans passé*
FIONA HOOD-STEWART	*Les années volées*
PENNY JORDAN	*Silver*
PENNY JORDAN	*L'amour blessé*
PENNY JORDAN	*L'honneur des Crighton*
PENNY JORDAN	*L'héritage*
PENNY JORDAN	*Le choix d'une vie*
PENNY JORDAN	*Maintenant ou jamais*
RACHEL LEE	*Neige de septembre*
LYNN LESLIE	*Le choix de vivre*
ANN MAJOR	*La brûlure du mensonge*
CURTISS ANN MATLOCK	*Sur la route de Houston*
MARY ALICE MONROE	*Le masque des apparences*
NORA ROBERTS	*Retour au Maryland*
NORA ROBERTS	*La saga des Stanislaski*
NORA ROBERTS	*Le destin des Stanislaski*
NORA ROBERTS	*L'héritage des Cordina*
NORA ROBERTS	*Love*
NORA ROBERTS	*La saga des MacGregor*
NORA ROBERTS	*L'orgueil des MacGregor*

... / ...

DANS LA MÊME COLLECTION

Par ordre alphabétique d'auteur

ROSEMARY ROGERS	*Le sabre et la soie*
ROSEMARY ROGERS	*Le masque et l'éventail*
JOANN ROSS	*Magnolia*
JUNE FLAUM SINGER	*Une mystérieuse passagère*
ERICA SPINDLER	*L'ombre pourpre*
CHARLOTTE VALE ALLEN	*Le destin d'une autre*
SUSAN WIGGS	*Un printemps en Virginie*
SHERRYL WOODS	*Refuge à Trinity*

6 NOUVEAUTÉS À PARAÎTRE EN AOÛT 2006